Vorwort

Die Prüfungen *Start Deutsch 1* und *Start Deutsch 2* entsprechen den Niveaustufen A1 und A2 des Gemeinsamen europäischen Referenzrahmens. Sie sind die ersten Prüfungen, die Sie in der deutschen Sprache ablegen können.

Start Deutsch 1 und *Start Deutsch 2* sind gemeinsam vom Goethe-Institut (GI) und der Weiterbildungs-Testsysteme GmbH (WBT) entwickelt worden. Sie sind international anerkannt und können weltweit ablegt werden. Diese Prüfungen können Ihnen bei der Arbeitssuche und bei Reisen von Nutzen sein und Ihnen die Ankunft und das Einleben in Deutschland erleichtern.

Mit Erfolg zu Start Deutsch bietet ein gezieltes Übungsangebot. Das Übungsbuch enthält vielfältige Aufgaben zum Training von Wortschatz und Grammatik sowie zum Üben der Prüfungsteile Hören, Lesen, Schreiben und Sprechen. Schrittweise helfen Ihnen die Übungen, Ihr Wissen zu erweitern und zu festigen. Alles, was mit einem Stern * gekennzeichnet ist, muss gemäß dem Lernzielkatalog überwiegend erst in der Prüfung *Start Deutsch 2* beherrscht werden.

Im Vordergrund steht der praktische Nutzen. Sie können sich mit diesem Übungsbuch auf die Prüfungen *Start Deutsch 1* und *Start Deutsch 2* vorbereiten oder Sie können damit unabhängig von den Prüfungen Deutsch üben. Es eignet sich zum Selbststudium zu Hause. Es kann aber ebenso gut in Sprachkursen zum Einsatz kommen.

Das Übungsbuch ergänzt das Testbuch von *Mit Erfolg zu Start Deutsch*, das mit jeweils einer Testbeschreibung und zwei Tests alle Aufgabentypen trainiert, die in den Prüfungen *Start Deutsch 1* und *Start Deutsch 2* möglich sind. Die Audio-Materialien gehören zum Test- und Übungsbuch. Hier finden Sie die gesamten Hörtexte der Testbeschreibungen, der Tests und der Hörverstehensübungen, so dass Sie den Prüfungsteil Hören gezielt üben können.

Die Autoren unterrichten seit vielen Jahren Deutsch als Fremdsprache. Sie sind auch Mitglieder in dem Team, das die Prüfungen *Start Deutsch 1* und *Start Deutsch 2* entwickelt hat und weiterhin erstellt.

Die Autoren und der Verlag wünschen Ihnen viel Spaß bei der Arbeit mit *Mit Erfolg zu Start Deutsch* und viel Erfolg bei Ihrer Prüfung *Start Deutsch 1* und *Start Deutsch 2*.

Start Deutsch
Inhaltsverzeichnis

Wortschatz

Grammatik

Start Deutsch – Prüfungsteile

Transkriptionen, Lösungen und Verblisten

1 Sich vorstellen. Ordnen Sie zu.

(1) Wie heißen Sie?	A Ich komme aus Polen.	1 **C**
(2) Wo wohnen Sie?	B Am 07.10.1979.	2
(3) Woher kommen Sie?	C Mein Name ist Andrzej Garlinski.	3
(4) Wann sind Sie geboren?	D Ich bin ledig.	4
(5) Was ist Ihr Familienstand?	E Ich wohne in Fürth.	5

2 Die Adresse.
a) Ordnen Sie zu.

Familienname • Handynummer • Vorname • Telefonnummer • Stadt • Hausnummer
• Postleitzahl • Straße • E-Mail-Adresse

Vorname →

Familienname ←

Andrzej Garlinski

Ludwigstraße 17
90765 Fürth
Tel.: 0911/790834
Handy: 0169/41880328
E-Mail: angarl@xdw.de

b) Schreiben Sie Ihre Adresse.

6

Der Familienstand. Ordnen Sie zu.

getrennt • verheiratet • ~~ledig~~ • geschieden

1. Ich habe keinen Ehepartner.   Ich bin <u>ledig</u>_____.
2. Letzte Woche war meine Hochzeit.   Ich bin _____.
3. Meine Frau und ich wohnen nicht mehr zusammen.   Wir leben _____.
4. Ich bin nicht mehr verheiratet.   Ich bin _____.

 Der Geburtstag.
a) Wie fragt man? Ergänzen Sie.

Was ist Ihr Geburtsdatum? • Wo sind Sie geboren? • ~~Wann haben Sie Geburtstag?~~
• In welchem Jahr sind Sie geboren? • In welchem Land sind Sie geboren?

1. Geburtstag: <u>Wann haben Sie Geburtstag</u>   ?   Am 5. Juni.
2. Geburtsdatum: _____ ?   Der 5.6.1969.
3. Geburtsjahr: _____ ?   1969.
4. Geburtsort: _____ ?   In Stockholm.
5. Geburtsland: _____ ?   In Schweden.

b) Schreiben Sie.

1. Ich habe am <u>2.8.</u> Geburtstag: am <u>zweiten achten</u>_____
     Ihr Geburtstag: Ich habe am _____ Geburtstag: am _____
2. Ich bin am 12.3.1981 geboren: am <u>zwölften dritten neunzehnhunderteinundachtzig</u>
     Ihr Geburtsdatum: Ich bin am _____ geboren: am _____

 Ergänzen Sie: Ihr Land, Ihre Sprache und das deutsche Wort für einen Mann und eine Frau aus Ihrem Land.

Land	Mann	Frau	Sprache
Deutschland	der Deutsche	die Deutsche	Deutsch
Ungarn	der Ungar	die Ungarin	Ungarisch
Türkei	der Türke	die Türkin	Türkisch

6 Name und Ort. Welche Wörter bedeuten das Gleiche? Markieren Sie.

1. (Stadt) – Land – (Ort)
2. Vorname – Nachname – Familienname

1 **Die Familie. Ordnen Sie zu.**

> Bruder • Vater • G̶r̶o̶ß̶m̶u̶t̶t̶e̶r̶ • Schwester • Tochter
> • Oma • Mutter • O̶p̶a̶ • Sohn • Großvater

		weiblich		männlich
1. die Großeltern	=	die **Großmutter** die _____	und	der _____ der **Opa**
2. die Eltern	=	die _____	und	der _____
3. die Geschwister	=	die _____	und	der _____
4. die Kinder	=	die _____	und	der _____

2 **Wer ist wer? Ordnen sie zu.**

> Gast • Ehepartner • Kollege* • Bekannte • Verwandte
> • Enkel* • Nachbarin* • Angehörige • Jugendliche • S̶e̶n̶i̶o̶r̶e̶n̶*

1. Alte Menschen: die <u>Senioren</u>
2. Mädchen oder Junge zwischen 12 und 18 Jahren: der / die _____
3. Sie wohnt nebenan: die _____
4. Ein Mann, man kennt ihn, er ist aber kein Freund: der _____
5. Er besucht jemanden: der _____
6. Der Mann, mit dem man verheiratet ist: der _____
7. Die Kinder von meinem Sohn oder meiner Tochter: die _____
8. Er arbeitet in der gleichen Firma: der _____
9. Ein Mann oder eine Frau in der Familie: der / die _____
     oder: der / die _____

3 Ordnen Sie in der richtigen Reihenfolge.

Kind • Erwachsener • ~~Baby~~ • Jugendlicher

→

<u>Baby</u>   _____   _____   _____

4 Wie können Menschen sein? Wie heißt das Gegenteil?

klein • ~~alt~~ • leise • blond* • dumm* • dick* • reich*
• ruhig • böse • hässlich* • schwach* • traurig*

1. jung	↔	<u>alt</u>_____	7. dünn*	↔	_____
2. lieb	↔	_____	8. groß	↔	_____
3. stark*	↔	_____	9. dunkel*	↔	_____
4. arm*	↔	_____	10. intelligent*	↔	_____
5. laut	↔	_____	11. nervös*	↔	_____
6. hübsch*	↔	_____	12. lustig	↔	_____

5 Wie ist sie oder er? Ergänzen Sie.*

schrecklich • komisch • froh • ~~freundlich~~
• anders • müde • verschieden • sympathisch
• verrückt • neugierig • traurig

1. Frau Pahr: Vielen Dank für die Blumen. Sie sind sehr <u>freundlich</u> .
2. Alexandra: Ich freue mich, Frau Erlenbusch zu treffen. Sie ist so _____ .
3. Makoto fehlt seine Heimat und seine Familie. Er ist oft _____ .
4. Nadine: Ich bin so _____ , dass wir das Problem endlich lösen konnten.
5. Gunnar: Ich bin _____ , was mir Mirijam zum Geburtstag schenkt.
6. Robert: Tanja war gestern Abend so _____ . Ich wecke sie lieber noch nicht.
7. Jorge: Ich ärgere mich über Thilo, er lügt so oft. Er ist wirklich _____ .
8. John: Die Deutschen bezahlen in der Kneipe immer getrennt. Ich finde das _____ .
9. Omar: Die Frauen in Deutschland sind ganz _____ als bei uns.
   Karin: Die Menschen sind halt _____ .
10. Carla: Ich glaube, Mario ist _____ . Er gibt sein ganzes Geld für Blumen und
    Geschenke aus. Dabei hat er so wenig Geld. Das ist doch nicht normal.

Wortschatz
3 Essen und Trinken

1 Lebensmittel.

a) Finden Sie noch 15 Wörter.

K	A	R	T	O	F	F	E	L	G	M	B
A	L	H	E	B	A	N	A	N	E	M	Z
E	S	J	E	I	Y	J	P	W	F	I	S
S	A	F	T	E	A	I	F	T	I	L	A
E	L	P	K	R	F	L	E	I	S	C	H
W	A	S	S	E	R	Z	L	X	C	H	N
J	T	X	I	L	U	D	C	V	H	P	E
O	S	C	H	I	N	K	E	N	Q	U	K
B	U	T	T	E	R	F	W	U	R	S	T

b) Ordnen Sie zu. Ergänzen Sie den Artikel.

Obst und Gemüse	Milchprodukte	Fleischwaren und Fisch	Getränke
	der Käse		

2 Komische Gerichte. Was passt nicht? Markieren Sie.

1. kochen: Reis – Nudeln – (Salz) – Bohnen*
2. grillen: Rindfleisch* – Eis* – Hähnchen – Fisch
3. backen:* Brot – Kuchen – Brötchen – Schokolade*
4. braten:* Eier – Zucker* – Tomaten – Schweinefleisch*

3 Was brauche ich? Ergänzen Sie.

1. Suppe esse ich mit dem Löffel _____ .
2. Wein trinke ich aus dem _____ .
3. Kartoffeln koche ich im _____ .
4. Fleisch schneide ich mit dem _____ .
5. Nudeln esse ich mit der _____ .
6. Kaffee trinke ich aus der _____ .
7. Fisch esse ich vom _____ .
8. Tee mache ich in einer _____ .

W	B	Y	K	A	N	N	E	J
N	T	T	A	S	S	E	B	P
M	H	Q	M	E	S	S	E	R
Q	G	H	V	V	G	L	A	S
P	Z	T	E	L	L	E	R	C
Z	L	Ö	F	F	E	L	R	A
U	H	B	G	A	B	E	L	H
J	H	Y	Z	T	O	P	F	K

4 Was essen und trinken wir heute? Bilden Sie Wörter.

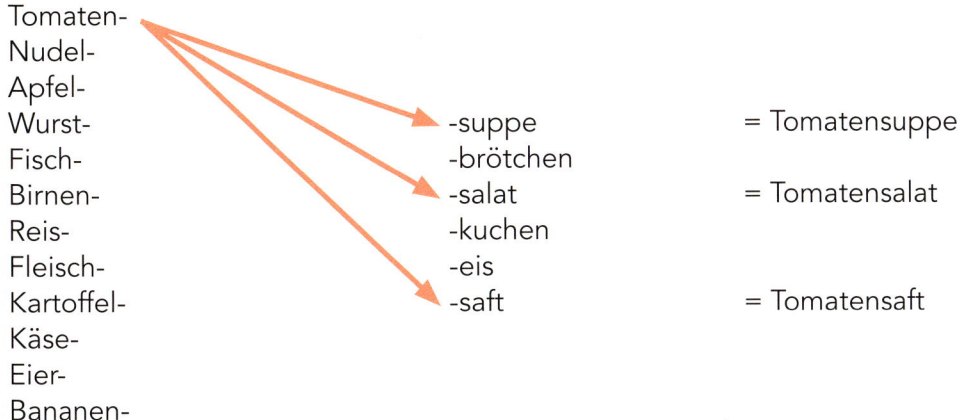

Tomaten-
Nudel-
Apfel-
Wurst-
Fisch-
Birnen-
Reis-
Fleisch-
Kartoffel-
Käse-
Eier-
Bananen-

-suppe   = Tomatensuppe
-brötchen
-salat   = Tomatensalat
-kuchen
-eis
-saft   = Tomatensaft

5 Ordnen Sie zu.*

1) Was mögen viele Kinder?
2) Was trinkst du bei einer Party?
3) Was schmeckt nicht?
4) Was isst du zum Frühstück?
5) Möchten Sie ein Glas Wein?

A | Eis mit Öl.
B | Hähnchen mit Pommes frites.
C | Nein danke, ich trinke keinen Alkohol.
D | Ein bisschen Wein oder Bier und viel Wasser.
E | Schwarzbrot mit Käse, dazu trinke ich Kaffee.

1	B
2	
3	
4	
5	

6 Pablos Frühstück. Ergänzen Sie.

Pablo kommt aus Spanien. Viele Spanier frühstücken nicht. Sie gehen in ein Lokal und trinken
schnell einen kleinen, schwarzen Kaffee. Doch Pablo liebt das deutsche Frühstück. Er trinkt

(1) <u>Kaffee</u>_____ mit **(2)** _____ und **(3)** _____ und isst ein

(4) _____ mit **(5)** _____ und Marmelade, dann isst er ein

(6) _____ und noch ein **(4)** _____ mit Wurst oder

(7) _____ . Oft trinkt er auch ein Glas **(8)** _____ und liest Zeitung.

Am Sonntag isst er **(9)** _____ mit Sahne zum Frühstück. Das ist für ihn sehr deutsch.

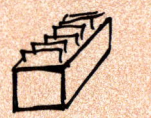

1 Sonderangebote. Schreiben Sie.

1. Schinken: <u>Hundert Gramm Schinken kosten ein Euro fünfundachtzig.</u> .
2. Äpfel: _____ .
3. Kartoffeln: _____ .
4. Nudeln: _____ .
5. Milch: _____ .
6. Wein: _____ .

2 Flasche, Paket, Gramm, Liter oder Dose? Was passt nicht? Markieren Sie.

1. Flasche: Wasser – Orangensaft* – Öl – Tee
2. Paket:* Nudeln – Kartoffeln – Kaffee – Reis
3. Gramm: Schokolade* – Schinken – Brötchen – Bananen
4. Liter: Milch – Zitrone* – Apfelsaft – Wasser
5. Dose:* Tomaten – Bier – Milch – Bohnen*

3 Wo kauft Sonja was? Ordnen Sie zu.

Zeitschrift
Briefpapier
500 g Tomaten
6 Bleistifte
1 Kugelschreiber
1 kleines Brot
Zahncreme*
1 kg Äpfel
Zigaretten
1 Seife*
Parfüm*
4 Stück Kuchen
Streichhölzer*

der Kiosk: <u>Zeitschrift,</u> _____

_____

die Bäckerei: _____

_____

der Markt: _____

_____

das Schreibwarengeschäft: _____

_____

die Kosmetikabteilung im Kaufhaus: _____

_____

4 Was wünschen Sie? Wer spricht: Verkäufer oder Kunde?*

1. Was wünschen Sie?   <u>Verkäufer</u>
2. Ich hätte gerne ...   _____
3. Wie viel kosten ...   _____
4. Ja, ich bekomme noch ...   _____
5. Ist das alles?   _____
6. Ja, das ist alles.   _____
7. Das macht ...   _____

5 Bringen Sie die 2 Gespräche zwischen Verkäufer und Kunde in die richtige Reihenfolge.*

Gespräch 1

☐	100 Gramm kosten 99 Cent.
☐	Nein, danke.
1	Guten Tag, was wünschen Sie?
☐	Das macht dann 1,98 €.
☐	Hier bitte. Noch etwas?
2	Ich hätte gerne Schinken. Wie viel kostet der?
☐	Oh, das ist wirklich preiswert. Dann geben Sie mir bitte 200 Gramm.

Gespräch 2

☐	Ist das alles?
☐	Oh, vielen Dank, auf Wiedersehen.
☐	Nein, ich möchte noch 10 Eier.
☐	Hier bitte, die ist kostenlos.
☐	Bitte schön, das macht dann 6,35 €.
☐	Könnte ich noch eine Tüte haben?
1	Guten Tag, ich hätte gerne 1 Kilo Kartoffeln und 3 Pfund Birnen.

6 Was passt nicht? Markieren Sie.*

1. preiswert – billig – (teuer) – günstig
2. Supermarkt – Geschäft – Kasse – Laden
3. Kassenzettel – Rechnung – Katalog – Quittung
4. Kreditkarte – Monatskarte – EC-Karte – Scheckkarte
5. Mehrwertsteuer – Sonderangebot – Rabatt – Ermäßigung

7 Immer Probleme mit dem Geld! Ergänzen Sie.*

> Anzeige • Garantie • <u>Schlussverkauf</u> • Raten • Flohmarkt

1. Sami braucht eine neue Hose. Die alte hat ein Loch und ist zu kurz. Na, ich warte mal auf den <u>Schlussverkauf</u>. Dann ist die Kleidung günstiger.
2. Das Fernsehgerät ist fast neu, aber schon kaputt. Wir müssen es reparieren lassen. Hoffentlich hat es noch _____.
3. Einen neuen Kühlschrank brauchen wir auch. Der kostet rund 200 Euro. Aber das haben wir nicht. Na, dann müssen wir ihn halt wieder auf _____ kaufen.
4. Morgen ist _____. Hoffentlich finde ich dort billig ein paar Bücher und CDs.
5. Gestern habe ich beim Bäcker eine _____ gesehen: „Verkäuferin gesucht". Wenn ich halbtags in einem Geschäft arbeite, kann ich vielleicht etwas dazu verdienen.

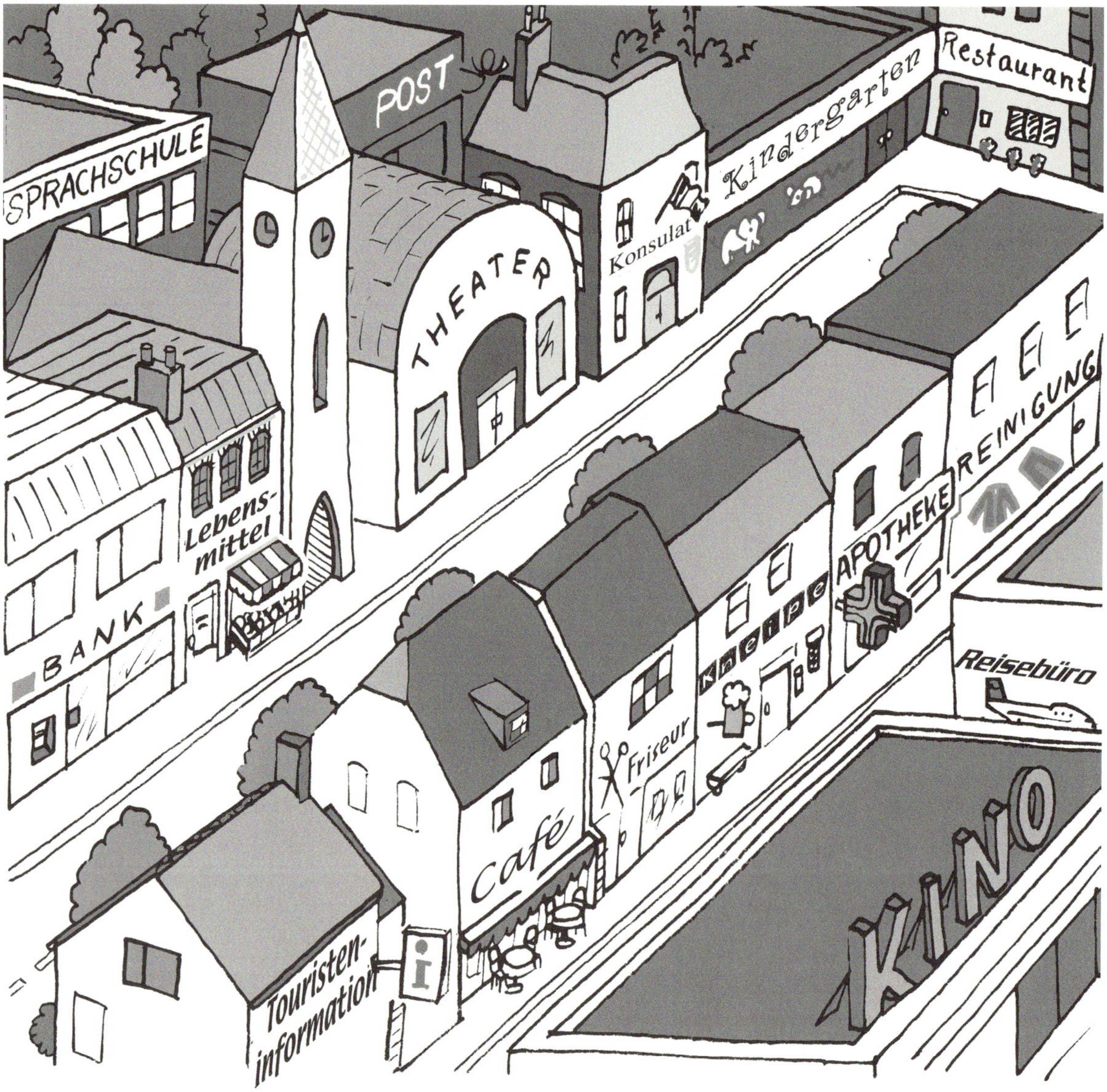

1 **Wer geht wohin? Schauen Sie die Zeichnung an und ergänzen Sie.**

1. Amie und John möchten heute nicht zu Hause essen. Sie gehen ins <u>Restaurant</u>.

2. Frau Tuma bringt zuerst ihren kleinen Sohn in den _____. Dann kauft sie im
_____geschäft ein.

3. Herr Ilcsik ist Tourist. Er sucht die _____.

4. Sema will ihrer Familie in der Türkei Geld überweisen. Sie geht zur _____.

5. Giuseppe geht zur _____. Er möchte sich für einen Deutschkurs anmelden.

6. Frau Castan will ihren Enkeln ein Päckchen schicken. Sie geht zur _____.

7. Herr und Frau Aziz wollen im Sommer nach Spanien fahren. Sie holen sich im
_____ Prospekte.

14

2 Was bekommt man wo? Ergänzen Sie.

```
          M
1. H A A R E
          D
2.        □ □ M
3.    □ C □ □ □
4.      □ S □ □ □ □ □ □ □
5. □ □ A □ □ □ □ S □ □ I □ □
6.      □ I □
          N
7.        □ □ E
```

1. Madeleine geht zum Friseur. Sie will sich die _Haare_____ schneiden lassen.
2. Tom möchte einen _____ sehen. Er geht ins Kino.
3. Esa kauft an der Theaterkasse ein _____ für heute Abend
4. Sungun Chun hat seinen _____ verloren. Er muss zum Konsulat gehen und einen neuen beantragen.
5. Francesco hat keine _____. Er bringt seine Kleidung in die Reinigung.
6. Jim und David treffen sich nach der Arbeit in der Kneipe und trinken ein _____.
7. Olga sitzt bei einer Tasse _____ im Café und träumt von Stanislaus. Der ist in Moskau geblieben.

Lösungswort:

Victor ist krank. In der Apotheke kauft er ein _____ auf Rezept.

3 Was kann man machen lassen?*
a) Ordnen Sie zu.

① Auf der Bank	Ⓐ einen Kaffee bringen	1	F
② Vom Arzt	Ⓑ beraten und testen	2	
③ Beim Friseur	Ⓒ untersuchen	3	
④ In der Sprachschule	Ⓓ das Auto reparieren	4	
⑤ Im Café	Ⓔ die Haare schneiden	5	
⑥ In der Werkstatt	Ⓕ Geld geben	6	

b) Schreiben Sie Sätze mit *kann man sich ... lassen.*

1. _Auf der Bank kann man sich Geld geben lassen._____
2. _____
3. _____
4. _____
5. _____
6. _____

1 **Anmeldung zu einem Sprachkurs. Ergänzen Sie.***

> Gebühr • Deutschkurs • Ermäßigung • Beratung • Kenntnisse • Stunden • Test

Frau Kouraichi geht zur Volkshochschule. Sie möchte einen

(1) Deutschkurs buchen. Zuerst geht sie zur **(2)** _____

und macht einen **(3)** _____, so werden ihre

(4) _____ in Deutsch überprüft. Dann empfiehlt man ihr

einen Kurs und sie reserviert einen Platz. Die **(5)** _____ ist

hoch: Hundert **(6)** _____ kosten 200 Euro. Aber sie bekommt

eine **(7)** _____, weil sie schon lange arbeitslos ist und Sozial-

hilfe bekommt.

2 **Im Reisebüro. Ersetzen Sie die falschen Verben.***

> fahren • gesehen • nehme • dauert • gehen • buchen • kostet
> • übernachtet • empfehlen • besichtigen

● Guten Tag. Ich möchte eine Reise **(1) kochen**.
○ Wohin soll es denn **(2) stehen**?
● Also, ich arbeite hier in Stuttgart seit Monaten bei einer Bank und habe von Deutschland noch
  nichts **(3) gerochen**. Ich habe so viel zu tun!
○ Oh, Sie Arme! Da kann ich Ihnen eine Rundreise **(4) verbieten**. Hier zum Beispiel „Deutschlands
  schönste Städte", da **(5) helfen** Sie zum Beispiel Freiburg, Heidelberg und Weimar.
● Das könnte interessant sein. Wie lange **(6) arbeitet** die Reise?
○ 10 Tage.
● Womit **(7) grillen** wir?
○ Mal mit dem Bus, mal mit dem Schiff. Deutschland hat ja viele Flüsse.
● Und wo **(8) wartet** man?
○ In Pensionen oder kleinen Hotels. Alle sehr landestypisch.
● Und was **(9) vergleicht** dieses Angebot?
○ 990 Euro.
● Gut. Prima. Ich **(10) störe** diese Reise.

1. buchen _____   6. _____

2. _____   7. _____

3. _____   8. _____

4. _____   9. _____

5. _____   10. _____

3 Auf der Bank.*

a) Ergänzen Sie.

> Konto • überweisen • Bankleitzahl • Rechnung • bar • Kontonummer • Euroscheckkarte

1. Jede Bank hat eine Nummer, so wie die Städte eine Postleitzahl haben. Die Nummer von einer Bank heißt **Bankleitzahl**.

2. Jeder Kunde von einer Bank hat ein _____. Jeder Kunde hat dafür seine eigene _____.

3. In einem Geschäft bezahlt man in der Regel _____ oder mit der _____.

4. Wenn man sich Waren liefern lässt, bekommt man eine _____ und man kann das Geld _____.

b) Ordnen Sie zu.

①	Was ist Ihre Bankleitzahl?		A	49 50 23 79 43		1	B
②	Bei welcher Bank haben Sie Ihr Konto?		B	500 600 70		2	
③	Was ist Ihre Kontonummer?		C	Bei der Stadt-Bank.		3	

c) Beantworten Sie die Fragen für sich selbst.

Name Ihrer Bank? _____

Bankleitzahl? _____

Kontonummer? _____

d) Was passt? Kreuzen Sie an.

1. Wenn man ein Konto bei einer Bank hat, muss man dafür ☒ eine Gebühr ☐ einen Betrag bezahlen.
2. Für die schlechten Zeiten muss man ☐ schenken ☐ sparen.
3. Olaf möchte ein Auto kaufen. Er hat aber nicht genug Geld. Deshalb geht er zur Bank und bittet um ☐ einen Kredit ☐ einen Schalter.
4. Eva hat von ihrer Oma 10 Euro bekommen. Die will sie bei der Bank ☐ ausgeben ☐ einzahlen.

4 Zahlen. Schreiben Sie.

1. 1   _eins_ _____
2. 10   _____
3. 100   _____
4. 1.000   _____
5. 10.000   _____
6. 100.000   _____
7. 1.000.000   _____

_1_ **Die neue Wohnung.**

a) Wie heißen die Möbel? Ergänzen Sie den Artikel.

1. der Herd	6. _____
2. _____	7. _____
3. _____	8. _____
4. _____	9. _____
5. _____	10. _____

b) Was ist welches Zimmer? Ordnen Sie zu.

> das Wohnzimmer • der Flur* • das Schlafzimmer • die Küche • das Bad

der Flur

c) Nichts passt. Machen Sie Sätze.

> hoch • dunkel* • lang • modern* • groß • breit • alt

1. Der Kühlschrank ist zu groß_____. Er passt nicht in die Küche_____.
2. Die Dusche ist zu _____. Sie passt nicht in _____.
3. Das Bild ist zu _____. Es passt nicht in _____.
4. Der Schrank ist zu _____. Er passt nicht in _____.
5. Das Sofa ist zu _____. Es passt nicht in _____.
6. Die Lampe* ist zu _____. Sie passt nicht in _____.
7. Der Teppich* ist zu _____. Er passt nicht in _____.

2 Was passt? Markieren Sie.

anmachen / ausmachen
an sein / aus sein } (das Licht) – das Buch – die Spülmaschine* – das Radio* – der Fernseher – der Aufzug*

aufmachen / zumachen
auf sein / zu sein } das Fenster* – die Tür – der Kühlschrank – die Heizung* – der Schrank – der Computer

3 Isabels verrücktes Haus. Die Wörter stehen am falschen Platz. Korrigieren Sie.*

Isabel kommt aus Spanien. Jetzt lebt sie in Dietzenbach. Sie wohnt in einem **(1) Garten** im dritten **(2) Keller**. Vor dem Haus ist ein **(3) Stock** mit einem Spielplatz, hinter dem Haus sind die **(4) Zimmer** und die Mülltonnen. Unten im **(5) Hochhaus** stehen die Waschmaschinen. Die Wohnung von Isabel hat drei **(6) Garagen**, eine Küche, ein **(7) Erdgeschoss** und eine Toilette. Hier wohnt sie mit ihrem Mann und zwei Kindern.
Im **(8) Bad** wohnt die Nachbarin, Frau Dumaz. Manchmal besucht sie sie.

1. <u>Hochhaus</u>   5. _____
2. _____   6. _____
3. _____   7. _____
4. _____   8. _____

4 Was ist wo? Schreiben Sie.*

| b e n o | e n t n u | n e n e b a e n | r n n d e i n | a d n r ß u e |

1. Das Dach ist <u>oben</u> _____ .
2. Der Keller ist _____ .
3. Der Nachbar ist _____ .
4. Die Möbel sind _____ .
5. Der Garten ist _____ .

5 Paolo hat viel zu tun. Ordnen Sie zu.*

① Paolo zieht in ein altes Haus.
② Die Zimmer sind leer.
③ Die Küche ist schmutzig.
④ Die Waschmaschine ist kaputt.
⑤ Paolo findet nichts mehr.
⑥ Das Geschirr ist schmutzig.

A Paolo muss sie reparieren.
B Paolo muss sie putzen.
C Paolo muss sie einrichten.
D Paolo muss spülen.
E Paolo muss es renovieren.
F Paolo muss aufräumen.

1	E
2	
3	
4	
5	
6	

1 **Wohnungsanzeigen. Was heißen die Abkürzungen?***

3 ZKB, EG, zentr. Lage,
zum 1.7.04, 520,- € + NK,
Tel.: 0681/69931

1-Zi.-App., Kü., Bad, DG,
Stuttgart-Ost, ab sofort,
410,- € inkl. NK,
Tel.: 0711/30220

2-Zi-Whg., 56 m², 1. OG, Balk.,
Garage, Keller,
München-Nord, ab 1.8.04,
430,- € + NK + 2 MM Kt.,
Tel.: 089/58447

Nebenkosten • Appartement • zentral • Wohnung • Erdgeschoss • inklusive
• Obergeschoss • Balkon • Küche • Zimmer, Küche, Bad
• Kaution • Zimmer • Quadratmeter • Dachgeschoss • Monatsmiete

App.	Appartement	m²	_____	EG	_____
Whg.	_____	NK	_____	OG	_____
Zi.	_____	inkl.	_____	DG	_____
ZKB	_____	Kt.	_____	Balk.	_____
Kü.	_____	MM	_____	zentr.	_____

2 **Ordnen Sie zu.***

die Treppe • der Schlüssel • der Telefonanschluss • der Aufzug • das Gas • der Mietvertrag
• die Kaution • der Handwerker • die Stromrechnung • der Makler • Tiere • der Mitbewohner

1. der Handwerker _____ : Der kommt, wenn die Waschmaschine kaputt ist.
2. _____ : Die darf man oft nicht in der Wohnung haben.
3. _____ : Die muss man jeden Monat bezahlen.
4. _____ : Der ist leider oft außer Betrieb.
5. _____ : Der wohnt mit einem in einer Wohngemeinschaft.
6. _____ : Die müssen meistens die Mieter putzen.
7. _____ : Damit öffnet man seine Wohnungstür.
8. _____ : Den bekommt man bei der Telekom.
9. _____ : Damit heizt man oft.
10. _____ : Den bekommt man vom Vermieter.
11. _____ : Die muss man dem Vermieter als Sicherheit geben.
12. _____ : Der vermittelt Wohnungen und Häuser.

3 Wohnungssuche. Was machen Sie wann?*

- [ ] Vermieter oder Makler anrufen
- [ ] Mietvertrag unterschreiben
- [ ] Wohnung besichtigen
- [1] Wohnungsanzeige lesen
- [ ] Kaution und erste Miete bezahlen
- [ ] in die Wohnung einziehen

4 Wohnungssuche. Was fragen Sie den Vermieter?*

- Wie hoch ist die Miete?
- Hat die Wohnung einen Balkon?
- Wie groß ist die Wohnung?
- Wie hoch sind die Nebenkosten?
- Muss man noch was renovieren?
- Wie viele Zimmer hat die Wohnung?

- Wo liegt die Wohnung?
- Muss ich eine Kaution bezahlen?
- Ist die Wohnung noch frei?
- Wann kann ich die Wohnung besichtigen?
- In welchem Stock ist die Wohnung?
- Gibt es Parkplätze?

Guten Tag, mein Name ist Popov. Ich rufe wegen Ihrer Wohnungsanzeige in der Zeitung an.

1. Ist die Wohnung noch frei _____?
   Ja, die Wohnung ist noch frei.

2. _____?
   Die Wohnung hat 58 m².

3. _____?
   Die Wohnung hat zwei Zimmer, Küche, Bad und einen Raum im Keller.

4. _____?
   Die Wohnung ist im Zentrum, in der Rodestraße.

5. _____?
   Die Wohnung ist im Dachgeschoss.

6. _____?
   Ja, die Wohnung hat einen Balkon nach Westen.

7. _____?
   Die Wohnung kostet 430 Euro im Monat.

8. _____?
   51 Euro. Gas und Strom bezahlen Sie extra.

9. _____?
   Ja, es sind zwei Monatsmieten.

10. _____?
    Nein, Sie müssen auf der Straße parken.

11. _____?
    Nein, wir haben alles renoviert.

12. _____?
    Wenn Sie wollen, morgen Nachmittag um 17.00 Uhr.

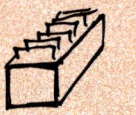

Wortschatz
9 Körper und Krankheiten

1 Der Körper. Ordnen Sie zu.

1. der Kopf
2. das Gesicht*
3. das Haar
4. das Auge
5. der Mund
6. der Zahn*
7. der Hals*
8. der Arm
9. die Hand
10. das Herz*
11. der Bauch
12. der Magen*
13. der Rücken*
14. das Bein
15. der Fuß

der Kopf

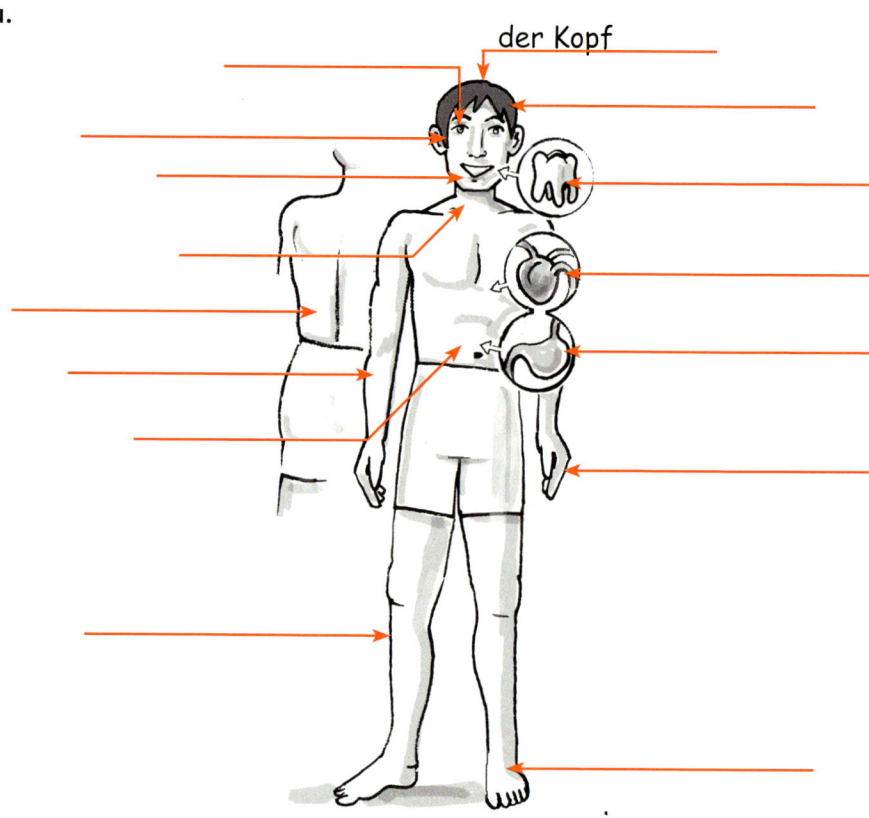

2 Wer macht was? Ordnen Sie zu.

krank sein • ein Rezept schreiben • sich schwach fühlen
• Medikamente nehmen • untersuchen • eine Operation machen
• Schmerzen haben • wieder fit sein • eine Krankmeldung geben

der Kranke	der Arzt
krank sein,	

3 Ordnen Sie zu.

① Von der Krankenkasse bekommt man eine
② Für den Chef braucht man eine
③ Medikamente kriegt man in der
④ Bei einem Unfall kommt der

A	Krankmeldung.
B	Apotheke.
C	Notarzt.
D	Versicherten-Karte.

1	D
2	
3	
4	

22

4 Wie heißen die Wörter?*

1. D O K T O R
2. V ... R ... Z
3. G ... T
4. S ... H ... P
5. S ... W
6. B ... T
7. S ... D
8. P ... C ... N

1. Einen Arzt nennt man auch ...
2. Bei einem Unfall ... sich viele Leute.
3. Manche Pflanzen sind ..., das heißt, wenn man sie isst, kann man sterben.
4. Wenn man erkältet ist, hat man ...
5. Wenn eine Frau bald ein Baby bekommt, ist sie ...
6. Bei einer Verletzung muss man oft ...
7. Das Gegenteil von „krank" ist ...
8. Zu diesen Zeiten kann man in eine Praxis gehen, z. B. Mo–Fr von 8.00–12.00 Uhr.

Lösungswort:

Bei einem Notfall muss sich der Arzt beeilen. Es ist _____.

5 Pavel ist krank. Die Wörter stehen am falschen Platz. Korrigieren Sie.*

Immer ist Pavel **(1) erkältet**. Aber jetzt liegt er seit gestern im Bett. Er ist **(2) gesund**, fühlt sich schwach, sein **(3) Arzt** tut weh, er hat Schmerzen im ganzen Körper und auch **(4) Sprechstunde**. Vielleicht ist es eine **(5) Versicherten-Karte**.

„Armer Pavel. Geh zum **(6) Bauch** und lass dich untersuchen", sagt seine Frau. „Du bist wirklich krank. Lass dir ein Rezept geben. Ich gehe nachher in die **(7) Krankmeldung** und hole das Medikament. Und bitte den Arzt um eine **(8) Apotheke**. So kannst du nicht zur Arbeit gehen. Ab 9.00 Uhr ist **(9) Fieber** bei Doktor Jablonski. Und vergiss nicht die **(10) Krankenkasse** von der **(11) Grippe**."

„Ja, ja, mache ich", sagt Pavel. Dann legt er sich auf den **(12) Kopf** und schläft weiter.

1. _gesund_
2. _____
3. _____
4. _____
5. _____
6. _____
7. _____
8. _____
9. _____
10. _____
11. _____
12. _____

6 Beim Arzt. Was sagt der Kranke? Schreiben Sie.*

Wo tut es Ihnen weh?
1. _Ich habe Kopfschmerzen, mein Hals tut weh und ich muss oft husten_____.

Haben Sie Fieber?
2. _____.

Sie haben eine Grippe. Ich gebe Ihnen ein Medikament.
3. _____.

Nehmen Sie das Medikament dreimal täglich.

1 Ihre Lieblingskleidung. Zeichnen Sie und notieren Sie.

Ihre Lieblingsschuhe

Ihre Lieblingsjacke

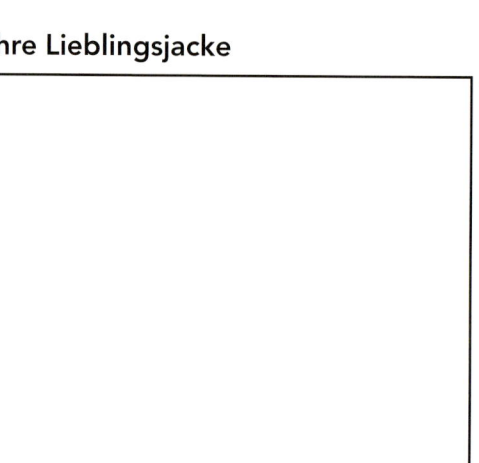

Größe: _____   Größe: _____
Farbe: _____   Farbe: _____

2 Was ist was? Ordnen Sie zu.*

der Anzug • die Bluse • die Hose • der Rock • der Mantel
• das Hemd • das Kleid • der Pullover • die Tasche • die Jacke

 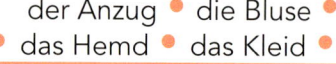

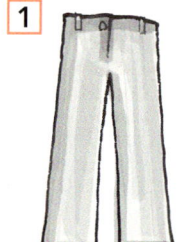    

die Hose _____ _____ _____ _____

_____ _____ _____ _____ _____

3 Welche Farbe passt? Ergänzen Sie.

weiß • grün • schwarz • braun • gelb • rot • blau

1. Der Mantel ist __schwarz__ wie die Nacht.
2. Die Hose ist _____ wie eine Tomate.
3. Die Bluse ist _____ wie Salz.
4. Das Hemd ist _____ wie ein Salat.
5. Die Schuhe sind _____ wie Schokolade.
6. Die Jacke ist _____ wie die Sonne.
7. Der Anzug ist _____ wie das Meer.

4 Was ist richtig? Kreuzen Sie an.*

1. Die Wäsche ist schmutzig, aber ich habe kein ☐ Spülmittel ☒ Waschmittel mehr.
2. Heute Abend gehe ich zu Peters Party. Aber vorher muss ich mich noch ☐ ausziehen ☐ umziehen.
3. Der Mantel ist zu eng. Ich muss ihn ☐ ändern ☐ wechseln.
4. Die Wäsche muss in die Waschmaschine. Sie ist ☐ sauber ☐ schmutzig.
5. Diese Tasche kannst du waschen. Sie ist aus ☐ Stoff ☐ Holz.
6. Die Bluse ist kaputt. Sie hat ein ☐ Schild ☐ Loch.
7. Die neue Mode ist Klasse! Ich werde mir so ein tolles enges Kleid ☐ einkaufen ☐ kaufen.
8. Das Kleid kannst du nicht in der Waschmaschine waschen. Es muss in die ☐ Werkstatt ☐ Reinigung.

5 Wie kann Kleidung sein? Ergänzen Sie.*

klein • warm • lang • modern • dünn • kurz • teuer • hell • leicht • dunkel • groß

1. Das Hemd ist zu __dunkel__. Es passt nicht zu meinem Gesicht.
2. Ich habe Größe 42, der Anzug aber hat Größe 46. Er ist mir zu _____.
3. Der Mantel ist mir zu _____. Wir haben doch Sommer.
4. Der Rock ist mir zu _____. Man kann ja meine dicken Beine sehen.
5. Die Schuhe sind mir zu _____. Die kosten 245,- €.
6. Mir ist kalt. Meine Jacke ist zu _____.
7. Die Hose ist mir zu _____. Die ist sofort schmutzig.
8. Der Pullover gefällt mir nicht. Er ist nicht _____.
9. Der Stoff von der Bluse ist ganz _____, das ist gut bei Hitze.
10. Das Kleid geht bis auf den Boden. Es ist zu _____.
11. Die Tasche ist zu _____. Da passt nichts rein.

1 **Wie viel Uhr ist es?**
a) Schreiben Sie in Wörtern.

1. 8.20 Uhr: <u>acht Uhr zwanzig</u>
2. 14.53 Uhr: _____

3. 24.00 Uhr: _____
4. 0.07 Uhr: _____

b) Notieren Sie als Zahl.

1. halb acht: <u>7.30 Uhr</u>
2. fünf nach halb acht: _____
3. Viertel nach sieben: _____
4. zehn vor acht: _____

5. sieben Uhr: _____
6. zehn nach sieben: _____
7. Viertel vor acht: _____
8. fünf vor halb acht: _____

c) Schreiben Sie.

1. <u>halb zwölf</u>

2. _____

3. _____

4. _____

5. _____

6. _____

2 **Wie heißen die Wochentage?**

1. Heute ist Montag, morgen ist <u>Dienstag</u> _____.
2. Gestern war Dienstag, heute ist _____.
3. Heute ist Sonntag, vorgestern war _____.
4. Morgen ist Mittwoch, übermorgen ist _____.
5. Die Woche geht von Montag bis _____.
6. Das Wochenende ist am Samstag und _____.

3 Tageszeiten.

a) Was kommt zuerst, was kommt dann?

> Mittag • Nacht • Vormittag • Abend • Nachmittag • ~~Morgen~~

→

Morgen _____ _____ _____ _____ _____ _____

b) Richtig oder falsch?

	richtig	falsch
1. Vormittag ist von 7.00 bis 14.00 Uhr.	richtig	~~falsch~~
2. Sonnabend ist Samstag.	richtig	falsch
3. Eine Minute hat 360 Sekunden.	richtig	falsch
4. Täglich bedeutet jeden Tag.	richtig	falsch
5. Donnerstags: Das heißt jeden Donnerstag.	richtig	falsch
6. Das Geschäft öffnet morgens um 7.00 Uhr, das heißt es öffnet jeden Morgen um 7.00 Uhr.	richtig	falsch

4 Die Monate.

a) Bringen Sie die Monate in die richtige Reihenfolge.

> August • März • ~~Januar~~ • Mai • November • Februar • Juli
> • Oktober • Dezember • April • September • Juni

Januar, _____

_____

b) Notieren Sie die Monate.

1. Monate mit 31 Tagen: Januar, März, _____

2. Monate mit 30 Tagen: _____

3. Welcher Monat fehlt: _____

5 Feste und Feiertage.

a) Ordnen Sie zu.

> ~~Neujahr~~ • Geburtstag • Ostern • Hochzeit
> • Tag der deutschen Einheit • Weihnachten • Silvester

private Feste	Feiertage
_____	Neujahr, _____
_____	_____
_____	_____

b) Welche Feste und Feiern gibt es in Ihrem Land?

_____

_____

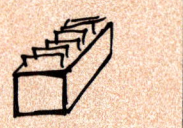

Wortschatz
12 Landschaft, Jahreszeiten und Wetter

 Eine Landschaft. Was ist was? Ordnen Sie zu.

das Dorf • der See • die Sonne • der Wald* • die Wolke* • der Berg* • der Fluss*

die Sonne

2 **Wie heißen die Jahreszeiten?**
a) Ordnen Sie zu.

Sommer • Frühling • Winter • Herbst

| 1 | 2 | 3 | 4 |

Frühling _____ _____ _____

b) Welche Jahreszeit passt?*

1. Alles ist weiß: <u>Winter</u>

2. Die Kinder haben lange Ferien: _____

3. Die Blätter fallen von den Bäumen: _____

4. Die Bäume werden grün: _____

5. Natascha zieht ihren wärmsten Mantel an: _____

6. Die Birnen schmecken jetzt am besten. Denn sie sind ganz frisch: _____

7. Viele Leute fahren jetzt ans Meer: _____

8. Die Blumen kommen und die Vögel singen wieder: _____

3 Wie ist das Wetter? Ordnen Sie zu.

1
2
3

4
5
6

A Der Regen: Es regnet.	Bild: 3
B Die Sonne: Die Sonne scheint. Es ist sonnig.	Bild: _____
C Der Wind: Es ist windig.	Bild: _____
D Der Schnee: Es schneit.	Bild: _____
E Der Nebel: Es ist neblig.*	Bild: _____
F Das Gewitter: Es gibt ein Gewitter.*	Bild: _____

4 Wann und wo? Ordnen Sie zu.*

1. Wann ist es hell?   am Tag
2. Wann ist es dunkel? _____
3. Wann kann man schlecht sehen? _____
4. Wo ist es nass? _____
5. Wo ist es kühl? _____
6. Wo ist es kalt? _____
7. Wo ist es warm? _____

> in der Nacht
> • am See bei Schnee
> • ~~am Tag~~
> • bei Sonne am Strand
> • im Garten bei Regen
> • im Wald
> • bei Nebel

5 Der Wetterbericht. Richtig oder falsch?*

Heute bleibt es trocken, ab und zu scheint sogar die Sonne. Die Temperaturen steigen auf 3 bis 8 Grad. Die Nacht wird teils wolkig, teils klar. Es kühlt ab auf 1 bis minus 3 Grad. Die Straßen können glatt werden. Morgen startet der Tag mit vielen Wolken, später scheint auch mal die Sonne. In der Nacht auf Samstag ziehen wieder Wolken auf und es fällt Regen, über 800 m Schnee. Es bleibt kalt.

1. Heute fällt kein Regen.	~~richtig~~	falsch
2. In der Nacht wird es wärmer.	richtig	falsch
3. Morgen Vormittag regnet es.	richtig	falsch
4. Morgen Nachmittag ist es manchmal sonnig.	richtig	falsch
5. In der Nacht auf Samstag schneit es in den Bergen.	richtig	falsch

1 **Hobbys.**
a) Ordnen Sie zu.

Fußball • Tennis • Buch • Schwimmbad • ~~Fahrrad~~ • Zeitung
• Karten • Radio* • Fernseher • Kino*

 1

 2

 3

 4

 5

Fahrrad _____ _____ _____ _____

 6

 7

 8

 9

 10

_____ _____ _____ _____ _____

b) Was kann man machen? Ordnen Sie zu.

Bücher   eine Sendung im Fernsehen   Musik*
Rad   Lieder   ein Video*
in der Disco   eine Wanderung   Radio*
ins Schwimmbad   Zeitung   Fußball
einen Spaziergang   Tennis   einen Film im Kino*
Karten   ins Theater*   einen Ausflug

lesen: _Bücher,_ _____

gehen: _____

hören: _____

sehen: _____

spielen: _____

fahren: _____

machen: _____

tanzen: _____

30

2 Ergänzen Sie in der richtigen Verbform.

einladen • treffen • sich verabreden* • sich unterhalten* • besuchen

1. Mohammad **unterhält sich** _____ gut mit seinen Gästen.
2. Qi _____ einen Bekannten in der Stadt.
3. Paulino will seine Freunde zu einer Party _____ .
4. Ito _____ im Sommer ihre Familie in Japan.
5. Sarah _____ mit einer Freundin zum Essen.

3 Freizeitprogramm. Machen Sie Vorschläge.*

1. Das Wetter ist heute so schön.
   Möchtest du **im Park spazieren gehen?** _____
2. Es ist so heiß heute.
   Magst du _____
3. Ich möchte mal wieder Evi und Hannes sehen.
   Wir können _____
4. Mir ist so langweilig.
   Möchtest du _____
5. Ich würde gern mal wieder einen Film sehen.
   Gehen wir doch _____

4 sicher, wahrscheinlich, vielleicht – Was passt?*

1. Kommt Charly zur Party?
   Er kommt **vielleicht** _____, wenn er Zeit hat. Er weiß es noch nicht so genau.
2. Francesca ist noch nicht da. Kommt sie noch?
   Sie kommt _____. Sie macht immer, was sie sagt.
3. Warum ist Frau Lukacin noch nicht da? Feiert sie nicht gerne?
   Doch. Sie ist _____ noch auf der Autobahn. Im Radio sagen sie, dass es viele Verkehrsprobleme gibt.

5 Welche Frage passt? Ordnen Sie zu.*

1 Ja, wandern und schwimmen.
2 In meinem Heimatland? Baseball!
3 Ja, im Schwimmverein.
4 Über Politik. Das interessiert mich nicht.

A Sind Sie in einem Verein?
B Haben Sie ein Hobby?
C Worüber unterhalten Sie sich nie?
D Was ist der Lieblingssport in Ihrem Heimatland?

1	B
2	
3	
4	

1 **Auf der Straße. Ordnen Sie zu.**

die Straße • der Bus • die Ampel • das Taxi • die Kreuzung
• das Fahrrad • das Auto • die Haltestelle • der Fahrradweg • der LKW

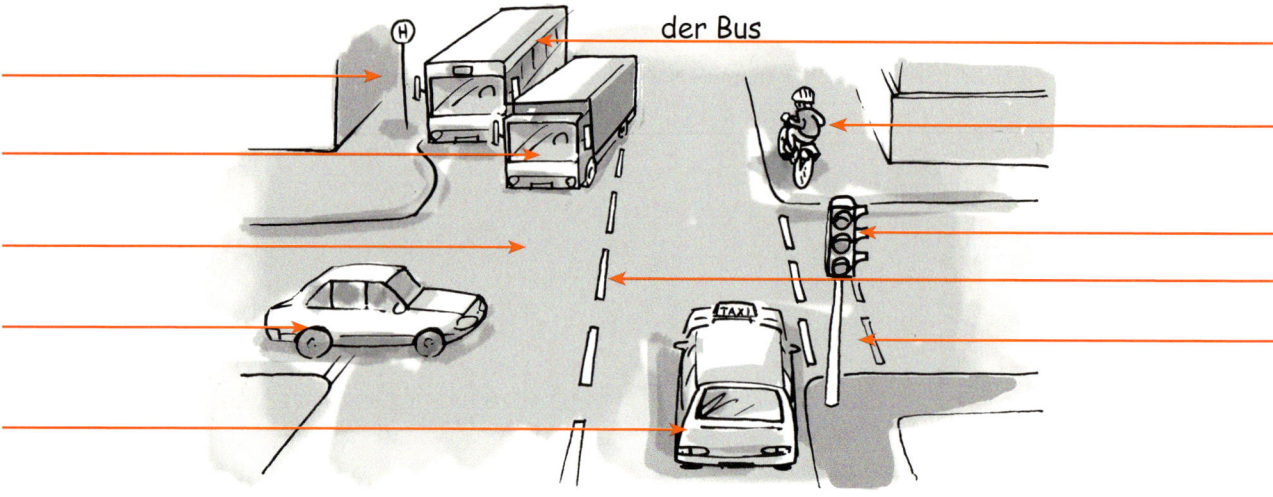

der Bus

2 **Fragen und Antworten. Ordnen Sie zu.**

(1) Wie weit ist es noch bis zum Bahnhof?
(2) Ist dieser Platz noch frei?
(3) Ist das die S-Bahn zum Flughafen?
(4) Wo kann ich Fahrkarten kaufen?
(5) Wie komme ich zum Zentrum?
(6) Welche ist die Haltestelle „Alte Brücke"?

A Nehmen Sie die U-Bahn. Die U 3 geht direkt zum Zentrum.
B Diese hier. Steigen sie schnell aus.
C Gleich hier ist ein Fahrkartenautomat.
D Tut mir Leid, er ist besetzt.
E Nur 200 m, er ist am Ende der Straße.
F Nein, das ist die S 6, die fährt nach Leonberg. Sie müssen die S 2 nehmen.

1	E
2	
3	
4	
5	
6	

3 **Das Auto. Ordnen Sie zu.***

das Kennzeichen • der Reifen • der Motor • der Kofferraum

der Reifen

4 Wo gibt es was?*

Tankstelle: <u>Diesel,</u>_____

Werkstatt: _____

Amt: _____

Fahrschule: _____

> Diesel • Kennzeichen
> • Führerschein • Reparatur
> • Benzin • TÜV
> • Zulassung • Fahrstunden

5 In der Autowerkstatt. Ordnen Sie das Gespräch in der richtigen Reihenfolge.*

Mechaniker

☐ Vielleicht haben Sie kein Benzin mehr?
1 Guten Tag. Was kann ich für Sie tun?
☐ O.k., wir sehen das Auto an.
☐ Was genau ist das Problem?
☐ Ich prüfe den Motor und rufe Sie dann an.

Kunde

2 Guten Tag, mein Auto ist kaputt.
☐ Wie lange brauchen Sie?
☐ Ich habe gerade getankt.
☐ Es ist stehen geblieben.
☐ In Ordnung. Hier ist meine Telefonnummer. Auf Wiedersehen.

6 Wenn du ein Auto hast ... Ordnen Sie zu.*

① Wenn du Auto fahren willst,
② Wenn du ein neues Auto kaufst,
③ Wenn du zwei Jahre mit dem Auto gefahren bist,
④ Wenn du kein Benzin hast,
⑤ Wenn du betrunken bist,
⑥ Wenn du einen Unfall hast,
⑦ Wenn ein Kind auf die Straße läuft,
⑧ Wenn dir das alles zu viel ist und du nicht im Stau stehen willst,

A musst du tanken.
B brauchst du einen Führerschein.
C musst du deine Kraftfahrzeug-Versicherung informieren.
D fahr mit der S-Bahn.
E muss es zum TÜV.
F darfst du nicht fahren.
G musst du schnell bremsen.
H braucht es eine Zulassung und ein Kennzeichen.

1	B
2	
3	

4	
5	
6	
7	
8	

7 Ergänzen Sie.

> gefährlich* • langsam • vorsichtig* • normal • sicher* • schnell

1. 1,65 Euro für ein S-Bahn-Ticket ist in Deutschland <u>normal</u>_____.
2. Die Kreuzung ist _____. Man kann nie alle Autos sehen.
3. Wenn Leute zu _____ fahren, gibt es oft Unfälle.
4. Wenn die Straße glatt ist, musst du _____ fahren.
5. Das Auto ist neu und sehr _____, auch bei Regen und Schnee.
6. In einem Wohngebiet muss man _____ fahren.

33

1 **Am Bahnhof.**

a) Welches Bild passt? Ein Bild passt zweimal.

1. Ich möchte eine Fahrkarte nach Leipzig.   Bild: __2__
2. Muss ich die Fahrkarte am Automaten kaufen?   Bild: _____
3. Hier dürfen Sie Ihren Koffer nicht abstellen.   Bild: _____
4. Kannst du die Durchsage verstehen?   Bild: _____
5. Schau mal auf dem Fahrplan nach! Wo fährt unser Zug ab? Bild: _____
6. Hoffentlich erreichen wir den Zug noch?   Bild: _____
7. Entschuldigung, ich brauche eine Auskunft. Wie komme ich   Bild: _____
   von hier am besten nach Stuttgart?

b) Welche Antwort passt? Ordnen Sie zu.

A Nein, das geht auch am Schalter.
B Hier steht es: Abfahrt um 17.03 Uhr von Gleis 3.
C Entschuldigung, ich habe so viel Gepäck.
D Einfach oder hin und zurück?
E Zu dumm, wir haben ihn verpasst.
F Ja, sie sagen der Zug nach Bonn hat 20 Minuten Verspätung.
G Fahren Sie mit dem ICE um 11.17 Uhr nach Frankfurt. Dort haben Sie einen direkten Anschluss
  nach Stuttgart. Das ist eine sehr gute Verbindung.

1	2	3	4	5	6	7
D						

2 Wie heißen die Verben?

1. die Reise: <u>reisen</u>
2. die Abfahrt: _____
3. die Ankunft: _____
4. der Abflug: _____

3 einsteigen, aussteigen, umsteigen* – Was passt?

1. Er <u>steigt</u> aus dem Zug <u>aus</u>.
2. Er _____ in den Bus _____.
3. Er _____ in Köln _____.

4 Was hören Sie am Bahnhof? Ergänzen Sie.

Abfahrt • Verspätung* • Gleis • Informationsschalter • Anschluss

1. Eine Durchsage für die Fahrgäste vom Intercity 1513 nach München. Wegen Bauarbeiten fährt der Zug heute von <u>Gleis</u> 7 ab.
2. Achtung an Gleis 3. Der Eurocity 253 nach Kiel hat 10 Minuten _____.
3. Willkommen in Nürnberg Hauptbahnhof. Um 16.54 Uhr haben Sie _____ an den Regional-Express 367 nach Bamberg von Gleis 8.
4. Hier eine Durchsage für Frau Fischer: Kommen Sie bitte zum _____. Ich wiederhole: Frau Fischer ...
5. Wegen Gleisarbeiten verspätet sich die _____ von Intercity 487 nach Basel um circa 10 Minuten. Wir bitten um Entschuldigung.

5 Was passt nicht? Markieren Sie.*

1. Zug: Bahnsteig – Verbindung – (Rezeption) – Fahrkartenschalter
2. Auto: Gleis – Autobahn – Stau – Panne
3. Flugzeug: Flughafen – Haltestelle – Abflughalle – Informationsschalter
4. Reisebüro: Schiffsreise – Reiseprospekt – Flugticket – Kamera
5. Papiere: Pass – Brieftasche – Führerschein – Visum
6. Grenze: Beratung – Zoll – Kontrolle – Ausweis

6 Was ist was? Ordnen Sie zu.

1. kriegen
2. die Bahn
3. die Fahrkarte
4. das Gepäck

A das Ticket
B erreichen*
C Koffer und Taschen
D der Zug

1	B
2	
3	
4	

 Sehenswürdigkeiten. Ergänzen Sie.

> der Platz • der Dom • der Park* • das Museum* • der Turm* • das Zentrum* • die Brücke*

1. Eine alte, große Kirche: der Dom
2. Da stehen Häuser drum herum: _____
3. Da kann man in einer Stadt spazieren gehen: _____
4. Sie verbindet die zwei Seiten von einem Fluss: _____
5. Hier hängen viele Bilder: _____
6. Die Stadtmitte: _____
7. Er ist hoch und eng. Oft gehört er zu einer Kirche oder einem Schloss: _____

2 Wie komme ich zu ...? Ordnen Sie zu.

| 1 | 2 | 3 | 4 |
| 5 | 6 | 7 | 8 |

A Gehen Sie geradeaus über die Kreuzung in die Rathausstraße.   Bild: **2**
Dort ist der Dom.

B Die Post ist links neben dem Hotel, gleich das nächste Haus.   Bild: _____

C Das Museum für moderne Kunst ist ganz in der Nähe. Es ist in   Bild: _____
der Schusterstraße. Das ist von hier die zweite Straße links.

D Gehen Sie hinter der Kirche nach rechts in die Kirchgasse.   Bild: _____
Dort steht der alte Turm.

E Gehen Sie durch den Park. So kommen Sie direkt zum Schloss.   Bild: _____

F Das Theater ist direkt gegenüber vom Hotel.   Bild: _____

G Sie müssen an der Ampel nach links in die Bahnhofstraße fahren.   Bild: _____

H Zum Herderplatz ist es nicht weit. Gehen Sie vor der Kirche   Bild: _____
nach rechts in den Goetheweg. Der führt direkt zum Herderplatz.

3 Was kann man nicht ...? Markieren Sie.

1. besichtigen: ein Schloss* – ein Kino* – einen Dom – eine Sehenswürdigkeit – einen Turm*
2. besuchen: eine Führung – ein Konzert – eine Kirche* – eine Stadt – eine Freundin
3. machen: einen Ausflug – einen Rundgang* – einen Termin – einen Eintritt – eine Pause
4. kaufen: einen Reiseführer – eine Postkarte – eine Fahrkarte – einen Film – eine Ausstellung*
5. reservieren: ein Zimmer – ein Theater – einen Tisch – eine Fähre* – einen Flug

4 möchten oder mögen? Was passt?

Berlin • ein Glas Wein • Schlösser • zwei Eintrittskarten • Italien • eine Reise machen
• moderne Musik • ins Konzert gehen • alte Bilder

möchten: ein Glas Wein, _____

mögen: _____

5 Was passt nicht? Markieren Sie.

1. Sehenswürdigkeiten: Museum* – Kirche* – Feuerwehr* – Schloss*
2. Touristeninformation: Stadtplan – Nachrichten* – Reiseführer – Eintrittskarten
3. Landschaft: See – Dorf – Strand* – Wald*
4. Berufe: Reiseführer – Busfahrer – Hausfrau – Kellnerin*
5. Urlaubsorte: Berge* – Meer – München – Blick

6 In der Touristeninformation. Ordnen Sie zu.*

1. Guten Tag. Was kann ich für Sie tun?

2. Waren Sie schon einmal in München?

3. Also in München gibt es viele Museen, zum Beispiel für moderne Kunst ...

4. Da kann ich Ihnen eine Stadtführung anbieten.

5. Die Stadtführung dauert 3 Stunden und kostet pro Person 20 Euro.

6. Oh, in München findet am Abend immer etwas statt, zum Beispiel Konzerte, Theater.

7. In München gibt es natürlich auch viele gute Restaurants. Möchten Sie bayerische Spezialitäten probieren?

A Das ist interessant. Wie lange dauert die?

B Eigentlich wollten wir lieber die Stadt sehen.

C Und was für Angebote gibt es am Abend?

D Wir sind kulturell nicht so interessiert. Was kann man abends noch machen?

E Nein, noch nie.

F Oh, das gefällt uns sicher. Welches Restaurant können Sie uns empfehlen?

G Wir sind zu Besuch in München und möchten gerne die Stadt besichtigen.

1	G
2	
3	
4	
5	
6	
7	

1 Was passt nicht? Markieren Sie.

1. Bezahlung: Kreditkarte – Spielkarte – EC-Karte – bar
2. Essen: einzahlen – bestellen – bezahlen – empfehlen
3. Hotel: Rezeption – Einzelzimmer – Zoll – Halbpension
4. Zimmer: reservieren – buchen – parken – bezahlen
5. Rechnung: Qualität* – Betrag* – Trinkgeld* – Mehrwertsteuer*
6. Geld: wechseln* – mitnehmen – teilnehmen – ausgeben*
7. Schlüssel: stecken* – abgeben – verlieren* – sich beschweren*
8. Lokal: Kneipe* – Unterkunft* – Restaurant – Café
9. Übernachtung: Hotel – Kiosk – Pension* – Jugendherberge

2 Zimmerreservierung. Was sagt der Gast?

- Nur mit Frühstück, bitte.
- Wir möchten ein Doppelzimmer.
- Können wir unser Auto beim Hotel parken?
- Das nehmen wir. Ab wie viel Uhr ist das Zimmer am Freitag frei?

- Mit Dusche, bitte.
- Nein, wir rauchen nicht.
- Oh, das ist schön. Wie viel kostet das?
- ~~Haben Sie von Freitag, den 14., bis Sonntag, den 16. Mai, noch ein Zimmer frei?~~

1. <u>Haben Sie von Freitag, den 14., bis Sonntag, den 16. Mai, noch ein Zimmer frei?</u>
   Ja, möchten Sie ein Einzel- oder ein Doppelzimmer.

2. _____
   Mit Bad oder Dusche?

3. _____
   Rauchen Sie? Wir haben nämlich extra Zimmer für Raucher.

4. _____
   Wir haben da noch ein Zimmer mit Balkon und Blick auf den See.

5. _____
   Möchten Sie das Zimmer mit Vollpension, Halbpension oder nur mit Frühstück?

6. _____
   Inklusive Frühstück kostet das Zimmer pro Nacht 105 Euro.

7. _____
   Die Zimmer sind ab 12.00 Uhr frei.

8. _____
   Ja, hinter dem Hotel sind Parkplätze.

3 Was darf ich Ihnen bringen? Was sagt der Gast, was sagt der Kellner?

1. Könnte ich die Speisekarte haben?
2. Was wünschen Sie zu trinken?
3. Was darf ich Ihnen bringen?
4. Ich hätte gerne ...
5. Könnte ich eine kleine Portion bekommen.
6. Welches Gericht können Sie empfehlen?
7. Haben Sie noch einen Wunsch?
8. Zahlen, bitte!
9. Die Rechnung, bitte.
10. Getrennt oder zusammen?
11. Das macht ...

4 Im Restaurant. Ergänzen Sie.

> trinken • empfehle • probieren • nehme • bringen • esse • hätte • ~~empfehlen~~

Ober: Hier bitte, die Speisekarte.

Gloria: Können Sie uns eine deutsche Spezialität **(1)** <u>empfehlen</u> ?

Ober: Kassler mit Sauerkraut.

Gloria: Ist das Fleisch? Ich **(2)** _____ kein Fleisch.

Ober: Dann **(3)** _____ ich unseren Gemüseteller.

Gloria: Das ist gut, den **(4)** _____ ich.

Ober: Und für Sie?

Camillo: Ich **(5)** _____ gerne Hähnchen mit Pommes frites.

Ober: Und zu **(6)** _____? Möchten Sie Apfelwein **(7)** _____?

Camillo: Apfelwein!? Nein danke, **(8)** _____ Sie uns bitte zwei Bier.

Ober: Ja, sofort.

5 Nichts schmeckt! Ergänzen Sie. Oft gibt es mehrere Lösungen.*

> klein • sauer • scharf • süß • bitter • fett • schwierig • heiß • warm • hart • kalt • weich

1. Der Wein ist zu <u>sauer / warm</u> .
2. Der Kaffee ist zu _____ .
3. Das Fleisch ist zu _____ .
4. Die Portion Eis ist zu _____ .
5. Die Suppe ist zu _____ .
6. Die Nudeln sind zu _____ .
7. Das Bier ist zu _____ .
8. Der Kuchen ist zu _____ .
9. „Und wie ist der Gast", fragt sich der Ober?
   „Der Gast ist zu _____!"

1 Wortpaare. Was passt?

> Kassettenrekorder* • Lehrer • Zahl • Pause
> • Kursteilnehmer • Antwort • Ausbildung*
> • Buch • Unterricht • Aufgabe

1. Schule – Ausbildung	6. Buchstabe – _____
2. Schüler – _____	7. Kassette* – _____
3. Kursleiter – _____	8. Heft – _____
4. Unterricht – _____	9. Frage – _____
5. Ferien – _____	10. Übung – _____

2 Die Schule. Ergänzen Sie.*

> Hausaufgaben • Klasse • Lehre • Zeugnis • Unterricht • Fehler • Prüfung

1. Zweimal in der Woche haben die Kinder Unterricht _____ in türkischer Sprache.
2. Suh ist Azubi. Sie macht eine _____ bei der Firma Siemens.
3. Eric ist neun Jahre alt. Er geht in die vierte _____.
4. Einen Lehrer, der jeden _____ korrigiert, finde ich schrecklich.
5. Die Noten stehen im _____.
6. Nächste Woche hat Ralf eine _____, deshalb muss er viel lernen.
7. Nach der Schule machen die Kinder jeden Tag zwei bis drei Stunden _____.

3 Lernen in Deutschland. Ergänzen Sie.

> Berufsschule • Gymnasium • Grundschule • Realschule • Universität • Hauptschule

1. Mit sechs Jahren kommen die Kinder in die Grundschule _____.
2. Nach dieser Schule kann man auf die Universität gehen: _____
3. Sie gehen nicht in das Gymnasium, sie gehen in die _____ oder in die _____.
4. Er macht eine Lehre und geht deshalb in die _____.
5. Sie ist Studentin, sie geht auf die _____.

4 Wie ist es? Ergänzen Sie.

leicht • wichtig • ~~schwer~~ • faul* • kompliziert* • fleißig*

1. Die Aufgabe ist zu <u>schwer</u>_____. Ich kann sie nicht lösen.
2. Jan macht nie seine Hausaufgaben. Er ist sehr _____.
3. Der Test war sehr _____. Ich konnte alle Fragen beantworten.
4. Vincenzo ist _____. Er lernt sehr viel.
5. Du erklärst das zu _____. Ich verstehe nichts.
6. Es ist sehr _____, dass man eine Pause macht.

5 Homepage der Sarah-Flindt-Schule. Wo finden Sie Informationen?*

www.Sarah-Flindt-Schule.de

Willkommen bei der Sarah-Flindt-Schule

Hier finden Sie Informationen zu

1. Frühbetreuung ab 7.00 Uhr
2. Schulbus
3. Schulbücherei
4. Hausaufgabenhilfe
5. Herkunftssprachlicher Unterricht
6. Förderunterricht Deutsch
7. Ferienprogramm
8. Elternbeirat
9. Arbeitsgruppen – Schultheater
                        – Fotografie

A Ihr Kind versteht die Hausaufgaben nicht. Sie können ihm aber auch nicht helfen.
B Lernen ist gut, die Kinder sollen aber auch Hobbys haben.
C Sie wohnen weit außerhalb der Stadt und haben kein Auto. Sie wissen nicht, wie Ihr Kind in die Schule kommen kann.
D Ihr Kind und viele andere in der Klasse haben Probleme mit einem Lehrer.
E Sie müssen um 8.00 Uhr am Arbeitsplatz sein, daher muss sich schon jemand ab 7.30 Uhr um Ihr Kind kümmern.
F Urlaub können Sie in diesem Jahr nicht machen. Ihr Kind soll aber trotzdem etwas unternehmen.
G Ihr Kind liest gern. Weil Sie aber nicht so viele Bücher kaufen können, müssen Sie welche leihen.
H Sie kommen aus der Türkei und möchten, dass Ihr Kind auch Unterricht in seiner Muttersprache hat.
I Ihr Kind hat Probleme mit der deutschen Sprache. Es versteht nicht, was die Lehrerin sagt und was im Schulbuch steht.

A	B	C	D	E	F	G	H	I
4								

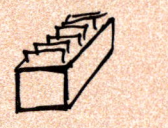

1 **Wie heißen die Berufe? Ordnen Sie zu und ergänzen Sie die weibliche Form, wenn möglich.**

Taxifahrer • Arzt • Lehrer • Doktor • Sekretär* • Ober*
• Mechaniker* • Kellner* • Handwerker • Friseur*

| 1  | 2  | 3  | 4  |

Arzt / Ärztin
Doktor / Frau Doktor _____

| 5  | 6  | 7  | 8  |

_____   _____   _____   _____

2 **Silbenrätsel. Ergänzen Sie.**

ABEND – AR – BE – BEITS – DIE – DIG – ER – FE – FEI – FIR – JOB – KUM – LE – LOS – MA – NEN
– PRAK – RU – SELBST – STÄN – STEL – TI – VER

1. Wer keine Arbeit hat, ist **arbeitslos**_____.
2. Arzt, Bäcker, Lehrer sind _____.
3. „Hauser GmbH & Co" ist der Name von einer _____.
4. Geld bekommen für die Arbeit: _____.
5. Ein Arbeitsplatz ist eine _____.
6. Eine Arbeit, die man neben dem Studium macht, ist ein _____.
7. Wer sein eigener Chef ist, ist _____.
8. Die Zeit nach der Arbeit ist der _____.
9. Wer einige Wochen in einer Firma arbeitet, weil er die Firma kennen lernen will, macht ein

_____.

42

3 Wie heißen die Fragen? Schreiben Sie.

1. <u>Was sind Sie von Beruf?</u>
   Ich bin Taxifahrer.

2. _____
   Ich arbeite bei Eilig & Schnell.

3. _____
   Mein Chef ist in Ordnung.

4. _____
   Circa 1500 Euro im Monat.

5. _____
   Ja, sehr! Meine Arbeit ist sehr interessant.

4 Ergänzen Sie.*

> Angestellter • Schichtarbeit • Betriebsrat • Gewerkschaften
> • Wirtschaft • netto • Bewerbung • Lohnsteuerkarte

1. Frau Donzi macht <u>Schichtarbeit</u> in einem Industriebetrieb. Eine Woche arbeitet Sie von 7.00 Uhr bis 15.00 Uhr, die nächste von 15.00 Uhr bis 23.00 Uhr.
2. Die _____ bekommt man vom Rathaus, nicht vom Finanzamt.
3. Er ist nicht selbstständig, sondern _____ bei einer Firma.
4. Bevor man einen Mitarbeiter entlässt, muss man mit dem _____ sprechen.
5. Die _____ sagen, wir sollen streiken, damit wir mehr Lohn bekommen.
6. Die _____ in unserem Land hat viele Probleme.
7. Er verdient 2100 Euro im Monat, aber _____ bleiben ihm nur 1300 Euro.
8. Wer eine neue Stelle sucht, schickt eine _____.

5 Lesen Sie. Wie heißen die fett gedruckten Wörter?*

M: Hallo, Anatol, schön dich zu sehen. Erzähl mal, wie geht es dir? Was machst du so?
A: Du, ich bin immer noch in der (1) **kirbaF**. Ich arbeite aber nicht mehr als (2) **eflihsuA** im Lager, sondern ich bin jetzt (3) **retiebrA**. Die Arbeit und der Lohn sind in Ordnung, aber leider muss ich oft (4) **nednutsrebÜ** machen. Und du, Magda, was machst du denn?
M: Ich arbeite jetzt (5) **tiezlloV** als Sekretärin bei der Tona GmbH, das ist eine Exportfirma. Das ist prima. Ich bin in einer netten Gruppe, die Kollegen sind toll. Ich bin sehr zufrieden.
A: War es schwer für dich, die Stelle bei der Tona GmbH zu bekommen?
M: Nein, nein. Ich hatte ja viel (6) **gnurhafrE** mit Sekretariatsarbeit. So war das kein Problem.
A: Und was macht deine Familie? ...

1. <u>Fabrik</u>   3. _____   5. _____
2. _____   4. _____   6. _____

1 Der Brief.
a) Ordnen Sie zu.

das Datum • der Absender • die Briefmarke • die Unterschrift • der Empfänger

Hotel Adler . Mozartstraße 8 . D-70180 Stuttgart ← der Absender

Herrn   Stuttgart, den 26.04.04 ←
Helge Jakobson
Postweg 3
26129 Oldenburg

Sehr geehrter Herr Jakobson,

vielen Dank für Ihr Schreiben vom 23.04.04. Hiermit bestätigen wir
die Reservierung eines Einzelzimmers vom 6. bis zum 8. Mai.
Wir freuen uns auf Ihren Besuch.

Mit freundlichen Grüßen
B. Egger

der Absender → Hotel Adler
Mozartstraße 8
D-70180 Stuttgart

55 ct ←

Herrn
Helge Jakobson
Postweg 3
26129 Oldenburg ←

b) Der Briefumschlag: Tragen Sie Ihre Adresse und die des Empfängers ein.
Empfänger: Kristina Tiedeman – Straße: Börnestraße 6 – Postleitzahl: 50829 – Stadt: Köln

2 Ordnen Sie zu.

Mit freundlichen Grüßen • Liebe Yüksel, • Sandrine • Sehr geehrte Damen und Herren, • Herzliche Grüße • Sandrine Dupont • Sehr geehrte Frau Ermis, • Liebe Grüße • Lieber Fernando, • Sehr geehrter Herr Vasquez,

persönlicher Brief	offizieller Brief
Liebe Yüksel,	

3 Im Büro.*

a) Was passt nicht dazu? Markieren Sie.

zum Brief:

1. Briefkasten – Absender – Adresse – Test
2. schreiben – schenken – übersetzen – korrigieren

zur E-Mail:

3. Anrufbeantworter – Text – Internet – Computer
4. anklicken – speichern – notieren – drucken

zum Fax:

5. Brief – Päckchen – Nummer – Papier
6. schicken – bekommen – wählen – übertragen

b) Ordnen Sie zu.

1	Die Sekretärin schreibt	A	ihrer Kollegin Blumen.	1	B
2	Frau Khuen schenkt	B	Herrn Kluge einen Brief.	2	
3	Frau Mayer übersetzt	C	den Fehler in der Rechnung.	3	
4	Wir korrigieren	D	den Vertrag ins Deutsche.	4	
5	Er klickt	E	gern Ihre Rufnummer.	5	
6	Herr Zhu speichert	F	alle E-Mails.	6	
7	Ich notiere	G	ihren Brief.	7	
8	Frau Pulkkinen druckt	H	die Web-Seite der Touristeninformation Hamburg an.	8	
9	Wir schicken	I	alle Antworten in den Informationsbogen.	9	
10	Im Büro bekommen wir	J	die Nummer 069 / 232323	10	
11	Herr Iskhab überträgt	K	der Firma Schneider Informationspapiere.	11	
12	Frau Son wählt	L	jeden Tag viele Briefe und E-Mails.	12	

1 Wie heißen die Wörter?

1.
2.
3.
4.
5.

```
1.          H A N D Y
2.              O
3.  T     F     C   U
4.          S       T
5.        L     B
```

1. So nennt man ein tragbares Telefon: ...
2. Auf einem Zettel macht man sich ...
3. Jeden Monat bekommt man eine ...
4. Wenn man eine Telefonnummer nicht weiß, ruft man die ... an.
5. Hier kann man Telefonnummern finden: ...

Lösungswort: Jemand telefoniert, das heißt: Er macht einen _____

2 Im Büro. Ergänzen Sie die Verben in der richtigen Form.*

> ~~anrufen~~ • besetzen • verbinden • zurückrufen • bestätigen • klingeln • notieren

1. Alan wusste letzte Woche noch nicht, ob er morgen Zeit hat. Er will später **anrufen** _____
   und sagen, ob er kommt.
2. Ich habe schon fünfmal versucht, den Kunden anzurufen. Aber sein Telefon ist immer
   _____.
3. Mein Kollege ist im Moment leider nicht da. Kann er Sie _____?
4. Ich werde nicht fertig mit der Arbeit. Die ganze Zeit _____ das Telefon.
5. Frau Gavansky hat während des Telefongesprächs alle wichtigen Informationen
   _____.
6. Den Empfang eines Postpaketes muss man schriftlich _____.
7. Sind Sie nicht Frau Lattusek. Oh, Verzeihung! Da bin ich falsch _____.

3 Was sagt man? Ordnen sie zu.

① Man ruft Sie an:
② Sie rufen auf einem Amt an:
③ Sie wollen eine andere Person sprechen:
④ Sie bitten jemanden zu warten:
⑤ Sie hören mit dem Telefongespräch auf:

A	Könnte ich bitte ... sprechen.
B	xy (Sie sagen Ihren Namen)
C	Einen Moment, bitte.
D	Auf Wiederhören!
E	Guten Tag, hier spricht ...

1	B
2	
3	
4	
5	

4 Termine vereinbaren.

a) Was sind die 4 Fragen, was sind die 4 Antworten?

1. ~~Ja, wann?~~
2. Können Sie morgen Vormittag?
3. Das ist gut.
4. Morgen geht es leider nicht.
5. Haben Sie morgen Vormittag Zeit?
6. Können wir morgen Vormittag über alles sprechen?
7. Geht es auch übermorgen?
8. Wollen wir uns morgen Vormittag treffen?

Fragen	Antworten
_____	Ja, wann?
_____	_____
_____	_____
_____	_____

b) Ordnen Sie das Gespräch zwischen Frau Casas und Herrn Fontanelli in der richtigen Reihenfolge.*

[ ] Wie wäre es dann übermorgen, um die gleiche Zeit?

[3] Hallo, Frau Casas. Schön, dass Sie anrufen. Wie geht es Ihnen?

[ ] Also übermorgen, 10.30 Uhr. Ich notiere es in meinem Terminkalender.

[1] Hier Fontanelli. Guten Tag.

[ ] Danke gleichfalls. Bis dann. Auf Wiederhören.

[ ] Ja, gerne. Geht es morgen um 10.30 Uhr in meinem Büro?

[ ] Auch gut, Danke! Viel zu tun, wie immer.

[ ] Danke gut. Und Ihnen?

[ ] Ja, das passt mir.

[ ] Ich rufe an, weil ich einen Termin mit Ihnen vereinbaren möchte. Wir müssen über unseren neuen Kunden sprechen.

[ ] Auf Wiederhören.

[ ] Dann bis übermorgen, Herr Fontanelli. Schönen Tag noch.

[2] Guten Tag, Herr Fontanelli. Hier spricht Marta Casas.

[ ] Nein, morgen geht es leider nicht. Da habe ich einen Termin in Bonn. Den kann ich nicht verschieben.

c) Schreiben Sie einen Dialog.*
Frau Casas muss leider den Termin verschieben. Sie ruft Herrn Fontanelli an. Schreiben Sie einen kleinen Dialog. Benutzen Sie folgende Satzteile.

> Leider muss ich unseren Termin verschieben. • Können wir uns am … treffen.
> • Leider kann ich da nicht. • Haben Sie am … um … Zeit?
> • Um … geht es leider nicht, aber um …. • Gut, dann kommen Sie am … um …

Herr Fontanelli	Frau Casas
Fontanelli, Guten Tag.	Guten Tag, Herr Fontanelli. Hier spricht Frau Casas. Leider muss ich unseren Termin verschieben. Können wir …
_____	
_____	

1 **Was macht man im Rathaus? Ordnen Sie zu.**

① ausfüllen		**A** die Papiere	**1**	D
② ankreuzen		**B** im Rathaus	**2**	
③ abgeben		**C** einen Pass	**3**	
④ sich anmelden		**D** ein Formular	**4**	
⑤ beantragen*		**E** „ledig"	**5**	

2 **Papiere und mehr. Ergänzen Sie.***

> Ausländer • A̶n̶t̶r̶a̶g̶ • Aufenthalt • Papiere • Förderung

1. Frau Rushford möchte einen __Antrag_____ auf Kindergeld abgeben. Dann bekommt sie Geld für ihr Kind.
2. Herr Hutchins möchte eine _____ für seine Ausbildung beantragen.
3. Herr Vassilev kommt nicht aus Deutschland, er ist _____.
4. Der Polizist bittet den Autofahrer um seine _____.
5. Herr Shokat hat ein Visum für drei Monate, aber er möchte seinen _____ verlängern.

3 **Zwei Wörter bedeuten das Gleiche. Ordnen Sie zu.***

> d̶e̶r̶ ̶A̶u̶s̶w̶e̶i̶s̶ • die Mitteilung • das Amt • die Erlaubnis
> • die Behörde • d̶e̶r̶ ̶P̶a̶s̶s̶ • die Berechtigung • der Bescheid

1. __der Ausweis – der Pass_____
2. _____
3. _____
4. _____

48

4 Wie ist was? Wie ist wer?*

a) Ordnen Sie zu.

① Er darf das machen.	A schriftlich		1	E
② Man muss etwas schreiben.	B befristet		2	
③ Etwas ist wichtig, nötig.	C verboten		3	
④ Etwas geht nur bis zu einem Termin.	D erforderlich		4	
⑤ Man kann etwas benutzen, etwas ist in Ordnung.	E berechtigt		5	
⑥ Etwas ist nicht erlaubt.	F gültig		6	

b) Ergänzen Sie die Wörter A–F aus Aufgabe a).

1. Mein Arbeitsvertrag ist bis September __befristet_____.

2. Einen deutschen Führerschein muss man _____ beantragen.

3. Die Sekretärin kann den Vertrag nicht unterschreiben, das kann nur ihr Chef. Sie ist nicht

   _____.

4. Frau Gauß kann den Vertrag alleine unterschreiben. Die Unterschrift von ihrem Mann ist nicht

   _____.

5. Im Vertrag fehlt die Unterschrift. Er ist also nicht _____.

6. Im Rathaus ist das Rauchen _____.

5 Ergänzen Sie.*

> der Stempel ● die Rente ● die Einwohner ● ~~die Einbürgerung~~ ● das Recht

1. Mit ihr kann man unbefristet in Deutschland leben: __die Einbürgerung_____

2. Ich darf das tun, ich habe: _____

3. Man bekommt sie, wenn man alt ist und nicht mehr arbeitet: _____

4. Ohne ihn ist ein Visum ungültig: _____

5. Die Menschen, die in einer Stadt wohnen: _____

6 Wann braucht man was? Kreuzen Sie an.*

1. Für sein Auto braucht man ☐ eine Erlaubnis ☒ eine Zulassung.

2. Wenn man ins Ausland verreist, braucht man ☐ einen Pass ☐ einen Bescheid.

3. Wenn man einen Antrag stellt, braucht man ☐ ein Formular ☐ ein Visum.

4. Wenn man Wohngeld bekommen möchte, muss man ☐ einen Antrag ☐ eine Mitteilung stellen.

5. Wenn man Auto fährt, muss man ☐ seinen Führerschein ☐ seinen Ausweis dabei haben.

6. Wenn man als Ausländer in Deutschland arbeiten will, braucht man ☐ eine Arbeitserlaubnis

   ☐ eine Berechtigung.

Bürgerbüro Lappersdorf

So sind unsere Behörden für Sie erreichbar:

Behörde	Rufnummer	Servicezeiten
Amt für Wohnungswesen	0941 / 22-23	Mo–Do 08.00–12.00
Arbeitsamt	0941 / 22-52	Mo–Fr 09.00–17.00
Bundesversicherungsanstalt für Angestellte (BfA)	0941 / 22-16	Mo–Fr 09.00–14.00
Finanzamt	0941 / 22-76	Di–Fr 08.45–16.15
Fundbüro	0941 / 22-89	Mo–Do 08.00–12.00
Jugend- und Sozialamt	0941 / 22-67	Mo–Fr 09.00–17.00
Stadtgesundheitsamt	0941 / 22-43	Mo–Fr 09.00–17.00
Ordnungsamt 1: Einwohnermeldeamt	0941 / 22-78	Mo–Fr 09.00–15.00
Ordnungsamt 2: Ausländeramt	0941 / 22-21	Mo–Fr 09.00–17.00
Ordnungsamt 3: Allgemeine Aufenthaltsangelegenheiten (nicht EU)	0941 / 22-11	Di–Fr 08.00–16.00
Ordnungsamt 4: Führerscheinstelle	0941 / 22-34	Mo–Fr 09.00–17.00
Ordnungsamt 5: Kfz-Zulassungsstelle	0941 / 22-57	Di–Fr 07.30–15.00
Ordnungsamt 6: Standesamt – Staatsangehörigkeit – Einbürgerung	0941 / 22-69	Mo–Do 08.00–12.00

1 **Das Bürgerbüro von Lappersdorf. Wohin müssen die Leute gehen? Ergänzen Sie.***

1. Frau Karoly möchte ihre Papiere für die Steuer abgeben.
   Amt: <u>Finanzamt</u>

2. Ismail lebt schon lange in Deutschland und möchte einen deutschen Pass haben.
   Amt: _____

3. Frau Kumar aus Indien ist neu in Lappersdorf und hat viele Fragen.
   Amt: _____

4. Herr Poirot möchte Sozialhilfe beantragen.
   Amt: _____

5. Herr Janacek sucht eine neue Stelle.
   Amt: _____

6. Frau Dahm hat ihre Geldbörse verloren.
   Amt: _____

7. Xenia und Thomas wollen heiraten.
   Amt: _____

8. Frau Chen aus China will länger in Deutschland bleiben und will deshalb ihre Aufenthaltserlaubnis verlängern.
   Amt: _____

9. Frau Miller möchte ihr neues Auto anmelden.
   Amt: _____

10. Herr Kaiser ist von Marburg nach Lappersdorf umgezogen.
    Amt: _____

11. Raja ist ein Jahr in Deutschland. Er möchte Auto fahren, aber er hat nur das Zeugnis von einer Fahrprüfung aus seinem Heimatland. Jetzt muss er deutsche Papiere beantragen.
    Amt: _____

12. Frau Abing will wissen, wie viel Rente sie bekommt.
    Amt: _____

13. Herr Bausch verdient sehr wenig, daher will er Wohngeld beantragen.
    Amt: _____

2 **Frau Czaja möchte ihren Pass verlängern. Was macht sie zuerst, was macht sie dann?***

- [ ] Sechs Wochen später holt sie ihren neuen Pass ab.
- [ ] Sie gibt das Formular und ein neues Passbild ab und zahlt eine Gebühr.
- [ ] Am Eingang zieht sie am Automaten einen Zettel mit einer Nummer.
- [1] Sie ruft beim Einwohnermeldeamt an und fragt nach den Öffnungszeiten.
- [ ] Sie wartet und füllt ein Formular aus.
- [ ] Ihre Nummer kommt und sie geht zum Schalter.
- [ ] Sie nimmt ihren gültigen Pass und geht zum Einwohnermeldeamt.

1 Wann sagt man was? Ordnen Sie zu.

Herzlichen Glückwunsch! • Prost! • Guten Appetit! • Hilfe! • Gesundheit! • ~~Entschuldigung!~~ • Gute Reise! • Kommen Sie herein!

1	2	3	4
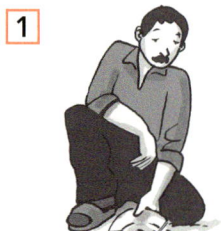			

Entschuldigung! _____ _____ _____

5	6	7	8

_____ _____ _____ _____

2 Wie geht es Ihnen? Welche Antworten passen zu dieser Frage? Markieren Sie.

1. Danke, gut. Und Ihnen?
2. Nein, noch nicht.
3. Ganz gut.
4. Na ja, es geht.
5. Darf ich mich vorstellen.
6. Besser.
7. Super!
8. Guten Morgen.
9. Vielleicht, ich bin nicht sicher.
10. Nicht gut.

3 Was bedeutet das Gleiche?

1. Setzen Sie sich!
2. Was hast du?
3. Okay, das machen wir.
4. Das macht nichts.
5. Noch einmal bitte.
6. Das wollte ich nicht.

A. Das ist nicht so schlimm.
B. Es tut mir Leid.
C. Einverstanden.
D. Nehmen Sie Platz!
E. Können Sie das bitte wiederholen?
F. Was ist denn los?

1	D
2	
3	
4	
5	
6	

4 **Sätze und Fragen für jeden Tag. Welche Antworten passen?**

1. Kann ich Ihnen helfen?
   A Ja, gerne.
   B Gib Acht!
   C Nein, danke.

2. Gehen wir heute ins Kino?
   A Gute Idee!
   B Ich habe keine Lust!
   C Das ist schade.

3. Kannst du morgen Abend?
   A Na gut.
   B Nein, leider nicht.
   C Ja, klar!

4. Möchtest du noch etwas?
   A Wirklich?
   B Nein danke, nichts.
   C Ja, ein bisschen.

5. Was heißt „virág" auf Deutsch?
   A Ich hole mal das Wörterbuch.
   B Was für ein Ding ist das?
   C Das weiß ich leider auch nicht.

6. Stimmt das?
   A Ja.
   B Ist das wahr?
   C Nein, das ist nicht richtig.

7. Schönen Tag noch!
   A Danke, ebenfalls.
   B Ihnen auch.
   C Viel Glück!

8. Was ist passiert?
   A Entschuldigung!
   B Nichts Schlimmes.
   C Ich habe ein großes Problem.

5 **Was sagen Sie. Ordnen Sie zu.***

1. Jemand entschuldigt sich bei Ihnen.
2. Sie sehen eine Sache plötzlich anders, so wie Ihr Partner.
3. Sie sind für einen Vorschlag.
4. Sie wissen nicht, was Sie tun sollen.
5. Sie wollen sagen, das Sie gegen etwas sind.
6. Sie wollen sagen, was Sie denken.
7. Sie finden eine Idee dumm.
8. Jemand ist krank. Sie wünschen ihm Gesundheit.
9. Sie warten schon sehr lange auf den Bus und jemand sagt: „Der Bus kommt gleich."

A Das ist Quatsch!
B Hoffentlich!

C Stimmt, du hast Recht.
D Ich bin dagegen, dass ...
E Meiner Meinung nach ...
F Gute Besserung!
G Schon gut.
H Gib mir mal einen Tipp!
I Ich bin dafür, dass ...

1	G
2	
3	
4	
5	
6	
7	
8	
9	

1 **Wann passiert was?**

a) Bringen Sie die Zeitwörter in die richtige Reihenfolge.

jetzt • bald • später • früher • sofort

_____   jetzt   _____   _____   _____

b) Ergänzen Sie.

1. Ich kann __jetzt_____ nicht, ich mache gerade meine Hausaufgaben.
2. Machen Sie das bitte _____, es ist sehr dringend.
3. Ich habe Hunger. Hoffentlich gibt es _____ Essen.
4. _____ war alles besser, sagt unsere Oma immer.
5. Mauricio kommt heute ein bisschen _____, er muss noch einen Kollegen zum Bahnhof bringen.

2 *noch, noch nicht, schon, erst* – Was passt?*

1. Er ist __noch nicht_____ gekommen.
2. Er ist _____ da.
3. Keine Sorge. Er kommt _____. Da bin ich ganz sicher.
4. Er kommt _____ in einer Stunde.

3 **Wann macht man was?**

dann • zuerst* • zuletzt* • vorher*

1. __Zuerst_____ schreibe ich den Brief.
2. _____ drucke ich ihn.
3. _____ schalte ich natürlich den Drucker ein.
4. _____ unterschreibe ich ihn.

54

4 Ergänzen Sie.*

> erst • fast • lange • neulich • spät • wieder
> • im Moment • plötzlich • früh • schon • noch

1. Martin hat _lange_____ auf den Bus gewartet, dann hat er schließlich ein Taxi genommen.
2. Wann besuchst du uns _____? Es war so schön mit dir!
3. Ich kann leider nicht mitkommen, ich habe _____ sehr viel zu tun.
4. Ich kann nicht so _____. Der Unterricht hört erst um 12.30 Uhr auf.
5. Die ganze Zeit war der Himmel blau und jetzt fängt es _____ an zu regnen.
6. Du kommst zu _____. Der Film ist gerade zu Ende.
7. _____ habe ich geträumt, dass es keine Kriege mehr gibt. Leider ist das eine Illusion.
8. Warte noch, ich muss _____ schnell meine Schuhe ausziehen.
9. Hannes ist immer noch nicht wach. Dabei schläft er _____ seit zehn Stunden.
10. Meine Uhr ist schon wieder kaputt. Und ich hatte sie _____ vor drei Tagen reparieren lassen.
11. Es ist 19.57 Uhr, also _____ 20.00 Uhr. Schalte doch mal bitte den Fernseher ein, ich möchte die Nachrichten sehen.

5 Wie oft macht man was?
a) Ordnen Sie zu.

> manchmal* • nie • immer • selten • meistens* • oft

0% ————————————————————————————————— 100%

_____ _selten_____ _____ _____ _____ _____

b) Ergänzen Sie.

1. Lena muss für das Studium viel lernen. Deshalb sieht sie ihre Freunde nur sehr _selten_____.
2. Er wünscht mir jeden Abend eine gute Nacht. Er vergisst das _____.
3. Zur Hochzeit haben sie sich versprochen: „Wir bleiben _____ zusammen".
4. Ich bin nicht zufrieden und möchte _____ ganz anders leben.
5. Der Bus kommt _____ pünktlich, nur ein- oder zweimal pro Monat hat er Verspätung.
6. Eigentlich fahren wir jeden Sommer ans Meer, aber _____ fahren wir auch in die Berge zum Wandern.

Was ist ein Subjekt?

Verb – *Was man macht.* → Kapitel 4, 5, 10, 11, 12, 16
z. B.: sagen, fragen, schreiben, essen, trinken, schlafen

Nomen – *Personen oder Sachen* → Kapitel 2
z. B.: Mann, Frau, Haus, Auto, Firma, Visum

Pronomen – *steht für Personen oder Sachen* → Kapitel 9
z. B.: ich, du, er, sie, mich, ihm

Subjekt – *Wer macht etwas?* → Kapitel 4, 5
z. B.: Cornelia fliegt nach China.

Ergänzung – *antwortet auf die Fragen wen? was? wem? wo? wann? wie?* → Kapitel 4, 5, 17, 18
z. B.: Ich sehe einen Hund.
    Ich komme um 19.00 Uhr.

Artikel – *gehört zum Nomen* → Kapitel 6, 7
z. B.: der, die, das, ein, eine

Possessivartikel – *Wem gehört etwas?* → Kapitel 8
z. B.: mein, dein, sein, unser

Demonstrativartikel – *zeigt auf etwas* → Kapitel 8
z. B.: diese, dieser, dieses

Adjektiv – *gibt eine Information zu einem Nomen, wie ist etwas* → Kapitel 26, 27
z. B.: groß, klein, viel, billig

Singular – *nur 1/***Plural** – *2, 3 oder mehr* → Kapitel 3
z. B.: ein Haus → zwei Häuser

Präposition – *Wo ist etwas? Wann ist etwas?* → Kapitel 19, 20, 21
z. B.: an, auf, bis, hinter, in, nach, vor, zu

Konjunktion – *verbindet Informationen* → Kapitel 25
z. B.: und, oder, dann, denn, weil, wenn

Hauptsatz – *Verb an 2. Position/***Nebensatz** – *Verb am Ende* → Kapitel 4, 5
z. B.: Ich komme aus Frankreich./..., wenn ich aus Frankreich komme.

Verneinung – *nein sagen* → Kapitel 24
z. B.: nicht, nichts, kein, keine

Präsens – *Was jetzt oder in der Zukunft passiert.* → Kapitel 12
z. B.: Carlos geht heute ins Kino./Carlos geht morgen ins Kino.

Perfekt und Präteritum – *Was früher passiert ist.* → Kapitel 13, 14, 15
z. B.: Carlos ist gestern ins Kino gegangen./Carlos wollte gestern ins Kino gehen.

1 Unterstreichen Sie alle Verben.

1. Herr Grimfors <u>kommt</u> aus Schweden.
2. Kennen Sie diesen Mann?
3. Das Hähnchen mit Pommes frites kostet 5,50 €.
4. Wann kommst du zu mir?

2 Nomen.
a) Unterstreichen Sie alle Nomen.

1. Heute trifft <u>Sandra</u> ihre <u>Freundin</u> in der <u>Stadt</u>.
2. James wohnt in einer großen Wohnung.
3. Den neuen Nachbarn kennt Beatrice nicht.
4. Das Buch steht im Regal.
5. Mein Bruder stellt die Gläser in den Schrank.

b) Welche Nomen sind Subjekte?

<u>Sandra,</u> _____

3 Schreiben Sie die Sätze in die Tabelle.

1. Die Frau singt ein Lied.
2. Zum Frühstück isst Herr Meier zwei Brötchen.
3. Frau Bayram wohnt in der Adlerstraße.
4. Dem Mann gefällt das Bild.

Ergänzung	Subjekt	Verb	Subjekt	Ergänzung
1.	Die Frau	singt		ein Lied.
2.				
3.				
4.				

4 Präposition oder Konjunktion? Kreuzen Sie an.

	Präposition		Konjunktion	
1. Er geht	☒	in	☐	die Küche.
2. Möchten Sie ein Eis	☐	oder	☐	einen Kuchen?
3. Der Zug fährt	☐	nach	☐	Hannover.
4. Ich komme,	☐	wenn	☐	ich mit der Arbeit fertig bin.
5. Ich trinke den Kaffee	☐	mit	☐	drei Stück Zucker.

5 Unterstreichen Sie die Adjektive.

<u>groß</u> – heute – die – schön – dunkel – Frau – teuer – morgen – intelligent – kein – du – gern – gut – dort – dünn – mein – schnell – Tür – sehen – ist – interessant – bald – wohin – alt – kommt

Grammatik
2 Nomen: *der, die oder das*

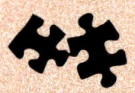

Der, die oder das Hund?

die

Frauen (immer -in):
die Mutter
die Schwester
die Absender**in**
die Lehrer**in**

Nomen kommt vom Verb, Endung -t:
(abfahren) die Abfahr**t**
(ankommen) die Ankunf**t**
(antworten) die Antwor**t**

alle Nomen -heit, -keit, -ung, -schaft:
die Gesund**heit**
die Sauber**keit**
die Einlad**ung**
die Wirt**schaft**

oft Nomen -e:
die Adress**e**
die Anzeig**e**
die Reis**e**
aber: das Auge, der Name, der Junge

Zahlen:
die 1, die 10, die 45

alle Nomen -ei oder -ie:
die Bäcker**ei**
die Metzger**ei**
die Droger**ie**
die Biolog**ie**

der

Nomen vom Verb ohne Endung:
(anrufen) der Anruf
(besuchen) der Besuch
aber: (spielen) das Spiel

Tage, Monate, Jahreszeiten:
der Montag
der Januar
der Sommer

Männer:
der Bruder
der Kollege
der Student
der Arzt

oft Nomen -er:
der Absend**er**
der Comput**er**
der Schalt**er**
aber: das Alter, die Nummer

das

Buchstaben:
das A, das Z

Nomen= Infinitiv vom Verb:
das Essen
das Trinken

alle Nomen -chen oder -lein:
das Bröt**chen**
das Mäd**chen**
das Fräu**lein**
das Häus**lein**

oft Nomen aus fremden Sprachen:
das T-Shirt
das Hobby
das Radio

Farben:
das Blau
das Rot

Hinweis:
Lernen Sie die deutschen Nomen immer zusammen mit dem Artikel!

Artikel → Kapitel 6
Artikeldeklination → Kapitel 7

1 Wohin gehören die Nomen? Ordnen Sie zu.

Achtung • Kino • Bewerbung • Herbst • Heizung • Flug • Junge • Kündigung • Name • Banane • Gymnasium • Mädchen • Drucker • Lehrer • Jugendliche • Tante • Mai • Theater • Aufgabe • Grün • Handy • Dusche • E • Busfahrerin • Leben • Fahrt • Päckchen • 35 • Entschuldigung • Freiheit • Hobby • Reisen • Dienstag • Bäckerei • Büchlein • Tanz • Freundschaft • Mechaniker • Fahren • Tochter

der	die	das
_____	Achtung, _____	_____
_____	_____	_____
_____	_____	_____
_____	_____	_____
_____	_____	_____
_____	_____	_____

der/die: _____

2 der, die oder das – Was passt?

1. Die _____ Einladung zum Geburtstag kommt mit der Post.
2. _____ Besuch bei Tante Frieda war langweilig.
3. _____ Drogerie ist in der Bahnhofstraße.
4. _____ Computer von Lazlo ist ganz neu.
5. _____ T-Shirt ist mir zu klein.
6. _____ Essen in der Kantine schmeckt heute gut.
7. _____ Hausaufgabe verstehe ich nicht.
8. _____ Rückfahrt dauert drei Stunden.
9. _____ Frühling ist die schönste Jahreszeit.
10. _____ Rot gefällt mir nicht.

3 Wie heißen die Nomen? Ergänzen Sie den Artikel.

1. anmelden – die Anmeldung _____
2. anrufen – _____
3. antworten – _____
4. reisen – _____
5. fragen – _____
6. anfangen – _____
7. wohnen – _____
8. heiraten – _____

Fünf Stühle und zwei Tische

Plural sagt man, wenn man von zwei oder mehr Personen oder Sachen spricht.
Nur eine Person oder Sache heißt grammatisch: Singular.

Der Artikel ist bei allen Nomen im Plural gleich: der Mann → **die** Männer
die Frau → **die** Frauen
das Kind → **die** Kinder

> *Hinweis:*
> *Im Plural haben die Nomen bestimmte Endungen. Es gibt keine klaren Regeln dafür.*
> *Im Dativ Plural bekommen die Nomen am Ende ein –n (z. B. mit den Männern).*
> *Außnahme sind die Nomen mit -s im Plural (z. B. mit den Babys).*

Endung	Wann?	Beispiele
(")-e	oft kurze Nomen	der Brief → die Brief**e**, der Tag → die Tag**e** die Hand → die H**ä**nd**e**, der Stuhl → die St**ü**hl**e**
-(e)n	-n: immer nach -e, -ie	die Tomate → die Tomate**n**, der Name → die Name**n**
	-en: immer nach -ung, -heit, -keit, -schaft und oft bei Personen	die Zeitung → die Zeitung**en** die Freiheit → die Freiheit**en** die Frau → die Frau**en**, der Mensch → die Mensch**en**
	-nen: immer bei -in	die Freundin → die Freundin**nen**
(")-er	oft bei Singular „das"	das Kind → die Kind**er**, das Bild → die Bild**er** das Haus → die H**ä**us**er**, das Buch → die B**ü**ch**er**
	"-er: bei Mann/Mund/Wald	der Mann → die M**ä**nn**er**, der Wald → die W**ä**ld**er**
(")-	immer bei -chen, -lein, meistens bei -el, -en, -er	das Mädchen → die Mädchen der Computer → die Computer der Sessel → die Sessel
		der Apfel → die **Ä**pfel, der Garten → die G**ä**rten, die Mutter → die M**ü**tter
-s	internationale Wörter	das Foto → die Foto**s**, das Baby → die Baby**s**, das Hotel → die Hotel**s**, das T-Shirt → die T-Shirt**s**

Lernen Sie:
Nur Singular: die Butter, das Obst, das Wasser, das Geld, die Wäsche, das Wetter, die Gesundheit ...
Nur Plural: die Eltern, die Geschwister, die Leute, die Ferien, die Lebensmittel, die Möbel ...
Ausnahmen: die Bank → die Bänke (zum Sitzen)/die Banken (Geldinstitute), die Firma → die Firmen,
das Konto → die Konten, das Museum → die Museen, das Visum → die Visa ...

Lernen Sie die Nomen immer so: der Tisch   →   die Tische
Singular mit Artikel   Plural

Nomen: *der, die* oder *das* → Kapitel 2

1 Singular oder Plural? Kreuzen Sie an: S = Singular, P = Plural.

	S	P		S	P		S	P		S	P
Tomaten		X	Bücher			Menschen			Kindergärten		
Junge	X		Möbel			Wetter			Mutter		
Tische			Wäsche			Bilder			Eier		
Fragen			Eltern			Sessel			Hausaufgaben		
Computer			Namen			Telefon			Mädchen		

2 Schreiben Sie die Pluralformen in die Liste.

die Adresse • das Amt • der Apfel • der Ausländer • das Bad • das Bein • der Beruf • das Bett • das Brötchen • der Drucker • die E-Mail • das Fenster • der Fuß • die Gabel • das Gewitter • die Heizung • die Kamera • die Kassette • das Kind • die Lampe • der Mann • der Motor • der Mund • die Quittung • das Radio • das Schild • der Schrank • der Schuh • die Schule • der Supermarkt • das Video • der Vogel • die Zitrone

-e / "-e	-n / -en	-er / "-er
	die Adressen,	

-/ "-	-s

3 Wie heißt der Singular?

die Banken, die Strände, die Museen, die Visa, die Ärztinnen, die Pakete, die Brüder, die Konten
die Firmen, die Bänke, die Plätze, die Verwandten, die Grüße, die Länder, die Probleme, die Fotos
die Bank,
_____

4 Welches Wort hat keinen Plural? Markieren Sie.

1. das Brot – das Brötchen – die Milch – die Wurst
2. die Orange – das Obst – der Apfel – die Birne
3. das Gemüse – die Kartoffel – die Tomate – die Nudel
4. das Glas – die Flasche – das Getränk – das Wasser
5. der Wind – das Gewitter – das Wetter – der Winter
6. die Wäsche – das T-Shirt – die Hose – der Schuh

Die Schule beginnt um 9 Uhr.

Kennen Sie schon die Familie Hauptsatz?

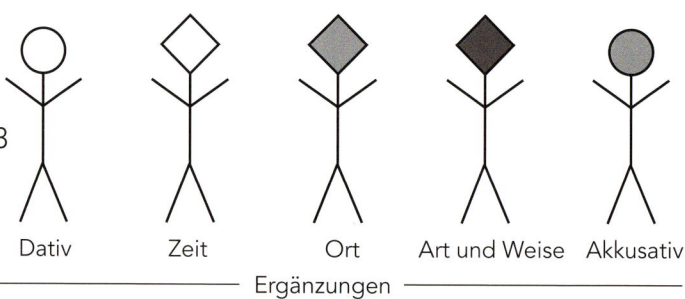

Frau **Verb** ⬤ passt auf ihre Familie gut auf. Herr **Subjekt** ⬤ darf nur links oder rechts von ihr stehen. Sie hält ihn also gut fest.

Dativ ◯, **Akkusativ** ⬤ und **Zeit** ◇, **Ort** ◆ und **Art und Weise** ◆ sind ihre Kinder. Sie stehen hinter Frau Verb. Manchmal darf ein Kind auf Position 1 stehen, dann steht Herr Subjekt auf Position 3. In der Grammatik heißen die Kinder **Ergänzungen**.

Die „Kinder" sind nicht immer alle da. Zum Beispiel:

Hinweis:

Hauptsätze brauchen immer ein Subjekt und ein Verb.
Das Verb ⬤ *steht immer auf* **Position 2!**
Das Subjekt ◯ *steht* ← *links oder rechts* → *vom Verb! Es ist immer im Nominativ.*
Die Verben im Deutschen haben feste Ergänzungen.

Nebensatz ➜ Kapitel 5
Sätze mit Modalverben ➜ Kapitel 11
Verben mit Ergänzungen ➜ Kapitel 17, 18
Präpositionen ➜ Kapitel 19, 20, 21
Artikeldeklination ➜ Kapitel 7
Konjunktionen ➜ Kapitel 25
Verben und ihre Ergänzungen ➜ Liste

1 Verben und Subjekte.

a) Unterstreichen Sie alle Verben einmal, alle Subjekte zweimal.

Liebe Frau Berger,
heute schreibe ich Ihnen aus meinem Urlaub. Ich bin jetzt zwei Wochen am Bodensee. Ich habe viel
Spaß. Das Wetter ist toll. Meine Freundin und ich sind immer unterwegs: wir baden, wir wandern.
Und wir fahren mit dem Fahrrad zu den schönen Ausflugszielen in der Umgebung. Am Abend tanzen
wir. Leider ist unser Urlaub bald zu Ende. In drei Tagen fahren wir schon wieder nach Hause.
Bis bald, Ihre Tanja Bremer

b) Wo steht das Verb? Wo steht das Subjekt? Ergänzen Sie.

Das Verb steht immer auf Position _____. Das Subjekt steht in der Regel auf Position

_____. Wenn auf Position 1 eine Ergänzung steht, steht das Subjekt auf Position _____.

2 Bringen Sie die Satzteile in die richtige Reihenfolge. Es gibt immer mehrere Möglichkeiten.

1. heute / frei / Yvonne / den ganzen Tag / hat   <u>Heute hat Yvonne den ganzen Tag frei.</u>
2. frühstückt / sie / in einem Café / am Vormittag _____
3. sie / am Mittag / in die Stadt / fährt / mit dem Bus _____
4. am Nachmittag / sie / einen Einkaufsbummel / macht _____
5. Jens / dann / sie / trifft / vor dem Rathaus _____
6. trinken / sie / auf der Rathausterrasse / einen Kaffee _____
7. ins Theater / am Abend / gehen / sie _____
8. geht / nach dem Theater / Yvonne / nach Hause / müde _____

3 Die Wohnung von Fernando.

a) Ergänzen Sie.

> er • stehen • ~~wohnt~~ • durch die Schwalbenstraße
> • eine neue Wohnung • groß und hell • in der Ecke • nachts

Fernando **(1)** <u>wohnt</u> _____ in der Schwalbenstraße 15. Dort lebt

(2) _____ in einer Zwei-Zimmer-Wohnung. Das Wohnzimmer ist

(3) _____. Dort **(4)** _____ ein Schrank, ein Tisch

und vier Stühle. **(5)** _____ steht ein grünes Sofa. Leider fahren viele Autos

(6) _____ und Fernando schläft **(7)** _____ sehr schlecht.

Deshalb sucht Fernando **(8)** _____.

b) Wie heißen die Satzteile 1 bis 8 in der Grammatik?

1. <u>Verb</u>_____   3. _____   5. _____   7. _____
2. _____   4. _____   6. _____   8. _____

..., weil ich schon drei Monate hier bin.*

Kennen Sie schon die Familie Nebensatz?

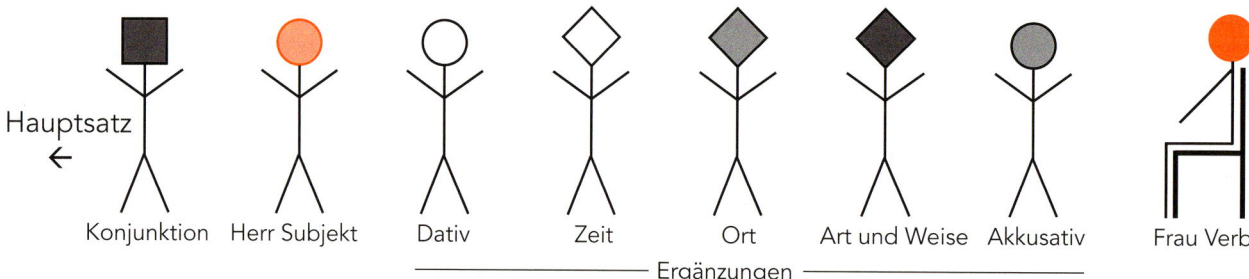

Hauptsatz
←

Konjunktion	Herr Subjekt	Dativ	Zeit	Ort	Art und Weise	Akkusativ	Frau Verb

———— Ergänzungen ————

Frau Verb 🔴 passt auch hier auf ihre Familie gut auf. Sie sitzt am Ende . Herr Subjekt 🔴 steht nach der Konjunktion. Die Konjunktion ⬛ hält sich am Hauptsatz fest, denn ohne Hauptsatz kann der Nebensatz nicht stehen . Die Kinder Dativ ◯, Akkusativ 🔘 und Zeit ◇, Ort ◆ und Art und Weise ◆ stehen zwischen Herrn Subjekt und Frau Verb. Die Kinder sind nicht immer alle da.

————— Nebensatz —————

Hauptsatz	(,)	Konjunktion	Subjekt	Ergänzungen	Verb am Ende
Er besucht mich	,	wenn	er	Zeit	hat.
Ich freue mich	,	dass	Celine	hier	ist.
Er freut sich	,	weil	sein Freund	ihm ein tolles Buch	gibt.
Frau Müller fragt	,	ob	ihr	zu Besuch	kommen wollt.

> **Hinweis:**
> **Nebensätze** stehen nie ohne einen Hauptsatz. Sie geben eine Extra-Information. Sie brauchen eine Konjunktion, ein Subjekt und ein Verb. Zwischen Hauptsatz und Nebensatz steht ein Komma (,). Das Verb steht immer am Ende. Bei Modalverben steht das Modalverb am Ende.
> Nebensätze starten mit einer Konjunktion, sie verbindet mit dem Hauptsatz:
> - **weil** (Warum kommst du zu spät? – Ich komme zu spät, **weil** ich verschlafen habe.)
> - **wenn** (Wann fährst du in Urlaub? – Ich fahre in Urlaub, **wenn** ich Geld habe.)
> - **dass** (nach: Ich weiß, will, möchte, freue mich, ärgere mich; Er/Sie sagt, meint, denkt)
> - **ob** (nach: Er/Sie fragt; Er/Sie weiß nicht)

Der Nebensatz kann auch vor dem Hauptsatz stehen. Der Hauptsatz beginnt dann mit dem Verb.

Konjunktion	Subjekt	Ergänzungen	Verb	(,)	Hauptsatz (beginnt mit dem Verb)	
Weil	ich	Deutsch	lerne	,	brauche	ich ein Wörterbuch.

Hauptsatz ➜ Kapitel 4
Sätze mit Modalverben ➜ Kapitel 11
Konjunktionen ➜ Kapitel 25

1   Schreiben Sie Nebensätze mit *weil*.

sie haben Flügel • sie zeigt zur Sonne • es hat einen Motor
• ~~es gibt viele Regenwolken~~ • da scheint die Sonne oft

1. Warum ist der Himmel grau? – Er ist grau, <u>weil es viele Regenwolken gibt</u>   .
2. Warum ist die Banane krumm? – Sie ist krumm, _____.
3. Warum ist es in Australien heiß? – Es ist heiß, _____.
4. Warum kann ein Auto fahren? – Es kann fahren, _____.
5. Warum können Vögel fliegen? – Sie können fliegen, _____.

2   *wenn* und *wann*.
a) Schreiben Sie Nebensätze mit *wenn*.

er hat Urlaub • es ist heiß • ich bin mit der Arbeit fertig • ~~ich habe Zeit~~ • ist sie 18 Jahre alt

1. Ich gehe spazieren, <u>wenn ich Zeit habe</u>   .
2. Sabrina kann den Führerschein machen, _____.
3. Olaf geht ins Schwimmbad, _____.
4. Jürgen macht eine Reise nach Portugal , _____.
5. Ich komme, _____.

b) Wie heißen die Fragen zu den Sätzen 1–5?

1. <u>Wann gehst du spazieren</u>   ?
2. _____?
3. _____?
4. _____?
5. _____?

3   Ergänzen Sie *dass* oder *ob* und setzen Sie die Verben an die richtige Stelle.

1. Herr Herz meint, <u>dass</u>   er ~~ist~~   krank   <u>ist</u>   .
2. Elke denkt, _____ sie ~~kann~~ heute Abend nicht kommen _____.
3. Ich weiß nicht, _____ ich ~~habe~~ Sie richtig verstanden _____.
4. Alex freut sich, _____ er ~~hat~~ Urlaub _____.
5. Frau Mahler fragt,_____ sie ~~darf~~ heute früher nach Hause gehen _____.
6. Rima sagt, _____ sie ~~versteht~~ die deutsche Grammatik nicht _____.

Man benutzt *dass* nach _____, _____, _____, _____.
Man benutzt *ob* nach _____ und _____.

Ich sehe einen Mann. Der Mann ist dick.

unbestimmter Artikel: ein ● eine ● ein
- Man kennt jemanden oder etwas nicht:
  Morgen kommt **ein** neuer Kollege.
- Man spricht zum ersten Mal über jemanden oder etwas:
  Ingo wohnt in **einer** Wohnung.
- Man meint die Zahl „1":
  Ich habe **eine** Schwester.
- Man erklärt etwas:
  Sarajewo ist **eine** Stadt in Bosnien.

bestimmter Artikel: der ● die ● das
- Man kennt jemanden oder etwas:
  Die Kinder von Sophie sind sehr nett.
- Man spricht zum zweiten Mal von jemandem oder etwas:
  Ich brauche einen Tisch. **Der** Tisch muss groß und rund sein.
- Man spricht von einer bestimmten Person oder Sache:
  Der Friseur in der Rosenstraße ist sehr gut.
- Man zeigt auf etwas (mit dem Finger):
  Ich hätte gern **das** Stück Kuchen da.
- Es gibt etwas nur einmal auf der Welt (z. B. Berge, Flüsse, Sehenwürdigkeiten):
  Der Big Ben steht an **der** Themse.
- Man spricht über Jahreszeiten oder Monate:
  Der Sommer war sehr heiß, besonders **der** August.

Kein Artikel
- Plural vom unbestimmten Artikel:
  Im Zoo gibt es **Tiere**.
- Nationalität:
  Sie ist **Französin**.
- Berufe:
  Herr Burger ist **Bäcker**.
- Religion:
  Hussein ist **Moslem**.
- Namen von Personen, Städten und den meisten Ländern:
  Deutschland ist in **Europa**.

> **Hinweis:**
> *Nur wenige Länder stehen immer mit dem Artikel: der Libanon, der Irak, der Iran*
> *die Mongolei, die Niederlande, die Schweiz, die Slowakei, die Türkei, die Ukraine, die USA.*

Nomen: *der, die* oder *das* ➔ Kapitel 2
Artikeldeklination ➔ Kapitel 7

1 Was gibt es in Neustadt? Ergänzen Sie *ein, eine* oder ...

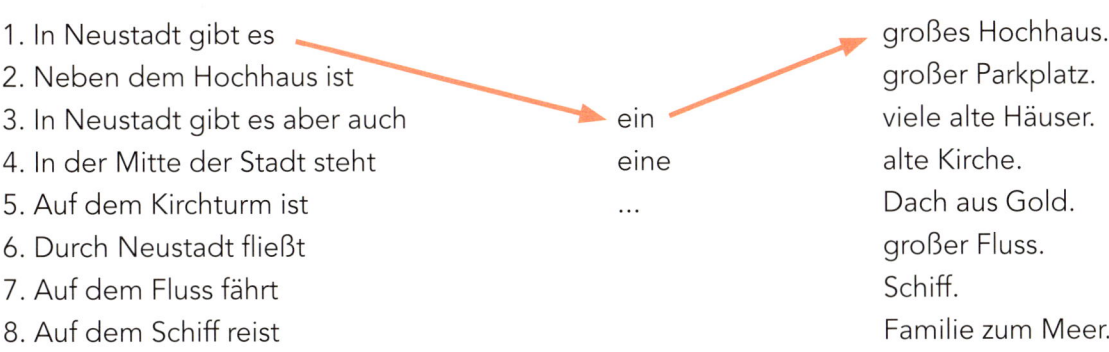

1. In Neustadt gibt es   großes Hochhaus.
2. Neben dem Hochhaus ist   großer Parkplatz.
3. In Neustadt gibt es aber auch   ein   viele alte Häuser.
4. In der Mitte der Stadt steht   eine   alte Kirche.
5. Auf dem Kirchturm ist   ...   Dach aus Gold.
6. Durch Neustadt fließt   großer Fluss.
7. Auf dem Fluss fährt   Schiff.
8. Auf dem Schiff reist   Familie zum Meer.

2 Verbinden Sie.

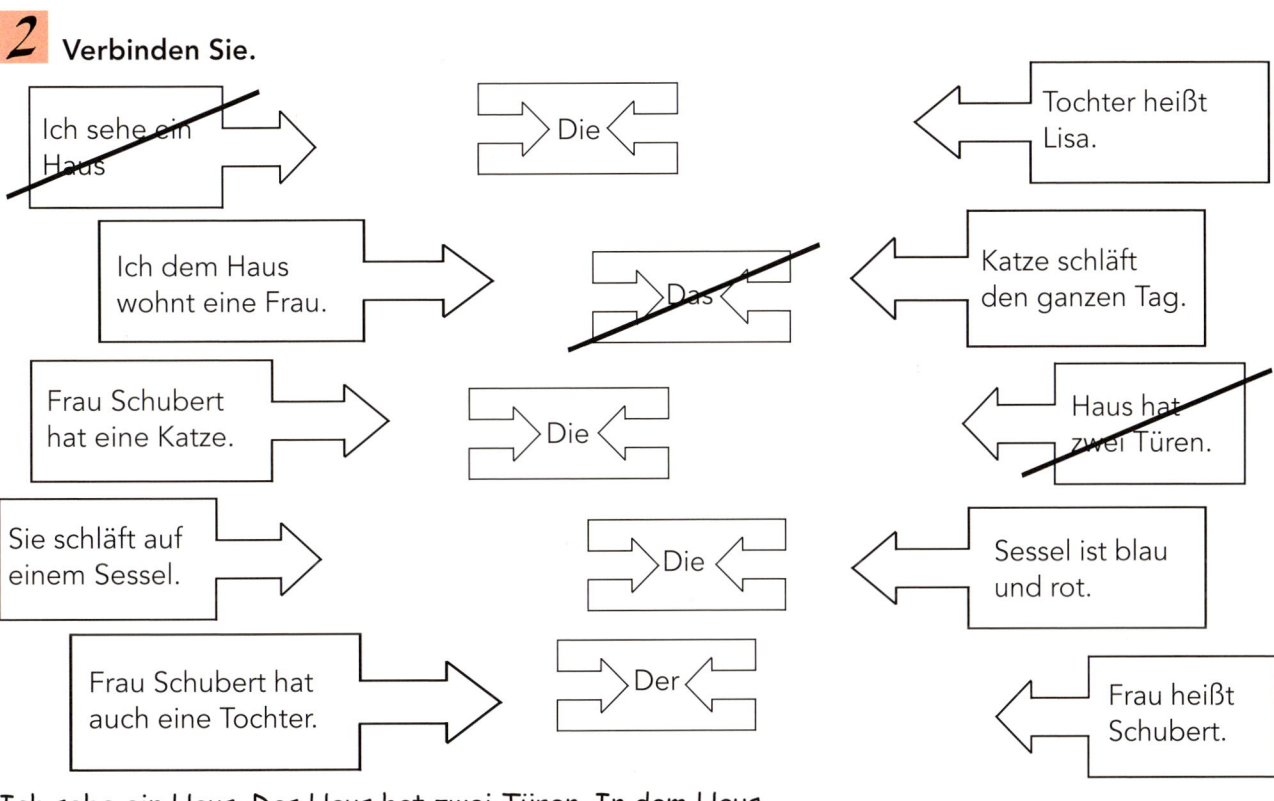

Ich sehe ein Haus. Das Haus hat zwei Türen. In dem Haus ...

_____

_____

3 *der, die, das, ein, eine* oder kein Artikel? Was passt?

(1) <u>Die</u> Schweiz ist **(2)**_____ kleines Land in der Mitte von **(3)**_____ Europa.
(4)_____ Hauptstadt der Schweiz heißt **(5)**_____ Bern. Bern ist **(6)**_____ wunder-
schöne alte Stadt. **(7)**_____ Klaus verbringt hier jedes Jahr seinen Urlaub. Er wohnt dann bei
seinem Onkel. Sein Onkel ist **(8)**_____ Österreicher, aber er wohnt schon seit über 10 Jahren
in Bern. Er ist **(9)**_____ Bankkaufmann von Beruf. Klaus sagt, am schönsten ist **(10)**_____
Sommer in Bern, wenn **(11)**_____ Wetter schön ist und **(12)**_____ Sonne scheint.

Der Baum, den Baum, dem Baum

Singular		maskulin	feminin	neutrum
Nominativ *(Das ist ...)*	🟠	der Computer ein Computer	die Hand eine Hand	das Buch ein Buch
Akkusativ *(Ich sehe ...)*	⚫	den Computer einen Computer		
Dativ *(Ich arbeite mit ...)*	⚪	dem Computer einem Computer	der Hand einer Hand	dem Buch einem Buch

Plural		maskulin	feminin	neutrum
Nominativ *(Das sind ...)*	🟠	die Computer Computer	die Hände Hände	die Bücher Bücher
Akkusativ *(Ich sehe ...)*	⚫			
Dativ *(Ich arbeite mit ...)*	⚪	den Computern Computern	den Händen Händen	den Büchern Büchern

> **Hinweis:**
> Im Dativ Plural haben die Nomen meistens die Endung **-n**. Eine Außnahme sind die Nomen mit **-s** im Plural (z. B. Autos, Babys, Hotels).

n-Deklination Singular		immer maskulin	n-Deklination Plural	immer maskulin
Nominativ *(Das ist ...)*	🟠	der Mensch ein Mensch	**Nominativ**	die Menschen Menschen
Akkusativ *(Ich sehe ...)*	⚫	den Menschen einen Menschen	**Akkusativ**	die Menschen Menschen
Dativ *(Ich arbeite mit ...)*	⚪	dem Menschen einem Menschen	**Dativ**	den Menschen Menschen

> **Hinweis:**
> Wichtige Nomen der **n-Deklination**: der Herr, der Junge, der Kollege, der Kunde, der Student, der Name, der Deutsche, der Chinese, der Pole (Nationalitäten mit **-e**)

Genitiv nach „während"	maskulin	feminin	neutrum
Singular *(während ...)*	des Urlaubs eines Urlaubs	der Pause einer Pause	des Essens eines Essens
Plural *(während ...)*	der Urlaube	der Ferien	der Essen

> **Hinweis:**
> Genitiv bei Namen: **+ s** → Das ist Pauls Buch, das ist Evas Auto.
> Der Genitiv zeigt, wem etwas gehört.

Artikel → Kapitel 6
Verwendung von Akkusativ, Dativ → Kapitel 17, 18

1 Ergänzen Sie die Tabelle mit dem bestimmten Artikel.

Da ist ...	der	Vater	die	Mutter	das	Kind
Ich sehe ...	_____	Vater	_____	Mutter	_____	Kind
Ich spreche mit ...	_____	Vater	_____	Mutter	_____	Kind
Da sind ...	die	Väter	_____	Mütter	_____	Kinder
Wir sehen ...	_____	Väter	_____	Mütter	_____	Kinder
Wir sprechen mit ...	den	Vätern	_____	_____	_____	_____

2 Ergänzen Sie die Tabelle mit dem unbestimmten Artikel.

Da ist ...	ein	Vater	eine	Mutter	ein	Kind
Ich sehe ...	_____	Vater	_____	Mutter	_____	Kind
Ich spreche mit ...	_____	Vater	_____	Mutter	_____	Kind
Da sind ...	_____	Väter	_____	Mütter	_____	Kinder
Wir sehen ...	_____	Väter	_____	Mütter	_____	Kinder
Wir sprechen mit ...	_____	_____	_____	_____	_____	_____

3 Ergänzen Sie die Nomen und bestimmten oder unbestimmten Artikel im Akkusativ ⬤.

1. Auf diesem Bild sehen Sie ein**e Frau**_____. (Frau)
2. Ich habe d_____ gelesen. Es ist sehr interessant. (Buch)
3. Kai schenkt seinem Bruder ein_____ zum Geburtstag. (Kartenspiel)
4. O weh! Jetzt haben wir d_____ verpasst. (Straßenbahn)
5. Herr Ober, ich hätte gern ein_____. (Salat)
6. Ich kenne d_____ nicht. (Junge)
7. Juan schenkt Elisa _____. (Blume, Plural)
8. Lass d_____ nicht schon wieder kalt werden! (Kaffee)

4 Ergänzen Sie die Nomen und bestimmten oder unbestimmten Artikel im Dativ ◯.

1. Zur Schule fahre ich mit d**em Bus**_____. (Bus)
2. Franziska geht mit d_____ spazieren. (Hund)
3. Eric hat Svetlana an ein_____ im Mai kennen gelernt. (Abend)
4. Deine Kopfschmerzen kommen bestimmt von d_____. (Wetter)
5. Diese Woche gibt es viel Stress in d_____. (Firma)
6. Heiko fährt am Wochenende zu _____. (Freund, Plural)
7. Morgen bin ich bei ein_____ eingeladen. (Kollegin)
8. Roberta hat Probleme mit d_____. (Hausaufgabe, Plural)

Das ist mein Buch.
Possessivartikel

Die Possessivpronomen sagen, wem etwas gehört:

ich	→	mein	wir	→	unser
du	→	dein	ihr	→	euer
er	→	sein	sie	→	ihr
sie	→	ihr	Sie	→	Ihr
es	→	sein			

Singular		maskulin	feminin	neutrum
Nominativ *(Das ist …)*	🟠	mein Computer	mein**e** Hand	mein Buch
Akkusativ *(Ich sehe …)*	⚫	mein**en** Computer		
Dativ *(Ich arbeite mit …)*	⚪	mein**em** Computer	mein**er** Hand	mein**em** Buch

Plural		maskulin	feminin	neutrum
Nominativ *(Das sind …)*	🟠	mein**e** Computer	mein**e** Hände	mein**e** Bücher
Akkusativ *(Ich sehe …)*	⚫			
Dativ *(Ich arbeite mit …)*	⚪	mein**en** Computern	mein**en** Händen	mein**en** Büchern

Diese Hose gefällt mir.
Demonstrativartikel

Mit dem Demonstrativpronomen *dies* zeigt man auf eine Person oder Sache.

Singular		maskulin	feminin	neutrum
Nominativ *(Das ist …)*	🟠	dies**er** Computer	dies**e** Hand	dies**es** Buch
Akkusativ *(Ich sehe …)*	⚫	dies**en** Computer		
Dativ *(Ich arbeite mit …)*	⚪	dies**em** Computer	dies**er** Hand	dies**em** Buch

Plural		maskulin	feminin	neutrum
Nominativ *(Das sind …)*	🟠	dies**e** Computer	dies**e** Hände	dies**e** Bücher
Akkusativ *(Ich sehe …)*	⚫			
Dativ *(Ich arbeite mit …)*	⚪	dies**en** Computern	dies**en** Händen	dies**en** Bücher

Artikeldeklination → Kapitel 7

1 Ergänzen Sie den Possessivartikel.

1. Ich habe einen Hund. <u>Mein</u> Hund ist sehr lieb.

2. Ich habe ein Sofa. _____ Sofa ist blau.

3. Du hast eine Katze. _____ Katze ist süß.

4. Er hat ein Haus. _____ Haus ist klein.

5. Sie hat einen Garten. _____ Garten ist groß.

6. Wir haben viele Freunde. _____ Freunde sind nett.

7. Ihr habt einen neuen Lehrer. _____ Lehrer ist freundlich.

8. Sie haben ein neues Auto. _____ Auto gefällt mir.

2 Ordnen Sie die passende Antwort zu.

① Ist das die Frau von Herrn Braun.

② Hast du dir ein neues Auto gekauft?

③ Ist das Gabis Schwester?

④ Soll ich mir die Hose kaufen oder nicht?

⑤ Haben wir noch Milch?

⑥ Was war los? Warum kommt ihr so spät?

⑦ Verstehen Sie Deutsch?

⑧ Kommen Herr und Frau Meyer mit ins Theater?

⑨ Warum habt ihr uns nicht angerufen?

⑩ Warum ist Phillip noch nicht da?

A Nein, das ist ihre beste Freundin.

B Unser Zug hatte Verspätung.

C Ja, das ist seine Frau Isabella.

D Das musst du selbst wissen. Es ist dein Geld.

E Ja, das ist mein neuer Ford.

F Er hat heute frei genommen. Seine Frau hat Geburtstag.

G Nein, unser Kühlschrank ist leer.

H Wir konnten nicht. Euer Telefon war dauernd besetzt.

I Nicht so gut. Ich lerne Ihre Sprache erst seit drei Monaten.

J Nein, leider nicht, ihr Kind ist krank.

1	C
2	
3	
4	
5	
6	
7	
8	
9	
10	

3 Ergänzen Sie den Demonstrativartikel.

1. Welche Frau ist Frau Birkhahn? – <u>Diese</u>

2. Welches Foto gefällt dir besser? – _____

3. Welcher Mann auf dem Foto ist Herr Pauls? – _____

4. Welchen Pullover möchten Sie? – _____

5. Welche Jacke nimmst du? – _____

6. Welches Buch liest du gerade? – _____

7. Welche Schuhe willst du anziehen. – _____

8. Von welchem Gleis fährst du ab? – Von _____

9. Mit welchem Auto fährt Frau Dieterson? – Mit _____

10. In welcher Tasche sind die Schlüssel. – In _____

Ich mag dich.
Personalpronomen

Nominativ 🟠	ich	du	er	sie	es	wir	ihr	sie / Sie
Akkusativ ⚫	mich	dich	ihn	sie	es	uns	euch	sie / Sie
Dativ ⚪	mir	dir	ihm	ihr	ihm	uns	euch	ihnen / Ihnen

🟠 **Ich** fahre morgen nach Frankfurt.
Er arbeitet von morgens bis abends.

⚫ Meine Freundin ruft **mich** heute an.
Ich grüße **dich** herzlich.

⚪ Mein Vater schreibt **mir** einen Brief.
Ich danke **Ihnen**.

Ich wasche mich.*
Reflexivpronomen

Akkusativ ⚫	mich	dich	**sich**	**sich**	**sich**	uns	euch	**sich**
Dativ ⚪	mir	dir	**sich**	**sich**	**sich**	uns	euch	**sich**

⚫ Ich dusche **mich**.
Er interessiert **sich** für Fußball.

⚪ Ich wasche **mir** die Hände.   (die Hände = Akkusativ)
Sie putzt **sich** die Zähne.   (die Zähne = Akkusativ)

Hinweis:
Das Reflexivpronomen ist die gleiche Person wie das Subjekt.
Das Reflexivpronomen ist im Dativ, wenn der Satz einen Akkusativ hat.
*Bei er, sie, es, sie (Plural), Sie heißt das Reflexivpronomen **sich**, sonst hat es die gleichen Formen wie das Personalpronomen.*

Das Reflexivpronomen steht oft mit bestimmten Verben:
sich ärgern, sich anmelden, sich anziehen, sich ausruhen, sich ausziehen, sich beeilen,
sich beschweren, sich duschen, sich entschuldigen, sich erinnern, sich freuen, sich fühlen,
sich interessieren, sich kümmern, sich setzen, sich treffen, sich umziehen, sich unterhalten,
sich verletzen, sich waschen

1 Ordnen Sie die passende Antwort zu. Achten Sie auf das Personalpronomen.

(1) Hast du den Film gesehen?	A	Ich habe gestern mit ihm gesprochen.	1	E
(2) Hast du das Bild gesehen?	B	Ich habe gestern mit ihr telefoniert.	2	
(3) Kennst du Karl May?	C	Ich kenne ihn nicht.	3	
(4) Kennst du die Leute da drüben?	D	Ich kenne sie nicht.	4	
(5) Hast du mit dem Lehrer gesprochen?	E	Ich habe ihn schon dreimal gesehen.	5	
(6) Haben Sie mit Frau Lederer gesprochen?	F	Ich habe ihn ihm gegeben.	6	
(7) Siehst du noch Uwe und Herbert?	G	Ich habe es schon gesehen.	7	
(8) Hast du dem Nachbarn den Schlüssel gegeben?	H	Ich gehe am Samstag zu ihnen.	8	

2 Ergänzen Sie das Personalpronomen im Dativ ◯ oder Akkusativ ⬤ ?

1. Können Sie ⬤ _mich_____ verstehen? Oder soll ich langsamer sprechen?
2. Herr Müller, bitte geben Sie ◯ _____ den Brief von Frau Fischer.
3. Liebe Lily, ich danke ◯ _____ für deine Hilfe.
4. Sprich bitte lauter! Ich kann ⬤ _____ nicht hören.
5. Frau Borrill, ich möchte mich bei ◯ _____ für das Geschenk bedanken.
6. Herr Reifenberger, ich rufe ⬤ _____ heute Abend an.
7. Wir kommen um 12 Uhr. Du triffst ⬤ _____ am besten vor dem Hauptbahnhof.
8. Wir gehen ins Schwimmbad. Willst du mit ◯ _____ kommen?
9. Liebe Carola und lieber Franz, ich lade ⬤ _____ zu meiner Geburtstagsfeier ein.
10. Hallo Gilles und Jona, ich habe jetzt doch Zeit. Ich gehe also mit ◯ _____ ins Kino.

3 Ergänzen Sie die Reflexivpronomen.

Frau Kersting duscht **(1)** _sich_____ jeden Morgen nach dem Aufstehen. Dann macht sie
(2) _____ ein leckeres Frühstück. Sie setzt **(3)** _____ an den Tisch und telefoniert mit ihrer Freundin: „Hallo, Silke, habt ihr heute Abend Zeit, du und Rudolf? Ich möchte euch beide zum Abendessen ins Restaurant „Goldene Gans" einladen. Ihr interessiert **(4)** _____
doch für fränkische Küche. Wollen wir **(5)** _____ um 19.00 Uhr bei mir treffen?" – Jetzt
muss Frau Kersting **(6)** _____ aber beeilen. Denn sonst kommt sie zu spät zur Arbeit. Und
darüber freut **(7)** _____ ihr Chef überhaupt nicht.

4 Reflexivpronomen im Dativ ◯ oder Akkusativ ⬤ ? Kreuzen Sie an.

1. Ich interessiere ☐ mir ☒ mich für moderne Kunst.
2. Erinnerst du ☐ dir ☐ dich an Frau Kühn, meine frühere Nachbain?
3. Ich ziehe ☐ mir ☐ mich einen Pullover an, mir ist kalt.
4. Du wäschst ☐ dir ☐ dich jetzt die Haare? Es ist doch schon so spät!
5. Ich möchte ☐ mir ☐ mich für den Deutschkurs anmelden.

Er hat Glück. Er ist glücklich.

	haben
ich	habe
du	hast
er sie es	hat
wir	haben
ihr	habt
sie Sie	haben

	sein
ich	bin
du	bist
er sie es	ist
wir	sind
ihr	seid
sie Sie	sind

haben + Nomen:

Ich	habe	Zeit.
Wir	haben	Durst.
Er	hat	ein Fahrrad.
Sie	haben	keine Kinder.

sein + Adjektiv / Nomen:

Sie	ist	traurig.
Wir	sind	in Rom.
Er	ist	Franzose.
Ich	bin	Ärztin.

haben +
Zeit
Gefühl
Besitz
Beziehung

sein +
Eigenschaft
Lage
Nationalität
Beruf
Alter

Er hat viel Zeit.
Er hat keine Lust.
Ich habe Hunger.
Du hast Glück.
Er hat ein Problem.
Sie hat einen Computer.
Haben Sie eine Monatskarte?
Er hat eine Schwester.

Er ist intelligent.
Es ist warm.
Das ist meine Freundin.
Deutsch ist leicht.
Die Post ist in der Hauptstraße.
Sie ist Mexikanerin.
Sie ist Lehrerin.
Er ist 23.

Präteritum: *haben, sein* → Kapitel 15

1 Sätze mit *sein*.

a) Ergänzen Sie.

bin • bist • ~~ist~~ • ist • ist • seid • sind • sind

1. Sie <u>ist</u> Krankenschwester.
2. Ich _____ 31 Jahre alt.
3. Wir _____ im Urlaub in Griechenland.
4. Du _____ aus Brasilien.
5. Er _____ mein bester Freund.
6. Ihr _____ Bruder und Schwester!
7. Es _____ kalt hier.
8. Sie _____ meine Eltern.

b) Fragen Sie.

1. <u>Sind</u> Sie Herr Maier?
2. _____ du aus Japan?
3. _____ sie euer Aupair-Mädchen?
4. _____ es hier warm genug?
5. _____ ihr fertig?
6. _____ er euer Lehrer?
7. _____ ich das auf dem Bild?
8. _____ wir hier richtig?

2 Antworten Sie mit *haben*.

1. Was hat Ernesto? – Er <u>hat</u> Grippe.
2. Kommt ihr morgen? – Tut uns Leid. Wir _____ keine Zeit.
3. Was ist mit deiner Schwester los? – Sie _____ Angst vor der Prüfung.
4. Möchtest du mit mir schwimmen gehen? – Ach nein, ich _____ keine Lust.
5. Wir möchten einen Salat machen. – _____ ihr Öl?
6. Wo sind Alois und Inga? – Sie kochen schon, sie _____ großen Hunger.
7. Habt ihr Durst? – Ja, _____ du Apfelsaft?
8. Wie viele Zimmer hat euer Haus? – Es _____ fünf Zimmer.

3 Schreiben Sie Sätze mit *haben* oder *sein*.

~~25 Jahre alt~~ • Studentin • aus Jamaica • schwarze Haare • groß • jüngere Schwester • braune Katze • immer Zeit für mich • meine beste Freundin

Rosa <u>ist 25 Jahre alt. Sie</u> _____

_____

_____

Ich kann Deutsch sprechen.

Modalverben heißen die Verben: dürfen, können, mögen, müssen, sollen, wollen
Dazu kommt auch: möchten

	dürfen	**können**	**mögen**	**müssen**	**sollen**	**wollen**	**möchten**
ich	darf	kann	mag	muss	soll	will	möchte
du	darfst	kannst	magst	musst	sollst	willst	möchtest
er sie es	darf	kann	mag	muss	soll	will	möchte
wir	dürfen	können	mögen	müssen	sollen	wollen	möchten
ihr	dürft	könnt	mögt	müsst	sollt	wollt	möchtet
sie Sie	dürfen	können	mögen	müssen	sollen	wollen	möchten

Hinweis:
Bei ich, du, er/sie/es ändern die meisten Modalverben den Vokal:
dürfen → darf, können → kann, mögen → mag, müssen → muss, wollen → will.
Sollen und möchten ändern sich nicht.
Bei er/sie/es steht am Ende kein -t.

Modalverben stehen fast nie allein. Sie brauchen meistens ein zweites Verb. Mit diesem bilden sie eine Verbklammer: Das Modalverb steht auf Position 2, das andere Verb im Infinitiv am Ende.

	Verbklammer	
Position 2: Modalverb		**Satzende: Verb im Infinitiv**

Susanne	kann	sehr schön	singen.
Dieses Medikament	müssen	Sie dreimal täglich	nehmen.
Harry	darf	bis 24.00 Uhr in der Diskothek	bleiben.
Ich	möchte	viele Freunde	einladen.

Hinweis:
Manchmal benutzen wir Modalverben ohne zweites Verb, besonders beim Sprechen:
Ich möchte bitte eine Limonade.   *Sie kann Englisch.*
Ich mag keinen Spinat.   *Ich muss zum Arzt.*

müssen – sollen:
Der Arzt sagt: „Sie müssen das Medikament nehmen." → Ich sage meinem Freund: „Der Arzt hat gesagt, ich soll das Medikament nehmen." (Ein anderer hat gesagt, dass ich etwas tun muss.)
„Was soll ich tun?" (sollen = Ich weiß etwas nicht und bitte um einen Rat.)

Präteritum: Modalverben → Kapitel 15

1 Ergänzen Sie die Tabelle.

	ich	du	er/sie/es	wir	ihr	sie/Sie
können	kann					
wollen						wollen
müssen						
sollen				sollen		
dürfen					dürft	
mögen			mag			
möchten		möchtest				

2 Was kann Felix, was kann Felix nicht? Bilden Sie Sätze.

> kochen: nein • den Fernseher reparieren: ja • Auto fahren: nein
> • Anna bei Englisch helfen: nein • Fahrrad fahren: ja • gut Deutsch sprechen: ja

1. Felix kann Fahrrad fahren. Er kann nicht Auto fahren. _____
2. _____
3. _____

3 dürfen, müssen, sollen – Was passt?

1. Andrea möchte abnehmen. Sie darf_____ nicht so viel Schokolade essen.
2. Olga ist krank. Sie _____ im Bett bleiben.
3. Frank hat sehr oft Kopfschmerzen. Er _____ deshalb keinen Alkohol trinken.
4. Der Lehrer sagt zu Maren: „Du _____ mehr lernen."
5. Maren erzählt: „Ich _____ mehr lernen."
6. Vanja _____ heute bis 18.00 Uhr arbeiten.
7. Samira hat kein Geld mehr. Was _____ sie tun?
8. Die Mutter sagt zu Christos: „Wenn deine Hausaufgaben fertig sind, dann _____ du mit
   den anderen Jungen Fußball spielen.

4 Bringen Sie die Satzteile in die richtige Reihenfolge.

1. will / kochen / Sabrina / nicht / heute Sabrina will heute nicht kochen. _____
2. mit Beate / Helena / möchte / gehen / in die Disco _____
3. Julian / am liebsten / Spaghetti mit Tomatensoße / mag / essen _____
4. will / reisen / nach dem Studium / nach Südafrika / Ester _____

Ich schlafe, aber sie schläft nicht.

Präsens benutzen wir, wenn etwas jetzt oder immer wieder passiert.

Regelmäßige Verben
Keine Änderung des
Stammvokals

Infinitiv	**holen**
ich	h**o**le
du	h**o**lst
er sie es	h**o**lt
wir	h**o**len
ihr	h**o**lt
sie Sie	h**o**len

Zum Beispiel:

anmelden
antworten
besuchen
brauchen
duschen
kaufen
erzählen
fragen
hören
leben
lernen
machen
passen
stellen
studieren

Endungen:

Infinitiv	**-en**
ich	**-e**
du	**-(e)st**
er sie es	**-(e)t**
wir	**-en**
ihr	**-(e)t**
sie Sie	**-en**

Unregelmäßige Verben
Bei du und er / sie / es wechselt der Vokal:
von a → ä, von e → i(e) und von au → äu

Infinitiv	**fahren a → ä**	**geben e → i**	**laufen au → äu**
ich	fahr**e**	geb**e**	lauf**e**
du	f**ä**hrst	g**i**bst	l**ä**ufst
er sie es	f**ä**hrt	g**i**bt	l**ä**uft
wir	fahr**en**	geb**en**	lauf**en**
ihr	fahr**t**	geb**t**	lauf**t**
sie Sie	fahr**en**	geb**en**	lauf**en**

a → ä		**e → i(e)**	
anfangen	– du fängst an	lesen	– du liest
lassen	– du lässt	nehmen	– du nimmst

Hinweis:

*arbeiten: du arbeit**est**, er arbeit**et**, ihr arbeit**et**.*
*finden: du find**est**, er find**et**, ihr find**et**.*
*reisen: du rei**st**.*

Haben und *Sein* → Kapitel 10
Modalverben → Kapitel 11
Trennbare Verben → Kapitel 16

1 Wie heißt der Infinitiv?

1. sie nimmt – <u>nehmen</u>
2. er fährt – _____
3. du isst – _____
4. sie gibt – _____
5. du hilfst – _____

6. sie lässt – _____
7. es fängt an – _____
8. er fällt – _____
9. sie trägt – _____
10. du sprichst – _____

2 Ergänzen Sie die du-Form.

1. Ich trinke Tee. – Du <u>trinkst</u> Kaffee.
2. Ich schlafe kurz. – Du _____ lang.
3. Ich brauche ein Wörterbuch. – Du _____ ein Lesebuch.
4. Ich reise nach Ägypten. – Du _____ in die Türkei.
5. Ich lese ein Buch. – Du _____ die Zeitung.
6. Ich nehme ein Schinkenbrot. – Du _____ ein Käsebrot.
7. Ich laufe durch die Stadt. – Du _____ durch den Wald.
8. Ich schließe die Tür. – Du _____ das Fenster.

3 Ergänzen Sie die Verbformen im Präsens.

Infinitiv	machen	finden	fallen	treffen	essen	nehmen
ich	mache					
du					isst	
er sie es			fällt			
wir		finden				
ihr				trefft		
sie Sie						nehmen

4 Wie enden die Verben im Präsens?

ich	du	er/sie/es	wir	ihr	sie/Sie
-e					

Ich habe gestern ein Fahrrad gekauft.*

Das **Perfekt** benutzt man für die Vergangenheit: Wenn man über etwas spricht, das früher war (zum Beispiel: gestern, vorgestern, vor drei Tagen, letzte Woche, vor zehn Jahren).

Verbklammer

Position 2: haben   Satzende: Partizip Perfekt

| (Heute sehen wir ...) | Vor drei Tagen | haben | wir einen guten Film im Kino | gesehen. |
| (Jetzt arbeite ich ...) | Früher | habe | ich in einer Fabrik | gearbeitet. |

Hinweis:
Perfektsätze mit haben*: Man braucht* haben *auf Position 2 und das Partizip Perfekt am Ende.*

Regelmäßige Verben

Infinitiv	Partizip Perfekt
arbeiten	**ge**arbeit**et**
fragen	**ge**frag**t**
lernen	**ge**lern**t**

• Das Partizip Perfekt beginnt oft mit **ge-** (**ge**lernt).
• Bei den regelmäßigen Verben endet es auf **-(e)t**.

Unregelmäßige Verben

Infinitiv	Partizip Perfekt
finden	**ge**funden
lesen	**ge**lesen
sehen	**ge**sehen

• Das Partizip Perfekt beginnt oft mit **ge-** (**ge**sehen).
• Bei den unregelmäßigen Verben endet es auf **-en**.

Gemischte Verben

Infinitiv	Partizip Perfekt
bringen	**ge**bracht
kennen	**ge**kannt
wissen	**ge**wusst

• Das Partizip Perfekt beginnt mit **ge-** (**ge**bracht).
• Bei den gemischten Verben endet es auf **-t**.

Verben ohne ge-...

besuchen	**be**sucht
empfehlen	**em**pfohlen
entschuldigen	**ent**schuldigt
erzählen	**er**zählt
missverstehen	**miss**verstanden
verdienen	**ver**dient
zerreißen	**zer**rissen
telefon**ieren**	telefoniert

• Verben mit **be-, em-, ent-, er-, miss-, ver-, zer-**
• Verben mit **-ieren** haben beim Partizip Perfekt kein ge̶.

Infinitiv	Partizip Perfekt
gefallen	**ge**fallen

• Verben mit **ge-** haben nur ein ge- im Partizip Perfekt.

Hinweis:
Perfekt mit haben *benutzt man bei den meisten Verben, besonders bei: Verben mit Akkusativ-Objekt, reflexive Verben, Modalverben.*

Präsens → Kapitel 12
Perfekt mit *sein* → Kapitel 14
Unregelmäßige und gemischte Verben → Liste

1 Ergänzen Sie die Infinitive und Partizip Perfekt-Formen.

Regelmäßige Verben

Infinitiv	Partizip Perfekt	Infinitiv	Partizip Perfekt
	gebadet		gehabt
freuen		kaufen	
	gebraucht	machen	
glauben			gelegt

Bei den regelmäßigen Verben endet das Partizip Perfekt auf _____ .

2 Ergänzen Sie die Infinitive.

Unregelmäßige Verben

Infinitiv	Partizip Perfekt	Infinitiv	Partizip Perfekt
	begonnen		gegeben
	gegessen		genommen
	geschlafen		geschrieben
	getrunken		gesessen
	gestanden		gesprochen
	verboten		getroffen

Bei den unregelmäßigen Verben endet das Partizip Perfekt auf _____ .

3 Bilden Sie die Partizip Perfekt-Formen.

(ge-) | wonn • erlaub • brach • verkauf • fund • hör • benutz • bezahl • holf • dank • bekomm • reparier • arbeit • gratulier • bestell • dach • kann • verstand | -t -et -en

bringen: __gebracht__   erlauben: _____   bezahlen: _____

verstehen: __verstanden__   denken: _____   gehören: _____

kennen: _____   reparieren: _____   benutzen: _____

danken: _____   arbeiten: _____   gratulieren: _____

bestellen: _____   verkaufen: _____   bekommen: _____

finden: _____   gewinnen: _____   helfen: _____

4 Bilden Sie das Perfekt mit *haben*.

1. Heute schreibe ich einen Brief. – Gestern __habe ich einen Brief geschrieben__ .

2. Jetzt hilft Petra ihrem Vater. – Letzte Woche _____ .

3. Diana trifft Robin in der Stadt. – Vor zwei Tagen _____ .

4. Ich sitze im Büro. – Auch gestern _____ .

Letzte Woche sind wir nach München gefahren.*

Das **Perfekt** benutzt man für die Vergangenheit: Wenn man über etwas spricht, das früher war (zum Beispiel: gestern, vorgestern, vor drei Tagen, letzte Woche, vor zehn Jahren).

		⎡ Verbklammer ⎤		
		Position 2: sein		**Satzende: Partizip Perfekt**
(Heute gehe ich ...)	Gestern	bin	ich nicht in die Schule	gegangen.
(Heute reisen wir ...)	Sie	sind	letzte Woche nach Zürich	gereist.
(Sie wachen jetzt auf ...)	Wir	sind	gestern erst um 10.00 Uhr	aufgewacht.
(Diese Woche ist er ...)	Letzte Woche	ist	er in Frankfurt	gewesen.

> **Hinweis:**
> *Perfektsätze mit* sein*: Man braucht* sein *auf Position 2 und das Partizip Perfekt am Ende.*

Das Perfekt mit *sein* benutzen wir:
- wenn wir von Bewegungen von Ort A nach Ort B sprechen (z. B. gehen, laufen, fahren, fliegen).
  Ich **bin** von Köln nach Berlin **gefahren**.
- wenn wir von einer Veränderung sprechen (z. B. aufstehen, aufwachen, einschlafen, sterben).
  Ich **bin** schon um 6.00 Uhr **aufgestanden**.
- bei den Verben *sein, bleiben* und *werden*.
  Ich **bin** 40 Jahre lang Lehrer **gewesen**.
  Pauline **ist** heute zu Hause **geblieben**.
  Rainer **ist** Mechaniker **geworden**.

Wir sind um 9.15 Uhr abgefahren.*

Trennbare Verben im Perfekt mit *haben* oder *sein*:

Infinitiv	Partizip Perfekt
abfahren	(ist) ab**ge**fahren
ankommen	(ist) an**ge**kommen
einkaufen	(hat) ein**ge**kauft
mitbringen	(hat) mit**ge**bracht

> **Hinweis:**
> *Bei den trennbaren Verben steht das **ge-** nach der Vorsilbe.*

Perfekt mit *haben* ➜ Kapitel 13
Trennbare Verben ➜ Kapitel 16
Unregelmäßige und gemischte Verben ➜ Liste

1 Ergänzen Sie den Infinitiv und das Partizip Perfekt.

Verben, die das Perfekt mit *sein* bilden			
Infinitiv	Partizip Perfekt	Infinitiv	Partizip Perfekt
bleiben		sein	
	gefahren		gestorben
	geflogen	fallen	
kommen			gegangen

2 Bilden Sie das Perfekt mit *sein*.

1. Wir fahren mit dem Zug nach München. – <u>Wir sind mit dem Zug nach München gefahren</u> .
2. Dort bleiben wir fünf Tage. – _____ .
3. Die Reise ist sehr interessant. – _____ .
4. Wir laufen jeden Tag durch die Stadt. – _____ .
5. Wir gehen ins Deutsche Museum. – _____ .
6. Nach fünf Tagen fliegen wir mit dem Flugzeug nach Hause. – _____ .

3 Bilden Sie so viele Partizip Perfekt-Formen wie möglich.

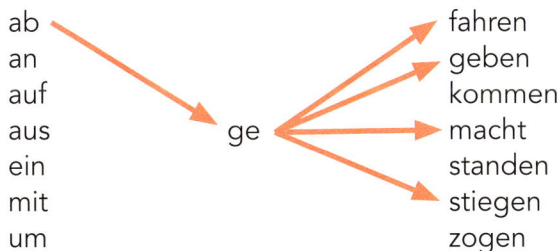

ab
an
auf
aus
ein
mit
um

ge

fahren
geben
kommen
macht
standen
stiegen
zogen

<u>abgefahren, abgegeben, abgemacht, abgestiegen,</u> _____

_____

4 Perfekt mit *haben* oder *sein*?

1. Wir <u>sind</u> am Montag in München angekommen.
2. In München _____ wir den Englischen Garten besucht.
3. Wir _____ in einen Biergarten gegangen und _____ da fast drei Stunden
   gesessen.
4. Am vierten Tag _____ wir an den Tegernsee gefahren.
5. Wir _____ dort spazieren gegangen. Der See _____ uns sehr gefallen.
6. Am Abend _____ wir zu einem bayrischen Restaurant gekommen.
7. Dort _____ Musikanten Musik gemacht und die Leute _____ Walzer getanzt.

Beata konnte gestern nicht kommen.*

Das **Präteritum** benutzt man auch für die Vergangenheit, also wenn man über etwas spricht, das früher war.

Präteritum: *haben* und *sein*

Position 2: war / hatte

Ich	**war**	1998 in Tunesien.
Bernd	**hatte**	gestern keine Zeit.

Präteritum: Modalverben

Verbklammer

Position 2: Modalverb — Satzende: Verb im Infinitiv

Stefanie	**wollte**	nie ihre Hausaufgaben	**machen**.
Harry	**konnte**	früher sehr gut Fußball	**spielen**.

Bei diesen Verben benutzt man für die Vergangenheit oft das Präteritum:

sein	→	war	Gestern **war** ich in Köln.
haben	→	hatte	Klaus **hatte** letzte Woche die Grippe.
dürfen	→	durfte	Ines **durfte** früher nicht allein in die Disco gehen.
können	→	konnte	Pierre **konnte** schon mit drei Jahren Fahrrad fahren.
müssen	→	musste	Vorgestern **musste** ich zwei Stunden auf den Zug warten.
sollen	→	sollte	Helena **sollte** die Hausaufgaben vorlesen.
wollen	→	wollte	Familie Schmitz **wollte** dieses Jahr nicht in Urlaub fahren.

Präteritum

Infinitiv	**sein**	**haben**	**dürfen**	**können**	**müssen**	**sollen**	**wollen**
ich	war	hatte	durfte	konnte	musste	sollte	wollte
du	warst	hattest	durftest	konntest	musstest	solltest	wolltest
er / sie / es	war	hatte	durfte	konnte	musste	sollte	wollte
wir	waren	hatten	durften	konnten	mussten	sollten	wollten
ihr	wart	hattet	durftet	konntet	musstet	solltet	wolltet
sie / Sie	waren	hatten	durften	konnten	mussten	sollten	wollten

> *Hinweis:*
> Im Präteritum haben die Modalverben keinen Umlaut.

Haben und Sein → Kapitel 10
Modalverben → Kapitel 11
Perfekt → Kapitel 13, 14

1 Ergänzen Sie die Verben im Präteritum.

1. Vasja **konnte** schon als Kind gut singen. (können)
2. Wir _____ als Kind jeden Tag Klavier üben. (müssen)
3. Als Kind _____ ich Präsident werden. (wollen)
4. Früher _____ Nico und Tom gute Freunde. (sein)
5. Pauls Eltern sind Ärzte, also _____ er auch Arzt werden. (sollen)
6. Warum _____ du nicht mit deinen Freunden verreisen? (dürfen)
7. Da _____ du aber viel Glück! (haben)
8. Leider _____ Herbert und Debora nicht kommen. (können)

2 Schreiben Sie eine Geschichte.

	durfte	aus Köln am Rhein.
	musste	17 Jahre alt.
	konnte	drei Brüder und eine Schwester.
Susi Meier	wollte	sehr gut tanzen.
Sie	war	aber nicht ohne ihre Brüder tanzen gehen.
	hatte	jeden Abend um 23.00 Uhr zu Hause sein.
		nicht später kommen.
		aber nicht so früh nach Hause gehen und ...

Susi Meier war aus Köln am Rhein. Sie _____

_____

_____

_____

3 Perfekt mit *haben* oder *sein* oder Präteritum? Ergänzen Sie.

Auf unserer nächsten Reise **(1) waren** (sein) wir in Nürnberg. Dort **(2a) haben**
wir die alte Burg **(2b) besucht** (besuchen) und **(3a)** _____ uns das Burgmuseum
(3b) _____ (ansehen). Von der Burg **(4a)** _____ wir zum „Schönen
Brunnen" **(4b)** _____ (laufen). Hier findet jedes Jahr der berühmte Christkindlmarkt statt. Wir
(5) _____ (haben) viel Zeit. Deshalb **(6a)** _____ wir in ein Café **(6b)** _____
(gehen) und **(7a)** _____ Nürnberger Lebkuchen **(7b)** _____ (kaufen). Am
nächsten Morgen **(8a)** _____ wir zum Deutschen Verkehrsmuseum **(8b)** _____
(fahren). Da **(9a)** _____ wir viele alte Züge **(9b)** _____ (sehen). Am Abend
(10a) _____ wir Bratwurst **(10b)** _____ (essen) und **(11a)** _____ Nürnberger Bier **(11b)** _____ (trinken). Auch diese Reise **(12)** _____ (sein) sehr interessant und schön.

Der Zug fährt von Gleis 3 ab.

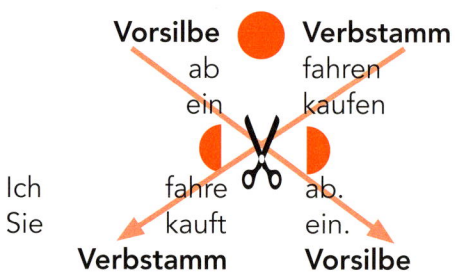

	Vorsilbe ● Verbstamm	
	ab	fahren
	ein	kaufen
Ich	fahre	ab.
Sie	kauft	ein.
	Verbstamm	Vorsilbe

Trennbare Verben im Präsens

Hauptsatz: ◗   ◗   **Nebensatz:** ●

Der Bus	fährt	um 13.27 Uhr	ab.	..., dass	der Bus um 13.27 Uhr	abfährt
Eric	kauft	am Samstag	ein.	..., weil	Eric am Samstag	einkauft.

Hinweis:

Hauptsatz: ✂

Trennbare Verben schneidet man beim Konjugieren zwischen Vorsilbe und Verbstamm durch. Der Verbstamm steht auf Position 2, die Vorsilbe am Satzende.

Nebensatz: ✂

Trennbare Verben am Satzende schneidet man nicht durch.

Trennbare Verben im Perfekt

Der Zug	ist	um 17.30 Uhr	ab	ge	fahren.
Wir	haben	heute viel	ein	ge	kauft.

Hinweis:

Im Perfekt kommt sein *oder* haben *auf Position 2, das trennbare Verb an das Satzende. Zwischen die Vorsilbe und den Verbstamm kommt* **-ge-**.

Trennbare Verben sind:

abfahren, abfliegen, abgeben, abholen, anbieten, anfangen, ankommen, ankreuzen, anmachen, anmelden, anrufen, ansehen, anziehen, aufhören, aufräumen, aufstehen, ausfüllen, ausgehen, ausmachen, aussteigen, ausziehen, einkaufen, einladen, einsteigen, fernsehen, herstellen, mitbringen, mitkommen, mitmachen, mitnehmen, stattfinden, umsteigen, umziehen, vorschlagen, weggehen, zumachen, zuhören

Wie trennbare Verben funktionieren:

kennen lernen, spazieren gehen

Perfekt → Kapitel 13, 14
Nebensatz → Kapitel 5

1 Was macht Saida heute?

a) Unterstreichen Sie die trennbaren Verben.

Saida <u>steht</u> am Morgen um 6.00 Uhr <u>auf</u>. Sie duscht sich und zieht sich an. Dann frühstückt sie. Um 7.15 Uhr geht sie aus dem Haus und nimmt die Straßenbahn. Am Hauptbahnhof steigt sie aus und kauft eine Zeitung. Für ihre Kollegin nimmt sie noch eine Zeitschrift mit. Um 8.00 Uhr fängt sie mit der Arbeit an. Sie füllt viele Formulare aus und ruft bei Kunden an. Danach sieht sie sich die E-Mails an. Um 16.00 Uhr hört sie mit der Arbeit auf. Sie kauft ein paar Sachen ein. Am Abend holt sie Monica mit dem Auto ab und sie gehen aus.

b) Wie heißen die trennbaren Verben im Infinitiv?

1. <u>aufstehen</u>
2. _____
3. _____
4. _____
5. _____
6. _____
7. _____
8. _____
9. _____
10. _____
11. _____
12. _____

c) Was hat Saida gestern gemacht? Schreiben Sie.

<u>Saida ist am Morgen um 6.00 Uhr aufgestanden. Sie hat sich geduscht und</u> _____
_____

2 Was macht Anna am Abend? Schreiben Sie.

> <u>um 17.00 Uhr von der Arbeit weggehen</u> ● in den Bus einsteigen ● in die S-Bahn umsteigen ● zu Haus ankommen ● sich umziehen ● eine Freundin anrufen ● die Freundin zu ihrem Geburtstag einladen ● den Fernseher anmachen ● den Film „Schönes Leben" ansehen

Anna <u>geht um 17.00 Uhr von der Arbeit weg</u> . Am Rathausplatz _____ .
Am Hauptbahnhof _____ . Um 18.00 Uhr _____
_____ .Zuerst _____ . Dann _____
_____ .Sie _____ . Um 20.15 Uhr _____
_____ und _____ .

3 Schreiben Sie Nebensätze.

1. Du rufst mich an. – Ich komme, wenn <u>du mich anrufst</u> _____ .
2. Das Fluzeug fliegt später ab. – Es kommt die Durchsage, dass _____ .
3. Das Konzert findet im Freien statt. – Ich weiß nicht, ob _____ .
4. Sandra bringt Kuchen mit. – Wir feuen uns, weil _____ .
5. Ich stehe früh auf. – Ich bin müde, wenn _____ .
6. Der Film hört um 23.00 Uhr auf. – Ich denke, dass _____ .

Ich sehe einen Freund.

Die Verben im Deutschen haben feste Ergänzungen. Wir nennen sie hier:

⬤ „graue" Verben mit Akkusativ-Ergänzung.
◯ „weiße" Verben mit Dativ-Ergänzung.
◑ „weiß-graue" Verben mit Akkusativ- und Dativ-Ergänzung.

⬤ „Graue" Verben + Akkusativ

Die „grauen" Verben haben oft mit dem menschlichen Körper zu tun:
Kopf: lernen, studieren, kennen, vergessen
Auge: sehen, lesen
Ohr: hören, verstehen
Nase: riechen
Mund: sprechen, fragen, essen, trinken, singen
Hand: haben, halten, nehmen, tragen

Ich lese *ein Buch.*   Yumiko vergisst oft *die Hausaufgaben.*
Dimitris versteht *den Lehrer* nicht.   Herr Müller isst *einen Kartoffelsalat.*
Enikö hat *keinen Computer.*   Ich nehme *einen Kaffee.*

Die meisten Verben sind „graue" Verben mit Akkusativ. Wichtige „graue" Verben sind:
abholen, anmelden, anrufen, bekommen, besuchen, brauchen, bitten, einladen, feiern, finden, heiraten, lieben, mieten, mögen, probieren, schließen, spielen, treffen, verlieren, verpassen

Frau Bauer holt *ihr Kind* von der Schule ab.   Enzo braucht *einen neuen Mantel.*
Ich melde *meine Tochter* zum Gymnastikkurs an.   Olga heiratet *einen Italiener.*
Ich rufe *dich* morgen an.   Andy trifft *seine Freunde.*

◯ „Weiße" Verben + Dativ

Wichtige „weiße" Verben sind:
antworten, danken, gefallen, gehören, gratulieren, helfen, passen, schmecken, zuhören

Ich antworte *dir.*   Ich glaube *ihm* nicht.
Wir danken *Ihnen.*   Das Auto gehört *meinem* Vater.
Der Blumenstrauß gefällt *ihr.*   Helfen Sie *mir* bitte.

Hinweis:
Lernen Sie die Verben immer im Kontext, zusammen mit ihren Ergänzungen!

„Weiß-graue" Verben mit Dativ und Akkusativ ➜ Kapitel 18
Hauptsatz ➜ Kapitel 4
Verben und ihre Ergänzungen ➜ Liste

1 ein, eine oder einen – Was passt? ⬤

1. Juliette Boyer steht morgens auf und nimmt <u>eine</u> Dusche.
2. Danach geht sie in die Küche und backt _____ Kuchen für ihre Kollegen. Denn sie hat heute Geburtstag.
3. Dann isst sie _____ Brötchen und _____ Ei zum Frühstück.
4. Dazu trinkt sie _____ Tee.
5. Nach dem Frühstück nimmt sie _____ Bus und fährt zur Arbeit.
6. Auf dem Weg ins Büro sieht sie _____ Freundin.
7. Dann kommt Juliette in ihr Büro. Die Kollegen haben _____ Überraschung für sie.
8. Der Chef hält _____ großen Blumenstrauß in den Händen und alle rufen: „Herzlichen Glückwunsch zum Geburtstag."

2 mir, ihr, ihnen oder Ihnen – Was passt? ◯

1. Juliette bekommt den Blumenstrauß von ihrem Chef und sagt: „Ich danke <u>Ihnen</u>."
2. „Dieser Blumenstrauß ist wunderschön. Er gefällt _____ sehr."
3. „Ich gratuliere _____, Frau Boyer", sagt der Chef.
4. Jetzt sieht sie das große Geschenk auf dem Tisch. Sie bittet ihren Kollegen, Herrn Scheurer: „Ach, bitte helfen Sie _____ beim Auspacken."
5. Herr Scheurer antwortet _____: „Gern", und hilft beim Auspacken.
6. Die Kollegen schenken _____ eine große Vase.
7. Der Chef lächelt: „Die gehört jetzt _____", sagt er.
8. Nun gibt Juliette allen Kollegen Kuchen. Der Kuchen schmeckt _____.

3 Dativ ◯ oder Akkusativ ⬤ ? Markieren Sie.

	◯	⬤	
1. Nadja trifft	ihrer	(ihre)	Freundin Marta.
2. Wohin gehst du? fragt	ihr	sie	Marta.
3. Zur Post, antwortet	ihr	sie	Nadja.
4. Ich brauche	einer	eine	Briefmarke. Komm doch mit.
5. Tut mir Leid. Ich habe jetzt	keiner	keine	Zeit, sagt Marta.
6. Ich möchte	mir	mich	zu einem Computerkurs anmelden.
7. Aber besuche	mir	mich	doch heute Abend.
8. Ja, vielleicht. Ich rufe	dir	dich	an, antwortet Nadja.

Ich bringe dir einen Kaffee.

 „Weiß-graue" Verben + Dativ und Akkusativ

Wichtige „weiß-graue" Verben sind:

bringen, empfehlen, erklären, erlauben, erzählen, geben, glauben, kaufen, leihen, machen, reservieren, schenken, schicken, schreiben, verbieten, verkaufen, versprechen, wünschen, zeigen

	Dativ	**Akkusativ**
Ich empfehle	Ihnen	das Restaurant „Asia".
Die Lehrerin erklärt	ihm	den Dativ.
Ich erzähle	dem Kind	eine Geschichte.
Bitte gib	mir	den Zucker.
Wir reservieren	Ihnen	das Zimmer.
Er schenkt	ihr	einen Strauß Blumen.
Fernando schreibt	seiner Tante	einen Brief.
Sari wünscht	mir	einen schönen Tag.
Der Polizist zeigt	dem Mann	den Weg.

Hinweis:

*Bei den „weiß-grauen" Verben steht die **Person im Dativ**, die **Sache im Akkusativ**.*
Zuerst kommt meistens ◯ (Dativ), dann ● (Akkusativ).

Das Wetter ist schlecht.

Verben ohne Ergänzung im Dativ oder Akkusativ

Wichtige Verben ohne Ergänzung im Dativ oder Akkusativ sind:

arbeiten, beginnen, bleiben, fernsehen, gehen, heißen, kommen, leben, schlafen, sein, wohnen

Er arbeitet im Büro.
Der Unterricht beginnt um 9.00 Uhr.
Ich heiße Erwin.
Sharon kommt aus den USA.

Wir leben in Stuttgart.
Jutta schläft nicht gut.
Dieser Winter ist sehr kalt.
Sie wohnt in Köln.

Hinweis:

Nach diesen Verben steht oft eine Ergänzung der Zeit (wann? seit wann? wie lange?),
des Ortes (wo? wohin? woher?) oder der Art und Weise (wie?).

„Graue" Verben mit Akkusativ ➔ Kapitel 17
„Weiße" Verben mit Dativ ➔ Kapitel 17
Hauptsatz ➔ Kapitel 4
Verben und ihre Ergänzungen ➔ Liste

1 Dativ ◯ oder Akkusativ ⬤ ? Kreuzen Sie an.

1. Ich bin gerade in München angekommen. Können Sie ☒ mir ☐ mich ein gutes Restaurant empfehlen?
2. Früher hat meine Großmutter mir jeden Abend ☐ einem ☐ ein Märchen erzählt.
3. Zum Geburtstag hat Frau Schneider ☐ ihrem ☐ ihren Mann eine neue Uhr gekauft.
4. Bitte geben Sie mir ☐ dem ☐ das Buch.
5. Nadine wünscht ihrer Nachbarin ☐ einem ☐ einen guten Tag.
6. Der Fremdenführer zeigt ☐ den ☐ die Touristen das Museum für neue Kunst.
7. Bitte reservieren Sie ☐ mir ☐ mich ein Zimmer im Hotel Kaiser vom 4. bis zum 6. Mai.
8. Ludwig schenkt seiner Schwester zum Geburtstag ☐ einer ☐ eine CD.

2 Wie viele Sätze können Sie bilden?

Bitte gib		die	Buch.
Wir schenken	mir	das	Hotel Central.
Ich empfehle	dir	den	Stadtplan.
Bitte zeigen Sie	ihm	ein	Weg zum Bahnhof.
Ich schreibe	ihr	eine	Karte aus dem Urlaub.
Bitte erklären Sie	Ihnen	einen	Dativ.
Ich bringe			Blumenstrauß.

<u>Bitte gib mir das Buch.</u>
<u>Bitte gib mir den Stadtplan.</u>

3 Ergänzen Sie.

mir • mir • mir • mir • um 8.30 Uhr • bis 11.00 Uhr • seiner Frau • den Weg
• aus Spanien • bei der Firma Korb & Co • ein gutes Café • Chinesin
• einen gemischten Salat und ein Mineralwasser • einen Brief • eine Kette

1. Familie Sanchez kommt <u>aus Spanien</u> .
2. Können Sie _____ empfehlen?
3. Li ist _____ .
4. Herr Yilmaz schenkt _____ .
5. Schreib _____ bitte bald _____ .
6. Herr Johnson arbeitet _____ .
7. Herr Ober, bitte bringen Sie _____ .
8. Der Unterricht beginnt _____ .
9. Bitte zeigen Sie _____ zum Central-Hotel.
10. Sonntags schlafen wir _____ .

91

Er kommt aus der Türkei.

Präpositionen des Ortes antworten auf Fragen wie *Wo? Wohin?* oder *Woher?*

Sie sind verbunden mit dem Dativ ◯ oder dem Akkusativ ⬤ .

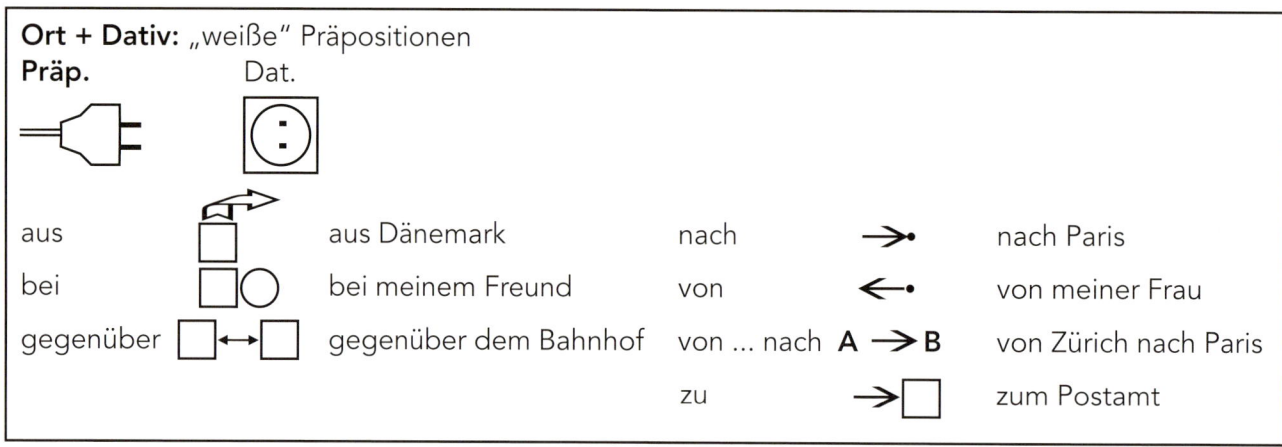

aus	aus Dänemark
bei	bei meinem Freund
gegenüber	gegenüber dem Bahnhof
nach	nach Paris
von	von meiner Frau
von ... nach A → B	von Zürich nach Paris
zu	zum Postamt

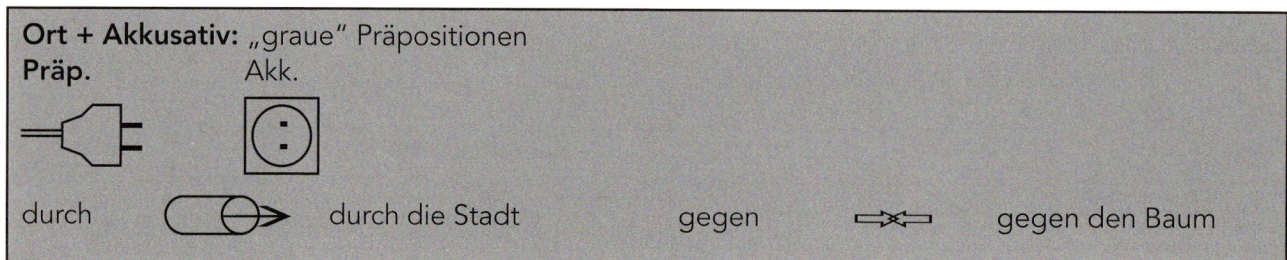

Ort + Akkusativ: „graue" Präpositionen

Präp.	Akk.		
durch	durch die Stadt	gegen	gegen den Baum

Sie fährt mit dem Bus.

Andere Präpositionen

Sie antworten auf die Fragen: *Womit? Mit wem? Aus was? Für wen/was? Ohne wen/was?*

mit	☐ + ☐	+ Dativ	mit einem Freund
aus		+ Dativ	aus weichem Stoff

ohne	☐ ☒	+ Akkusativ	ohne meine Frau
für	☐ →	+ Akkusativ	für dich

Hinweis:
Die „weißen" Präpositionen aus/bei/gegenüber/mit/nach/von/zu haben immer den Dativ.
Die „grauen" Präpositionen durch/für/gegen/ohne haben immer den Akkusativ.

Kurzformen:
bei + dem = beim, für + das = fürs, von + dem = vom, zu + dem = zum , zu + der = zur

1 „Weiße" Präpositionen ◯ .

a) Verbinden Sie.

1. Carlos kommt
2. Er wohnt jetzt
3. Heute hat er

zu
mit
gegenüber

Kolumbien.
seiner Tante in Hamburg.
seinem Freund Manuel einen
Brief bekommen.

4. Manuel schreibt, er fährt in den Ferien
5. Carlos denkt: „Ich möchte
6. Wie gut: Dem Haus der Tante

aus
bei
von

seinen Großeltern ans Meer.
Manuel ans Meer fahren."
ist eine Reisebüro.

b) Ergänzen Sie die Artikel.

1. Sofort geht Carlos zu d<u>em</u> Reisebüro.
2. „Wie viel kostet eine Reise mit d_____ Flugzeug nach Bogotá?"
3. „750 Euro mit d_____ Flughansa", sagt die Angestellte.
4. „Das ist ein Sonderangebot von d_____ Firma."
5. Traurig kommt Carlos aus d_____ Reisebüro.
6. Er träumt von d_____ Urlaub in Kolumbien.

2 „Graue" Präpositionen ⬤ : *durch, für, ohne* oder *gegen* – Was passt?

1. Die Zugfahrt <u>durch</u> den Gotthard-Tunnel dauert etwa zehn Minuten.
2. Herr Meier macht Urlaub _____ seine Frau. Sie bleibt lieber zu Hause.
3. Ich bin gestern mit meinem Auto _____ ein anderes Auto gefahren.
4. Dieses Geschenk ist _____ meine Nachbarin. Sie hat morgen Geburtstag.

3 Ergänzen Sie. Dativ ◯ oder Akkusativ ⬤ ?

| der | dem |

| die | den | das |

1. Zum Römerplatz gehen Sie geradeaus durch <u>die</u> Klosterstraße.
2. Von _____ Arbeit fährt Ella mit _____ Bus nach Hause.
3. Gegenüber _____ Kaufhaus Warenstadt ist das Kino Starlet.
4. Ich muss noch zu _____ Bank. Kommst du mit?
5. Sie müssen sich für _____ Deutschkurs im Sekretariat anmelden.
6. Rosa nimmt eine Bluse aus _____ Schrank.
7. Ohne _____ richtige Telefonnummer kann ich nicht beim Arzt anrufen.
8. Max ist bei _____ neuen Nachbarn und hilft ihm beim Renovieren.
9. Die Führung durch _____ Schloss dauert zwei Stunden.
10. Der kleine Max passt nicht auf und fährt mit _____ Fahrrad gegen _____ Baum.

Ich bin im Kino. Ich gehe ins Kino.

Die | Wechselpräpositionen | wechseln die Steckdose:

Frage: **Wo ist ...?**　　　– Antwort: **Dativ** ◯

Frage: **Wohin geht ...?**　　– Antwort: **Akkusativ** ⬤

WO? ⊏ ▷ □· 　　　　　WOHIN? ⊏ ▷ ■·

Die 9 Wechselpräpositionen:

an □⬤	WO?	am Bahnhof	WOHIN?	an den Bahnhof
auf ⬤/□	WO?	auf dem Tisch	WOHIN?	auf den Tisch
in ⬛	WO?	in dem Glas	WOHIN?	in das Glas
hinter ◯	WO?	hinter dem Haus	WOHIN?	hinter das Haus
vor □⬤	WO?	vor der Tür	WOHIN?	vor die Tür
über ⬤/□	WO?	über dem Sofa	WOHIN?	über das Sofa
unter □	WO?	unter dem Sessel	WOHIN?	unter den Sessel
neben □⬤	WO?	neben der Tasche	WOHIN?	neben die Tasche
zwischen □⬤□	WO?	zwischen der Tür und	WOHIN?	zwischen die Tür und
		dem Schrank		dem Schrank

| **WO? + Dativ** |　　bei den Verben: sein, bleiben, liegen, sitzen, stehen

Das Buch ist neben der Lampe.　　　　　Er sitzt auf dem Sofa.
Der Sessel steht in der Ecke.　　　　　Der Hund liegt unter dem Tisch.

| **WOHIN? + Akkusativ** | bei den Verben: gehen, fahren, fliegen, legen, setzen, stellen

Bitte stellen Sie die Blumen unter das Fenster.　　Er setzt sich neben seine Frau.
Herr Ohlsen legt das Heft auf den Schreibtisch.　　Er geht in die Stadt.

Hinweis:
Kurzformen: an + das = ans, an + dem = am, in + das = ins, in + dem = im
beim Sprechen oft auch: auf + das = aufs

Hauptsatz ➜ Kapitel 4
Artikeldeklination ➜ Kapitel 7

1 Wo ist die Katze?

a) Ergänzen Sie *auf, in, hinter, neben, unter, vor, zwischen* und den Artikel.

Fenster

Stuhl

Sessel

Regal

Stuhl

Tisch

Schrank

Tür

Tasche

Hast du meine Katze gesehen? Wo ist sie?

1. <u>Hinter dem</u> _____ Schrank?
2. _____ Tisch?
3. _____ Sessel?
4. _____ Stuhl?
5. _____ Regal
   und _____ Fenster?
6. _____ Tür?
7. _____ Tasche?

Ja. Da ist die Katze!

b) „Wo ist die Katze?" – Was steht in der Antwort: Dativ ◯ oder Akkusativ ⬤ ?

_____

2 Ergänzen Sie die Präpositionen und die Artikel.

an   auf   in   hinter   vor   über   unter   neben   zwischen

„Komm, wir machen ein paar Fotos von unserer Reise nach Berlin.

1. „Stell dich bitte <u>vor den</u> _____ großen Baum.
2. Und jetzt setz dich bitte _____ Tür vom Museum.
3. Leg dich _____ Bank.
4. Und nun stell dich _____ Häuschen und _____ Lampe.
5. Jetzt setz dich _____ Blumen.
6. Kannst du dich bitte _____ Balkon von dem Museum stellen?
7. Und jetzt stell dich bitte _____ Hausecke.
8. Nur noch ein Foto: Kannst du dich _____ kleinen See stellen?"
9. „Bist du verrückt. Ich stell mich doch nicht _____ Wasser.
10. Am Ende kommst du noch auf die Idee, ich soll _____ Platz fliegen."
11. „Ich wollte doch nur ein paar Fotos machen: Wir beide sind zu Besuch _____ Stadt Berlin gefahren."

Am Montag um elf Uhr

Präpositionen der Zeit antworten auf Fragen wie *Wann? Seit wann?* oder *Wie lange?*

Sie sind fest verbunden mit dem Dativ , dem Akkusativ  oder dem Genitiv.

Zeit + Dativ	
an	am Nachmittag
	am Montag
	am Wochenende
	am 6.5.2004
	an Weihnachten
bei	beim Essen
in	im Mai
	im Sommer
	in dieser Woche
	in fünf Tagen
nach	nach dem Essen
seit	seit drei Jahren
	seit 1998
vor	vor der Schule
	vor zehn Jahren
	vor 12.00 Uhr
zu	zum Frühstück
	bis zum Montag
zwischen	zwischen 8.00 und 10.00 Uhr
	zwischen Mittwoch und Freitag
von ... an	von nächster Woche an

Zeit + Akkusativ	
ab	ab nächsten Sonntag
	ab Juni 2006
bis	bis nächsten Samstag
	bis übermorgen
für	für drei Tage
um	um 7.00 Uhr
	um halb acht
über	über eine halbe Stunde
um... herum	um den Montag herum
... lang	zwei Tage lang

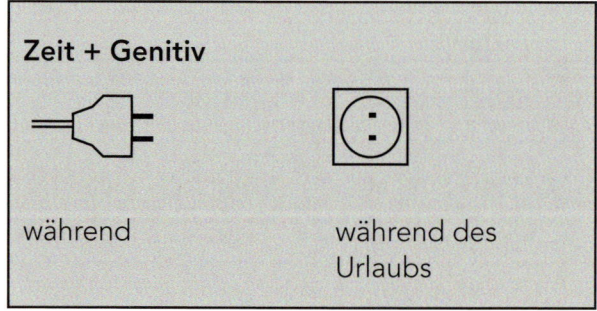

Zeit + Genitiv	
während	während des Urlaubs

> **Hinweis:**
> *Kurzformen:*
> *an + dem = am, bei + dem = beim, in + dem = im, vor + dem = vorm, zu + dem = zum,*
> *zu + der = zur*

Hauptsatz → Kapitel 4
Artikeldeklination → Kapitel 7

1 Ergänzen Sie.

nach dem Abendessen • am Freitagnachmittag • ab 18.00 Uhr • bis zum 26.12.
• vor 15 Jahren • drei Stunden lang • ~~vom 24.12.~~ • um 16.00 Uhr

1. Unser Geschäft ist **vom 24.12.**_____ _____ geschlossen.
2. Ich möchte Sie zu meiner Geburtstagsfeier _____ einladen.
3. Kommen Sie bitte _____ .
4. _____ habe ich die Schule beendet.
5. Das Restaurant ist _____ geöffnet.
6. Wollen wir _____ ins Kino gehen?
7. Das war viel Arbeit, _____ habe ich an den Hausaufgaben gesessen.

2 Verbinden Sie.

1. Was machst du	in	Sommer?
2. Ich wohne schon	am	vier Jahren in Kiel.
3. Ich fliege	über	zwei Wochen nach Brasilien.
4. Ich bin	während	30. Dezember 1980 geboren.
5. Der Zug hatte	seit	20 Minuten Verspätung.
6. Wir bitten Sie	im	des Unterrichts nicht zu rauchen.

3 Wie heißen die Kurzformen?

1. bei + dem = **beim**_____

2. an + dem = _____

3. zu + der = _____

4. zu + dem = _____

5. in + dem = _____

6. vor + dem = _____

4 Ergänzen Sie.

an • beim • bis • bis • ~~für~~ • herum • in • nach • über • um • von • zum • zwischen

1. Wie lange fährst du nach Berlin? – Nicht lange, nur **für**_____ vier Tage.
2. _____ nächster Woche _____ hat unser Informationsbüro mittwochs _____
   20.00 Uhr geöffnet.
3. Was machst du _____ dem Unterricht? – Ich gehe nach Hause.
4. Was gibt es heute _____ Abendessen? – Pizza.
5. Was machst du _____ Abendessen? – Fernsehen.
6. Die Pause ist _____ 10.00 Uhr und 10.30 Uhr.
7. Wann fährst du nach Paris? – _____ den 5. Mai _____ .
8. Wo bleibst du? Ich warte schon _____ eine Stunde auf dich.
9. Mach schnell! Die S-Bahn fährt _____ fünf Minuten.
10. Also dann: Tschüss, _____ morgen.

Wie heißen Sie?

Ja-Nein-Frage

| Kommen | Sie | aus Russland? | – Ja. |
| Sind | Sie | Lehrer? | – Nein, ich bin Journalist. |

> **Hinweis:**
> *Ja-Nein-Fragen beginnen mit dem Verb* *. Nach dem Verb kommt das Subjekt* *.*
> *Ja-Nein-Fragen haben kein Fragewort. Die Antwort ist „Ja" oder „Nein".*

W-Frage

W?

Wer	ist	der Mann	da?	– Das ist Herr Kern, der neue Lehrer.
Was	möchten	Sie	bitte?	– Einen Salat und ein Wasser bitte.
Wen	triffst	du	heute Abend?	– Clarissa.
Wem	schenkst	du	dieses Buch?	– Ich schenke es Marc.
Wo	wohnen	Sie?		– In Stuttgart.
Wohin	fährst	du	in Urlaub?	– In den Schwarzwald.
Woher	kommen	Sie?		– Aus Belgien.
Wann	gehst	du	nach Hause?	– Um 19.00 Uhr.
Wie	heißen	Sie?		– Michaela Koch.
Wie viel	kostet	das?		– 24,80 €.
Warum	lernen	Sie	Deutsch?	– Ich möchte in Deutschland arbeiten.

> **Hinweis:**
> ***W**-Fragen beginnen mit einem Fragewort. Das Fragewort beginnt mit „W".*
> *Das Verb* *steht auf Position 2, das Subjekt* *seht auf Position 3, rechts vom Verb.*

Was für ein.......? Welch.....?

| **Was für einen** Mantel suchen Sie? | – **Einen** warmen für den Winter. |
| **Was für eine** Hose möchtest du dir kaufen? | – **Eine** schwarze. |

> **Hinweis:**
> *Was für ... steht mit dem unbestimmten Artikel ein / eine / einen ...*

Welcher Schrank ist größer?	– **Der** dreitürige.
Welchen Mantel soll ich anziehen?	– **Den** schwarzen.
Welche Hose ist wärmer?	– **Die** graue Wollhose.

> **Hinweis:**
> *Welch- hat die gleichen Endungen wie der bestimmte Artikel. Die Antwort steht mit dem bestimmten Artikel der / die / das ... Welch- benutzt man, wenn man zwischen zwei Dingen – A oder B – wählt.*

Artikeldeklination ➜ Kapitel 7
unpersönliche Ausdrücke ➜ Kapitel 28

1 Ergänzen Sie das W-Fragewort oder *welch-*.

1. <u>Woher</u>   kommen Sie?   – Aus Rom.
2. _____ fährt dieser Zug?   – Nach München.
3. Mit _____ gehst du in die Mittagspause?   – Mit meinen Kollegen.
4. Entschuldigen Sie, _____ Uhr ist es?   – 15.30 Uhr.
5. _____ kochst du heute zum Mittagessen?   – Hähnchen mit Reis.
6. _____ kommt heute Abend mit ins Kino?   – Lisa und John.
7. _____ Hemd ziehst du heute Abend an?   – Das blaue.
8. _____ ist der Autoschlüssel?   – Auf dem Küchentisch.

2 Fragen Sie.

1. <u>Kommen Sie aus Spanien?</u> _____   – Ja, ich komme aus Spanien.
2. <u>Sind Sie Arzt?</u> _____ (Arzt?)   – Nein, ich bin Ingenieur.
3. _____   – Ja, ich wohne in Wien.
4. _____ (Ludmila?)   – Nein, ich bin Helena.
5. _____   – Ja, ich bin schon lange hier.
6. _____ (Hamburg?)   – Nein, ich fahre nach Berlin.
7. _____ (gern Auto?)   – Nein, ich fahre lieber Rad.

3 Was können Sie nicht lesen? Fragen Sie danach.

1. Theo wohnt in der eßatrtslraK.   – <u>Wo wohnt Theo</u> _____?
2. Theo geht jeden Morgen na eid tätisrevinU.   – _____?
3. Dort studiert er kitamrofnI.   – _____?
4. mU 03.21 rhU geht er Mittag essen.   – _____?
5. Im Restaurant trifft er lraK.   – _____?
6. Dann fährt er nach Hause, weil er nenrel ssum.   – _____?
7. Denn bald hat er eine erewhcs Prüfung.   – _____?
8. Am Abend geht er mit aludroC ins Kino.   – _____?

4 Fragen Sie nach dem Namen, dem Heimatland, dem Wohnort, dem Geburtsdatum, der Aufenthaltsdauer in Deutschland.

Wie <u>heißen Sie</u> _____?
Woher _____?
Wo _____?
Wann _____?
Wie lange _____?

Ich hätte gerne zwei Brötchen.

Bitten und Wünschen

Hättest du einen Moment Zeit? Das **wäre** sehr nett.
Könnten Sie mir bitte sagen, wie viel das Kleid kostet?
Würden Sie bitte das Fenster schließen? (*Würden Sie ... ist stärker als Könnten Sie ...*)
Ich **möchte** lieber Eis essen.

ich	hätte	wäre	würde	könnte	möchte
du	hättest	wärst	würdest	könntest	möchtest
er / sie / es	hätte	wäre	würde	könnte	möchte
wir	hätten	wären	würden	könnten	möchten
ihr	hättet	wärt	würdet	könntet	möchtet
sie / Sie	hätten	wären	würden	könnten	möchten

> **Hinweis:**
> *Bitten und Wünsche mit* hätte, würde, wäre, könnte *oder* möchte *sind sehr höflich. Bei* würde *und* könnte *steht ein zweites Verb im Infinitiv am Satzende. Diese Verbformen nennt man* **Konjunktiv 2.** *Oft steht dabei* gern, lieber *oder* bitte.

Gib mir bitte die Butter.

Bitten, Wünschen und Informieren

Position 1: Verb

Gib mir bitte das Buch! (Bitte / Wunsch)
Nehmt doch noch ein Stück Kuchen! (Bitte / Wunsch)
Gehen Sie immer geradeaus und dann die zweite Straße nach rechts. (Information)

| **du-Form Singular** | Gib | Geh | Nimm | Fahr |

Von du der du-Form schneidet man die Endung ab, z. B.: gibst → gib~~st~~
Es gibt keinen Umlaut.

| **du-Form Plural** | Gebt | Geht | Nehmt | Fahrt |

Man benutzt die gleiche Form wie im Präsens, z. B.: ihr gebt → gebt

| **Sie-Form** | Geben Sie | Gehen Sie | Nehmen Sie | Fahren Sie |

Man stellt *Sie* auf Position 2, z. B.: Sie geben → Geben Sie

> **Hinweis:**
> *Auch hier steht oft* bitte. *Die Verben stehen auf Position 1. Diese Verbformen heißen* **Imperativ.**
> *Trennbare Verben muss man trennen:*
>
>
>
> **Mach** bitte das Fenster **auf!** (Bitte / Wunsch)

Modalverben → Kapitel 11
Trennbare Verben → Kapitel 16

1 Verbinden Sie.

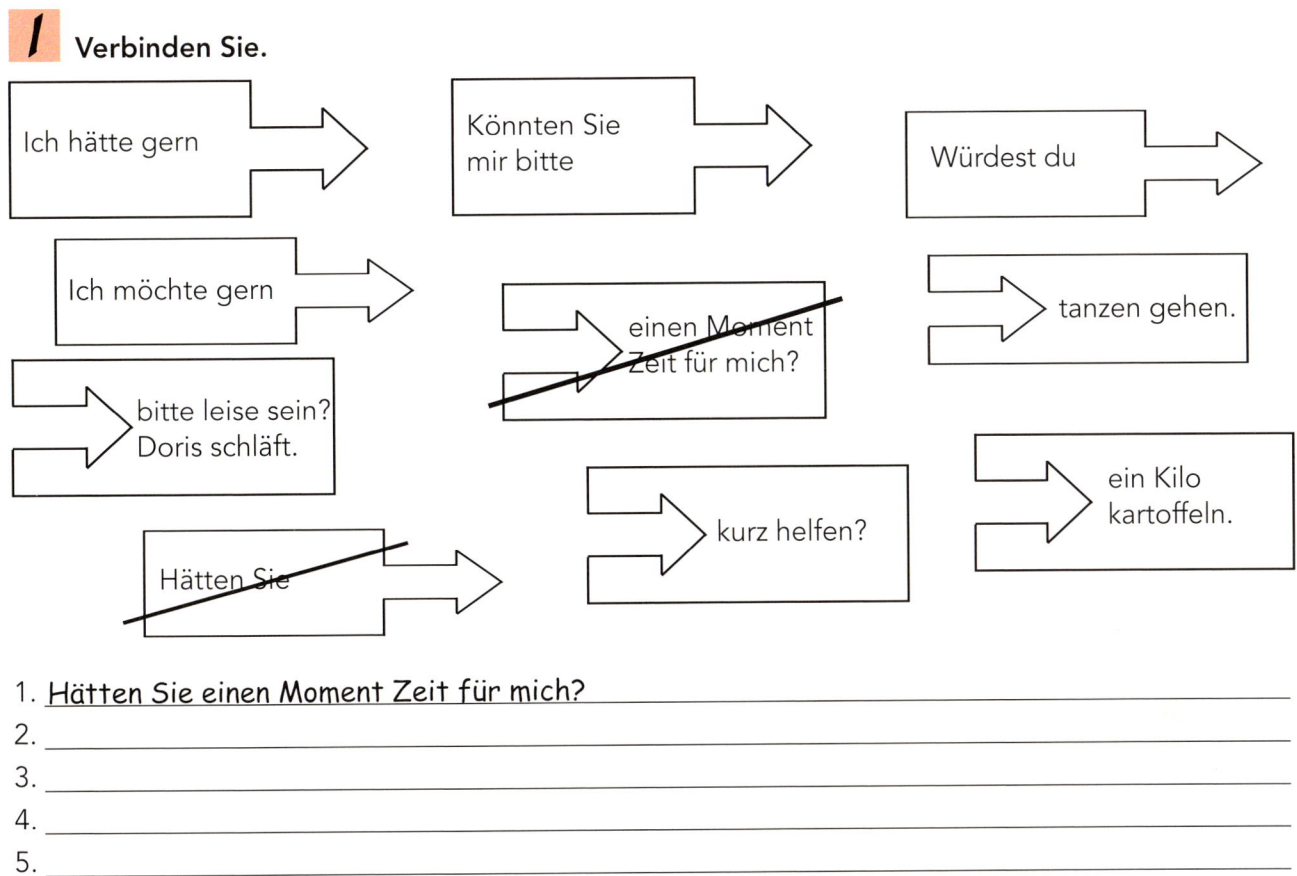

1. <u>Hätten Sie einen Moment Zeit für mich?</u> _____
2. _____
3. _____
4. _____
5. _____

2 Wie heißt der Imperativ?

	du-Form Singular	Sie-Form		du-Form Singular	du-Form Plural
sagen	sag		kommen		
kaufen		kaufen Sie	geben		gebt
bringen			helfen		
zumachen			nehmen		

3 Bilden und ergänzen Sie den Imperativ.

aufmachen • ~~gehen~~ • helfen • fahren • nehmen • geben • kommen

1. Zur Post? <u>Gehen Sie</u> _____ hier geradeaus und dann an der Ampel nach rechts, da ist die Post.
2. _____ doch mit der U-Bahn, das geht viel schneller!
3. Hast du morgen Zeit? Dann _____ doch mit zum Johannisfest.
4. _____ mir bitte mal das Salz.
5. Max, bitte _____ das Fenster _____. Hier riecht es nicht gut.
6. Anni und Benno, _____ mir bitte mal. Ich kann das Regal nicht alleine aufbauen.
7. Frau Schüssler, _____ doch noch einen Teller Suppe.

Das habe ich nicht gewusst.

Verneinung mit *nicht*

Position 1	Position 2		Satzende
Das	weiß	ich	**nicht**.
Herr Bräuer	liest	das Buch	**nicht**.
Das Essen	ist		**nicht** gut.
Sandro	fährt		**nicht** mit dem Bus.
Fatima	hat	gestern	**nicht** ferngesehen.
Elvira	kauft		**nicht** ein.

> **Hinweis:**
> **Nicht** *steht in der Regel am Satzende. Aber bestimmte Satzteile stehen nach* nicht, *z. B.:*
> *Ergänzungen der Zeit, des Ortes, der Art und Weise, Verben oder Verbteile.*

Verneinung mit *nichts, nie* **und** *nirgends*

Verstehst du **etwas**? – Nein, **nichts**.
Er kommt **immer** zu spät. – Ja, er kommt **nie** pünktlich.
Siehst du meine Tasche? – Nein, ich kann sie **nirgends** sehen.

Verneinung mit *kein-*

Kein / keine / keinen … steht vor dem Nomen wie ein unbestimmter Artikel.

		maskulin	feminin	neutrum	Plural
Nominativ	●	kein Mann	kein**e** Frau	kein Auto	kein**e** Blumen
Akkusativ	●	kein**en** Mann	kein**e** Frau	kein Auto	kein**e** Blumen
Dativ	○	kein**em** Mann	kein**er** Frau	kein**em** Auto	kein**en** Blumen

Marita isst **keinen** Reis.   Hubert hat **keine** Zeit.

Ohne Nomen bekommt *kein-…* die Endung vom bestimmten Artikel.

		maskulin	feminin	neutrum	Plural
Nominativ	●	kein**er**	kein**e**	kein**s**	kein**e**
Akkusativ	●	kein**en**	kein**e**	kein**s**	kein**e**
Dativ	○	kein**em**	kein**er**	kein**em**	kein**en**

Hast du ein Auto? – Ich habe **keins**.   Hast du eine Straßenkarte? – Ich habe **keine**.

Artikeldeklination ➜ Kapitel 7
Unpersönliche Ausdrücke ➜ Kapitel 28

1 Verneinen Sie die Sätze mit *nicht*.

1. Sarah ist groß. – Nein, <u>Sahra ist nicht groß</u>_____ .
2. Das Fußballspiel war gestern langweilig. – Nein, _____ .
3. Familie Frey kommt heute. – Nein, _____ .
4. Anke ruft bei Armin an. – Nein, _____ .
5. Das Baby kann laufen. – Nein, _____ .
6. Der Zug kommt um 18.30 Uhr an. – Nein, _____ .

2 Antworten Sie mit *nicht*.

1. Kommst du mit in die Disco? – Nein, <u>ich komme nicht mit</u>_____ .
2. Sind Sie verheiratet? – Nein, _____ .
3. Kommen Sie aus Mexiko? – Nein, _____ .
4. Sprechen Sie Französisch? – Nein, _____ .
5. Haben Sie gut geschlafen? – Nein, _____ .

3 *kein, keine* oder *keinen* – Was passt?

Armer Ulf! Er hat **(1)** <u>keine</u>_____ Frau und **(2)**_____ Kinder. Er hat
(3)_____ Haus und **(4)**_____ Auto. Er hat **(5)**_____ Arbeit,
(6)_____ Freund und **(7)**_____ Hobbys. Aber eins hat er viel: Er hat viel Zeit.

4 Antworten Sie mit *kein-*.

1. Nimmst du einen Tee? – Nein danke, ich nehme <u>keinen</u>_____ .
2. Möchtest du ein Brötchen? – Nein danke, ich möchte _____ .
4. Hast du einen Computer? – Nein, ich habe _____ .
3. Brauchst du eine Spülmaschine? – Nein, ich brauche _____ .
5. Magst du Schokolade? – Nein danke, ich mag _____ .
6. Willst du ein Eis? – Nein danke, ich will _____ .

5 *nichts, nie, nirgends* – Was passt?

1. Ich habe <u>nichts</u>_____ gekauft.
2. Claudia räumt _____ ihr Zimmer auf.
3. Nein danke, wir möchten _____ trinken.
4. Schrecklich, ich finde _____ passende Schuhe.
5. Ich war noch _____ in Japan.

Tee oder Kaffee, gut aber teuer

☐ + ☐   ☐ ? ☐ ?   ☒ ☐ ✓
 und   **oder**   **aber**

Hier kommen Eveline **und** Heiner.
Wer von euch kann mir helfen? Teresa **oder** Claudia?
Das Kleid ist schön, **aber** zu kurz.
Familie Berger fährt in die Schweiz **und** Familie Meier fährt auch in die Schweiz.
Wir fahren im Sommer an die Nordsee **oder** wir fahren in die Berge.
Dieser Kaffee schmeckt gut, **aber** er ist sehr teuer.

> **Hinweis:**
> *Und, oder, aber sind Konjunktionen. Sie können Satzteile oder ganze Sätze verbinden.*
> *Wenn sie ganze Sätze verbinden, kommt nach ihnen ein Hauptsatz:*
>
> *und/oder/aber + Subjekt + Verb + Ergänzungen*

Warum? – Denn .../Deshalb ... • Wann? – Dann ...
Peter will nicht ins Kino gehen. **Denn** er hat Zahnschmerzen.
Peter hat Zahnschmerzen. **Deshalb** will er nicht ins Kino gehen.
Peter ruft den Zahnarzt an. **Dann** geht er zum Zahnarzt.

> **Hinweis:**
> *Denn/Deshalb/Dann verbinden Hauptsätze:*
>
> *denn   + Subjekt + Verb + Ergänzungen*
>
> *deshalb/dann + Verb + Subjekt + Ergänzungen*

Warum? – weil..., • Wann? – wenn ..., • Was? – dass/ob ...*
Luisa bleibt zu Hause, **weil** sie krank ist.
Ich rufe dich an, **wenn** ich Zeit habe.
Ich freue mich, **dass** es dir gut geht.
Ich weiß nicht, **ob** ich morgen kommen kann.

> **Hinweis:**
> *weil/wenn/dass/ob verbinden Nebensätze:*
>
>
>
> *weil/wenn/dass/ob + Subjekt + Ergänzungen + Verb*

Hauptsatz → Kapitel 4
Nebensatz → Kapitel 5

1 und, oder, aber – Verbinden Sie.

(1) Möchten Sie Coca Cola	**A** oder wollen wir Nils besuchen?		1	E
(2) Tim geht gern ins Kino,	**B** und ein Glas Wasser trinken.		2	
(3) Ich möchte einen Kaffee	**C** aber heute bleibt er lieber zu Hause.		3	
(4) Wollen wir ins Restaurant gehen	**D** und es regnet.		4	
(5) Das Wetter ist kalt	**E** oder einen Orangensaft trinken?		5	
(6) Ich gehe sonst gern spazieren,	**F** oder bleibst du zu Hause?		6	
(7) Kommst du mit	**G** aber heute regnet es.		7	

2 Denn, dann oder deshalb – Was passt?

1. Peter muss um 7.30 Uhr im Büro sein. __Deshalb_____ muss er früh aufstehen.

2. Im Büro liest er zuerst sein E-Mails, _____ telefoniert er mit Kunden.

3. Später ruft er eine Kollegin an, _____ er hat Probleme mit seinem Computer.

4. Am Abend muss er noch zwei Briefe schreiben. _____ bleibt er länger im Büro.

5. An der Haltestelle muss er lange warten, _____ der Bus hat Verspätung.

6. Zu Hause zieht er seinen Mantel aus. _____ bestellt er eine Pizza.

7. Der Pizzaservice hat viel zu tun. _____ muss er lange warten.

8. Die Pizza schmeckt ihm nicht, _____ sie ist zu kalt.

3 Verbinden Sie.

1. Hassan hat eine große Familie. Er sagt,
2. Svenja hat die Fahrschule besucht.
   Jetzt ist sie glücklich,
3. Mein Bruder ist krank. Ich weiß nicht,
4. Wir gehen nur dann spazieren,
5. Ich fliege im Herbst in die Türkei,
6. Araya möchte einkaufen gehen.
   Sie fragt ihre Freundin,
7. Timi ist vier Jahre alt. Er glaubt,
8. Sonja isst viel Obst,

weil
wenn
dass
ob

- er nächste Woche wieder gesund ist.
- der Weihnachtsmann die Geschenke bringt.
- es dort nicht mehr so heiß ist.
- er zehn Brüder hat.
- sie mit ihr in die Stadt gehen möchte.
- sie die Führerscheinprüfung bestanden hat.
- sie nicht krank werden will.
- es nicht regnet.

1. __Hassan hat eine große Familie. Er sagt, dass er zehn Brüder hat._____
2. _____
3. _____
4. _____
5. _____
6. _____
7. _____
8. _____

*So ein großer Mann!**

Singular		maskulin	feminin	neutrum
Nominativ *(Da ist …)*	🟠	de**r** alt**e** Mann ein alte**r** Mann	di**e** groß**e** Frau ein**e** groß**e** Frau	da**s** klein**e** Kind ein kleine**s** Kind
Akkusativ *(Ich sehe …)*	⚫	den alt**en** Mann einen alt**en** Mann	eine groß**e** Frau	
Dativ *(Ich gehe mit …)*	⚪	dem alt**en** Mann einem alt**en** Mann	der groß**en** Frau einer groß**en** Frau	dem klein**en** Kind einem klein**en** Kind

Plural		maskulin	feminin	neutrum
Nominativ *(Da ist …)*	🟠	die alt**en** Männer	die groß**en** Frauen	die klein**en** Kinder
Akkusativ *(Ich sehe …)*	⚫	alt**e** Männer	groß**e** Frauen	klein**e** Kinder
Dativ *(Ich gehe mit …)*	⚪	den alt**en** Männern alt**en** Männern	den groß**en** Frauen groß**en** Frauen	den klein**en** Kindern klein**en** Kindern

---

Hinweis:
*Adjektive bekommen Endungen, wenn sie **vor** dem Nomen stehen.*
*Die Endung der Adjektive ist oft **-en**.*
*Der letzte Buchstabe vom bestimmten Artikel (der, das) kommt an das Adjektiv, wenn der unbestimmte Artikel **ein** heißt:*
*der Mann → ein große**r** Mann, da**s** Auto → ein rote**s** Auto*

*Adjektive, die **hinter** einem Nomen stehen, bekommen keine Endung:*
Das Auto ist neu.
Der Mann ist groß.

Artikel → Kapitel 6
Artikeldeklination → Kapitel 7
Adjektive 2 → Kapitel 27

1 Welche Endung passt? Kreuzen Sie an.

1. Hast du den ☐ lange ☒ langen Rock mich für eingepackt?
2. Ist das der ☐ neue ☐ neues Kollege von Gabriela?
3. Schau, die Hose passt zu der ☐ roten ☐ roter Jacke.
4. Kennst du die ☐ nette ☐ netten Tochter von unserer Nachbarin schon?
5. Ich mag den Pullover aus dem ☐ weichem ☐ weichen Stoff.
6. Gehört das ☐ schnelle ☐ schnelles Auto Ferdinand?
7. Brauchst du noch dein ☐ alten ☐ altes Radio?

2 Welches Adjektiv passt? Ergänzen Sie die Endung.

schwer • kaputt • heiß • hübsch • freundlich • dick • gut

1. Das ist der __freundliche__ Nachbar.
2. Könnte ich noch etwas von dem _____ Kuchen haben.
3. Bring bitte das _____ Radio in den Keller.
4. Siehst du die _____ Vögel im Garten?
5. Wo ist die _____ Jacke? Mir ist kalt.
6. Ich nehme das Eis mit der _____ Himbeersoße.
7. Die _____ Tasche nehme ich nicht mit.

3 Ergänzen Sie das Adjektiv und das Nomen.

1. Da hängt der alte Mantel. – Da hängt ein __alter Mantel_____ .
2. Ich komme mit dem großen Koffer. – Ich komme mit einem _____ .
3. Da ist das kleine Mädchen. – Da ist ein _____ .
4. Ich nehme die gelben Blumen. – Ich nehme _____ .
5. Max geht mit der kranken Katze zum Arzt. – Max geht mit einer _____ .
6. Er mag sein Haus mit den hohen Zimmern. – Er mag Häuser mit _____ .

4 Wie heißt die richtige Endung?

Die Polizei sucht Fridolin Stein, einen gefährlich__en__ Gangster: Fridolin Stein ist ein mittelgroß _____
dunkelhaarig_____ Mann. Er hat braun_____ Augen, eine groß_____ Nase und einen breit_____
Mund. Meistens trägt er eine blau_____ Jeanshose mit einem gelb_____ T-Shirt und eine grün_____
Jacke. Oft zieht er rot_____ Schuhe an. Man sieht ihn oft mit einer weiß_____ Ledertasche mit einem
orangefarben_____ Muster. Er spricht Deutsch mit einem stark_____ pfälzisch_____ Akzent. Vorsicht:
Er hat einen klein_____, aber bös_____ Hund mit Namen Daisy bei sich.
Wenn Sie Fridolin Stein kennen oder sehen, rufen Sie bitte sofort die Polizei an.

Heike ist größer als Paula, Irina ist am größten.*

Vergleichen Sie die drei Männer.

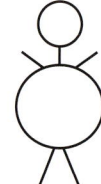

Herr Schmidt ist dick.
Er wiegt 100 kg.

Herr Meier ist dick**er**
als Herr Schmitt.
Er wiegt 120 kg.

Herr Schnurz ist noch dick**er**
als Herr Schmidt und Herr Meier.
Er wiegt 150 kg.
Herr Schnurz ist am dicksten.

dick = Grundform

dick**er** = Komparativ
+ als

am dick**sten** = Superlativ

normale Steigerung

Grundform	Komparativ	Superlativ	Grundform	Komparativ	Superlativ
billig	billig**er**	am billig**sten**	neu	neu**er**	am neu**sten**
schnell	schnell**er**	am schnell**sten**	langsam	langsam**er**	am langsam**sten**
klein	klein**er**	am klein**sten**	weit	weit**er**	am weit**esten**
dünn	dünn**er**	am dünn**sten**	breit	breit**er**	am breit**esten**

u → ü

Grundform	Komparativ	Superlativ
jung	j**ü**ng**er**	am j**ü**ng**sten**
dumm	d**ü**mm**er**	am d**ü**mm**sten**
kurz	k**ü**rz**er**	am k**ü**rz**esten**

o → ö

Grundform	Komparativ	Superlativ
groß	gr**ö**ß**er**	am gr**ö**ß**ten**

a → ä

Grundform	Komparativ	Superlativ
alt	**ä**lt**er**	am **ä**lt**esten**
arm	**ä**rm**er**	am **ä**rm**sten**
hart	h**ä**rt**er**	am h**ä**rt**esten**
kalt	k**ä**lt**er**	am k**ä**lt**esten**
lang	l**ä**ng**er**	am l**ä**ng**sten**
schwach	schw**ä**ch**er**	am schw**ä**ch**sten**
stark	st**ä**rk**er**	am st**ä**rk**sten**

kleine Veränderungen

Grundform	Komparativ	Superlativ
hoch	h**öher**	am h**öchsten**
nah	n**äher**	am n**ächsten**
teuer	teu**rer**	am teuer**sten**

Unregelmäßige Adjektive

Grundform	Komparativ	Superlativ
gut	**besser**	am **besten**
gern	**lieber**	am **liebsten**
viel	**mehr**	am **meisten**

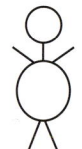

Herr Schmidt wiegt 100 kg.

Herr Becker wiegt auch 100 kg.
Herr Becker ist **so** dick **wie** Herr Schmidt.

Hinweis:
so ... wie *steht mit der Grundform.*
Der Komparativ steht mit als.

1 Ergänzen Sie die Tabelle.

schwer	schwerer	am schwersten
	hübscher	
		am wichtigsten
schlimm		
	glücklicher	
eng		
		am lustigsten

2 Ergänzen Sie.

1. Rhein: 1320 m – Elbe: 1165 m – Mosel: 545 m (lang)

    Die Mosel ist <u>lang</u>. Die Elbe ist <u>länger</u> <u>als</u> die Mosel. Der Rhein ist

    <u>am</u> <u>längsten</u>.

2. Heidelberg: ca. 140.000 Einwohner – Freiburg: ca. 200.000 – Stuttgart: ca. 590.000 (groß)

    Heidelberg ist _____. Freiburg ist _____ _____ Heidelberg. Stuttgart ist

    _____.

3. Fernsehturm in Stuttgart: 217 m – Fernsehturm in München: 290 m – Fernsehturm in Frankfurt am

    Main: 331 m (hoch)

    Der Fernsehturm in Stuttgart ist _____. Der Fernsehturm in München ist

    _____ _____ der Fernsehturm in Stuttgart. Der Frankfurter Fernsehturm ist

    _____.

4. Porta Nigra: 1800 Jahre – Burg Eltz: 800 Jahre – Schloss Neuschwanstein: 120 Jahre (alt)

    Schloss Neuschwanstein ist _____. Die Burg Eltz ist _____ _____ Schloss

    Neuschwanstein. Die Porta Nigra ist _____.

3 Schreiben Sie Sätze mit *so ... wie* oder *als*.

1. Petra: 20 Jahre – Pauline: 20 Jahre (alt sein): <u>Petra ist so alt wie Pauline.</u>
2. Holger: 31 Jahre – David: 27 Jahre (jung sein): <u>David ist jünger als Holger.</u>
3. Kordhose: 60 € – Jeans: 50 € (viel kosten): _____
4. Heute: 25 Grad – gestern: 25 Grad (warm sein): _____
5. Irina: 1,58 m – Milena: 1,52 m (klein sein): _____
6. José: 15 Minuten – Fernando: 1 Stunde (kurz bleiben): _____
7. 1 kg Bananen: 1,49 € – 1 kg: Orangen: 1,98 € (teuer sein): _____
8. Fleisch: sehr gut – Fisch: gut (gut schmecken): _____
9. Neudorf: 25 km – Altdorf: 25 km (nah sein): _____
10. Silke: 53 kg – Maren: 61 kg (dünn sein): _____

Man sagt es. Niemand weiß es.

Man, jeder, alle, jemand und niemand

In China feiert **man** Ende Januar Neujahr.
Jemand hat an der Tür geklopft. Ich gehe mal nachsehen.
Da ist **niemand** an der Tür.
Jeder kann Deutsch lernen, auch Sie.
Aber **alle** haben Probleme mit der deutschen Grammatik.

> **Hinweis:**
> *Wir wissen nicht genau, wer man / jemand / niemand / jeder / alle ist. Wir denken dabei an keine bestimmte Person. Deshalb nennt man diese Wörter **Unpersönliche Ausdrücke**.*

		nur Singular	nur Singular	nur Singular	nur Singular	nur Singular	nur Singular	nur Plural
Nominativ	🟠	man	niemand	jemand	jed**er**	jed**e**	jed**es**	alle
Akkusativ	⚫		niemand**en**	jemand**en**	jed**en**	jed**e**	jed**es**	alle
Dativ	⚪		niemand**em**	jemand**em**	jed**em**	jed**er**	jed**em**	all**en**

es, was, etwas, alles und nichts

Schau aus dem Fenster. **Es** regnet.
Kannst du **was / etwas** sehen? – Nein, **nichts**. Es ist zu dunkel.
Alles Gute zum Geburtstag.

> **Hinweis:**
> *Wir wissen nicht genau, was es / etwas / nichts / alles ist. Wir denken dabei an keine bestimmten Sachen.*
> *es / was / etwas / nichts / alles verändern sich nicht!*

welch...?

Ich möchte Zucker in den Tee. Haben wir **welchen**? (d**en** Zucker)
Ich hätte gern ein Glas Milch. Haben wir noch **welche**? (di**e** Milch)
Ich brauche Salz. Haben wir **welches**? (da**s** Salz)
Ich mag Spaghetti. Haben wir **welche**? (di**e** Spaghetti, Plural)

> **Hinweis:**
> *Wir benutzen welch-, wenn wir nicht wissen, ob es das gibt, was wir möchten.*
> *Welch- hat die gleichen Endungen wie der bestimmte Artikel.*

Artikel ➜ Kapitel 6
Artikeldeklination ➜ Kapitel 7
Fragen ➜ Kapitel 22

1 jemand, niemand oder man – Was passt?

1. In Österreich spricht **man** Deutsch.
2. In der Schweiz lernt fast _____ Japanisch.
3. In Portugal kann bestimmt _____ Spanisch sprechen.
4. In Frankreich kann _____ sehr gut Käse kaufen.
5. Kann mir _____ erklären, wo Singapur liegt?
6. In meinem Deutschkurs kommen alle aus Europa, _____ ist aus den USA.
7. In Indien trifft _____ Leute, die auf Elefanten reiten können.

2 Stimmt das? Machen Sie so viele Sätze wie möglich.

Jeder	Kind	mag Auto fahren.
Jede	Mann	mögen Fußball.
Jedes	Frau	gehen gern einkaufen.
Alle	Männer	kocht gern.
Alle	Frauen	sind brav.
Alle	Kinder	isst gern Schokolade.

Jedes Kind isst gern Schokolade. _____

3 Verbinden Sie.

alles Gute.

es schneit.

Möchten Sie

Ich habe Hunger! Im Kühlschrank ist

etwas trinken?

nichts. Warst du nicht einkaufen?

Schau mal,

Zum Geburtstag wünschen wir Ihnen

1. Schau mal, es schneit. _____   3. _____
2. _____   4. _____

4 Welche, welchen oder welches – Was passt?

1. Ich möchte gern Orangensaft trinken. Haben wir **welchen** _____?
2. Ich gehe zum Bäcker und hole Brot. Willst du auch _____?
3. Ich liebe Blumen. Kaufst du mir _____?
4. Ich nehme Sahne zum Kaffee. Magst du auch _____?
5. Ich koche Tee. Willst du auch _____?

Das Arbeitsunfähigkeitsbescheinigungsformular

● + ● **Nomen + Nomen → Nomen**	das Obst + **der** Kuchen = **der** Obstkuchen die Mutter + **die** Sprache = **die** Muttersprache die Arbeit + **das** Amt = **das** Arbeitsamt

Hinweis:
Zusammengesetzte Nomen haben immer den Artikel vom letzten Nomen.

● + ● **Verb + Nomen → Nomen**	braten + die Kartoffel = die Bratkartoffel essen + der Tisch = der Esstisch

Hinweis:
Die Endung -en vom Verb fällt weg.

● **Verb + -ung → Nomen**	wohnen → die Wohn**ung** einladen → die Einlad**ung**
●/● **Nomen/Verb + -er → Person**	das Ausland → der Ausländ**er** die Schule → der Schül**er** backen → der Bäck**er** fahren → der Fahr**er**
▽ + ● **Adjektiv + Nomen → Nomen**	hoch + das Haus = das Hochhaus klein + das Kind = das Kleinkind
● → ● **Verb → Nomen**	lesen → das Lesen fernsehen → das Fernsehen schreiben → geschrieben → das Geschriebene kochen → gekocht → das Gekochte
●/● **Nomen/Verb + -los/-bar → Adjektiv**	Arbeit → arbeits**los** (-los = ohne → ohne Arbeit) trinken → trink**bar** (-bar = man kann → man kann etwas trinken)
▽ + ▽ **Adjektiv + Adjektiv → Adjektiv**	hell + blau = hellblau dunkel + rot = dunkelrot
un + ▽ **Adjektiv → Gegenteil**	bekannt → **un**bekannt gern → **un**gern

1 Bilden Sie Nomen. ◯ + ◯

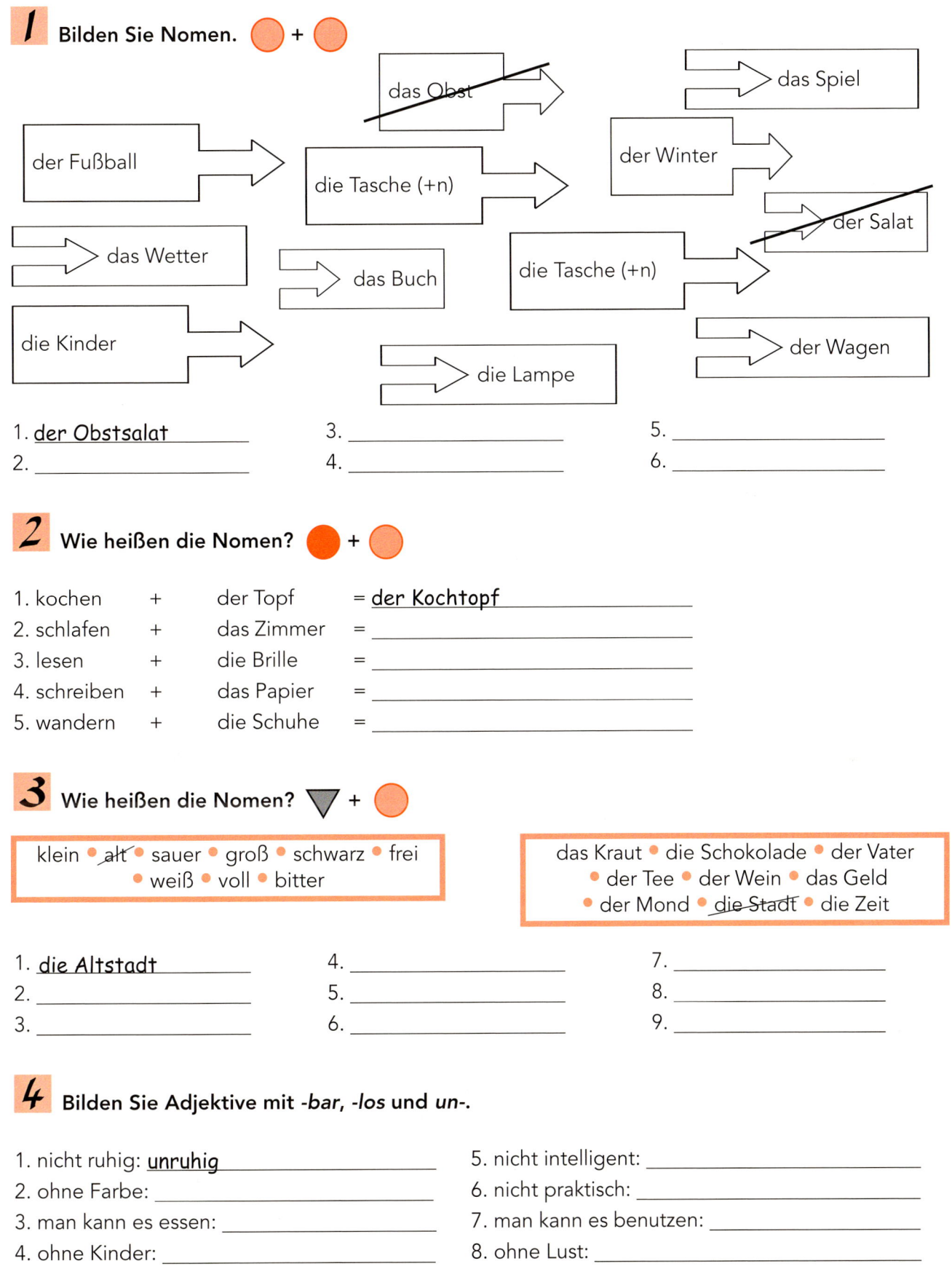

der Fußball → die Tasche (+n) → ~~das Obst~~

das Wetter ← die Tasche (+n) →

der Winter → das Spiel

→ der Salat

das Buch ←

die Kinder →

die Lampe ←

→ der Wagen

1. der Obstsalat _____

2. _____

3. _____

4. _____

5. _____

6. _____

2 Wie heißen die Nomen? 🔴 + 🟠

1. kochen   +   der Topf   = der Kochtopf _____

2. schlafen   +   das Zimmer   = _____

3. lesen   +   die Brille   = _____

4. schreiben +   das Papier   = _____

5. wandern   +   die Schuhe   = _____

3 Wie heißen die Nomen? 🔻 + 🟠

klein • ~~alt~~ • sauer • groß • schwarz • frei • weiß • voll • bitter

das Kraut • die Schokolade • der Vater • der Tee • der Wein • das Geld • der Mond • ~~die Stadt~~ • die Zeit

1. die Altstadt _____

2. _____

3. _____

4. _____

5. _____

6. _____

7. _____

8. _____

9. _____

4 Bilden Sie Adjektive mit *-bar*, *-los* und *un-*.

1. nicht ruhig: unruhig _____

2. ohne Farbe: _____

3. man kann es essen: _____

4. ohne Kinder: _____

5. nicht intelligent: _____

6. nicht praktisch: _____

7. man kann es benutzen: _____

8. ohne Lust: _____

> In Hören – Teil 1 hören Sie 1 Beispiel und 6 kurze Gespräche.
> Zu den Gesprächen müssen Sie 6 Fragen beantworten.
> Sie finden zu jeder Frage 3 Bilder und 3 Antworten: a, b und c.
> Welche Antwort ist richtig? Kreuzen Sie an: a, b oder c?
> Sie hören jedes Gespräch 2-mal.
> Sie müssen in jedem Gespräch die richtige Information hören. Das Problem: Es gibt mehr als eine Information.

So geht es

1. Sie lesen die Aufgabe. Verstehen Sie alles?

2. Sie sehen die Bilder und lesen die Antworten: a, b und c. Denken Sie an sie, wenn Sie das Gespräch hören.

Wie groß ist der Mann?

a 1,91 Meter   b 1,95 Meter   c 1,98 Meter

3. Jetzt hören Sie das Gespräch zum ersten Mal. Kreuzen Sie an: a, b oder c?
   (Hören Sie jetzt das Gespräch auf der CD oder Kassette.)
   • Worum geht es? Es geht um die Größe.
   • Es gibt drei verschiedene Zahlen. Welche Zahl gehört zu dem Mann?

4. Sie hören das Gespräch noch einmal.
   • Jetzt genau hinhören: Welche Zahl gehört zu dem Mann?
   • Der Vater ist 1,98 Meter groß. Die Frau denkt, der Mann ist 1,95 Meter groß. Aber der Mann ist 1,91 Meter groß. Also ist die Antwort a richtig. Sie machen das Kreuz bei a. (Tipp: Machen Sie auch ein Kreuz, wenn Sie den Hörtext nicht richtig verstehen.)

5. Lösen Sie nun die anderen Aufgaben von Hören – Teil 1.
   Am Schluss schreiben Sie Ihre Antworten vom Test auf den Antwortbogen.

Hinweis:
Das müssen Sie für das Hören besonders gut können:
Uhrzeit (16.00 Uhr, …), Datum (1. April 2004, …) , Zahlen (345, ½, der erste, …), Preise (5,00 €, …), Orte (nach Stuttgart, in Hamburg, …), Zeitangaben (Sekunden, …), Tage und Monate (Montag, März, …), Tageszeiten (Abend, …), Jahreszeiten (Herbst, …), Feiertage (Weihnachten, …), Maße (1 cm, 3 m, 50 km, 2 l), Farben (rot, …), Fragewörter (wer, wo, …), Verkehrsmittel (Bus, …), Lebensmittel (Fleisch, …).
Mehr Übungen dazu finden Sie im Teil „Wortschatz".

1 Welche Zahl hören Sie? Kreuzen Sie an: a oder b?

1. a 27   ☒ 72   6. a 697   b 679
2. a 56   b 65   7. a 876   b 867
3. a 83   b 38   8. a 1976   b 1967
4. a 589   b 598   9. a 10.000   b 100.000
5. a 423   b 432   10. a 1.200.000   b 1.020.000

2 Welche Zahl hören Sie nicht? Markieren Sie.

17 • 90 • 102 kg • 150 • 345 • 12 • 31 • 89 m • 564 • 67 • 3,5 m • 25 • 450 g • 57 km • 390 • 2980 • 43 mm • 4,5 l • 1005 • 75% • 18 • 81 cm

3 Welche Jahreszahl hören Sie? Schreiben Sie.

1. 1492   3. _____   5. _____   7. _____   9. _____
2. _____   4. _____   6. _____   8. _____   10. _____

4 Was hören Sie? Kreuzen Sie an: a, b oder c?

1. Wie viele Orangen sind in der Tasche?
   a ½ Pfund   ☒ 2 kg   c 10 kg
2. Wann trifft Arno Yüksel?
   a um sechs   b um Viertel nach sechs   c um halb sieben
3. Welches Zimmernummer bekommt der Hotelgast?
   a 118   b 215   c 216
4. Wohin geht Frau Meier?
   a in die Stadt   b ins Dorf   c in den Wald
5. Welche Größe hat Herr Müller jetzt?
   a 10   b 48   c 54
6. Was hat Peter im Geschäft vergessen?
   a die Sahne   b das Salz   c den Salat
7. Was kostet der Mantel jetzt?
   a 52,00 Euro   b 129,00 Euro   c 149,00 Euro
8. Wie kommt Andrea nach Hause?
   a mit dem Auto   b mit dem Bus   c mit dem Taxi
9. Wohin muss Chris heute gehen?
   a zum Zahnarzt   b in den Kindergarten   c in die Schule
10. In welchem Stock gibt es Kühlschränke?
    a im 1. Stock   b im 2. Stock   c im 3. Stock

➤ **In Hören – Teil 2 hören Sie 1 Beispiel und 4 Durchsagen, zum Beispiel am Flughafen, im Bahnhof, im Supermarkt.**

➤ **Zu jeder Durchsage gibt es eine Aussage.**

➤ **Hören Sie gut hin: Ist die Aussage** richtig **oder** falsch **?**

➤ **Kreuzen Sie an:** richtig **oder** falsch **?**

➤ **Sie hören jede Durchsage 1-mal.**

So geht es

1. Lesen Sie die Aufgabe.

Die Leute sollen nicht im Zug bleiben.	richtig falsch

> • *Verstehen Sie alles? Die Leute sollen nicht im Zug bleiben. Was heißt „bleiben": Man ist an einem Ort und geht nicht weg.*

2. Dann hören Sie die Durchsage. Kreuzen Sie an: richtig *oder* falsch *?*
(Hören Sie jetzt die Durchsage auf der CD oder Kassette.)

> • *Worum geht es? Die Durchsage ist im Zug. Der Zug muss warten. Die Leute sind also Fahrgäste. Sie sind im Zug und warten. Der Mann sagt: „Bitte steigen Sie nicht aus! Wir fahren bald weiter." Das heißt: Die Leute sollen im Zug bleiben.*

> • *Die Antwort ist also falsch. Sie machen das Kreuz bei* falsch *. (Tipp: Machen Sie auch ein Kreuz, wenn Sie den Hörtext nicht richtig verstehen.)*

3. Lösen Sie nun die anderen Aufgaben von Hören – Teil 2.
Am Schluss schreiben Sie Ihre Antworten vom Test auf den Antwortbogen.

> **Hinweis:**
> *Hören Sie gut zu: vom Anfang bis zum Ende.*
> *Und noch ein Tipp: Hören Sie oft Radio.*

 Welche Durchsage können Sie hören: a **oder** b **?**

1. Am Bahnhof: ☒ Abfahrt   b Grüße an die Frau
2. Im Supermarkt: a Türen schließen   b Sonderangebot
3. Auf der Straße: a Polizeidurchsage   b Öffnungszeiten
4. Im Stadtbus: a Motor kaputt   b Wetterdurchsage
5. Im Zug: a Buchverkauf   b Verspätung
6. Am Flughafen: a Zum Schalter kommen   b Weihnachtsfeier
7. In der U-Bahn: a Treffen vor dem Hotel   b Umsteigen
8. Im Kino: a Pause   b Anschluss
9. Im Flugzeug: a Ankunft und Landung   b Telefonrabatte
10. Im Hotel: a Neue Sommerkleider   b Rauchen verboten

2 Welche Durchsage passt nicht? Markieren Sie.

1. Am Flughafen:

Bitte kommen Sie zur Information. – Wir machen eine halbe Stunde Pause. – Der Flug aus Istanbul hat 2 Stunden Verspätung. – Sie finden die Schalter für die Autovermietung in Halle C. – Letzter Aufruf für Gäste von Flug 403 nach Madrid.

2. Auf der Straße:

Bitte schließen Sie alle Fenster und Türen! – Achtung Autofahrer! Machen Sie bitte den Motor aus. – Liebe Kunden, mit unserem Sparpreis-Ticket können Sie um 50% billiger reisen. – Eis, herrliches Eis, der Eismann ist da! – Halten Sie an und fahren Sie nach rechts!

3. Im Kaufhaus:

Heute finden Sie im 1. Stock einmalige Sonderangebote. – 3 Stück für nur 1,58 Euro. – Wir haben leider 40 Minuten Verspätung. – Es ist 20.00 Uhr, kommen Sie gut nach Hause. – In der Buchabteilung liest heute Frau Mann aus ihrem Buch.

4. Im Bahnhof:

Wegen eines Unfalls ist die Talstraße gesperrt. – Der ICE aus Hamburg fährt jetzt ein. – Herr Kaiser, kommen Sie bitte zur Information. – Weiterfahrt um 15.35 Uhr. – Die S 3 zum Flughafen kommt 10 Minuten später an.

5. In der S-Bahn:

Denken Sie daran: Das Rauchen ist verboten. – Wir kommen in wenigen Minuten in Frankfurt Flughafen an. – Es geht gleich weiter. – Wir haben Probleme mit dem Licht. – Wir haben 35 Grad Celsius.

3 Wo können Sie diese Durch- und Ansagen hören? Manchmal gibt es mehrere Lösungen.

(1)	Verehrte Fahrgäste …	A	Auf dem Bahnsteig	1	A, G
(2)	Achtung Autofahrer …	B	Im Kaufhaus	2	
(3)	Bewohner der Brandt-Straße! …	C	Auf dem Dorfplatz	3	
(4)	Liebe Badegäste …	D	Im Flugzeug	4	
(5)	Wir gratulieren …	E	Im Reisebus	5	
(6)	Und jetzt kommt …	F	Auf der Autobahn	6	
(7)	Für nur neununddreißig fünfzig …	G	Im Zug	7	
(8)	Liebe Festgäste …	H	Im Schwimmbad	8	
(9)	Liebe Reisende …	I	In der Disco	9	
(10)	Wir kommen in zehn Minuten in San Francisco an …	J	Auf dem Gartenfest	10	

4 Was sollen die Leute machen? Hören Sie: Sind die Aussagen richtig oder falsch ?

	richtig	falsch
1. Der Autofahrer soll anhalten.	~~richtig~~	falsch
2. Die Leute sollen aus dem Kaufhaus gehen.	richtig	falsch
3. Die Leute sollen 10 Minuten sitzen bleiben.	richtig	falsch
4. Die Reisenden sollen in einer Stunde am Bus sein.	richtig	falsch
5. Die Gäste sollen Franz gratulieren.	richtig	falsch

➢ In Hören – Teil 3 ruft eine Person eine andere an. Sie hören 5 kurze Nachrichten am Telefon.
➢ Dazu müssen Sie 5 Fragen beantworten.
➢ Sie finden zu jeder Frage 3 Antworten: a, b und c.
➢ Welche Antwort ist richtig? Kreuzen Sie an: a, b oder c?
➢ Sie hören jede Nachricht am Telefon 2-mal.

So geht es

1. Sie lesen die Aufgabe. Verstehen Sie alles?

2. Sie lesen die Antworten: a, b und c. Denken Sie an sie, wenn Sie die Nachricht hören.

Wo ist der Autoschlüssel?	a in der Hose
	b in der Werkstatt
	c auf dem Bett

> • *Die Frage ist: Wo liegt der Autoschlüssel? In der Nachricht muss es also Informationen zu diesem Ort geben. In den Antworten a, b und c finden Sie drei verschiedene Orte.*

3. Jetzt hören Sie die Nachricht zum ersten Mal. Kreuzen Sie an: a, b oder c?
(Hören Sie jetzt die Nachricht auf der CD oder Kassette.)
> • *Die Frau sagt: „Die Schlüssel sind in meiner Hose von gestern." Sie sehen auf dem Testblatt:*
> *a in der Hose. Sie machen das Kreuz bei a.*

4. Prüfen Sie beim zweiten Hören: Ist das Kreuz richtig? (Tipp: Machen Sie auch ein Kreuz, wenn Sie den Hörtext nicht richtig verstehen.)

5. Lösen Sie nun die anderen Aufgaben von Hören – Teil 3.
Am Schluss schreiben Sie Ihre Antworten vom Test auf den Antwortbogen.

1 Was hören Sie? Kreuzen Sie an: a, b oder c?

1. Wann kommt der Zug an?	a um 9.00 Uhr	☒ um 11.13 Uhr	c um 13.00 Uhr
2. Wie lange will die Frau warten?	a 10 Minuten	b ½ Stunde	c 1 Stunde
3. Wohin will der Mann gehen?	a zum Bahnhof	b in den Zoo	c zum Zug
4. Welche Nummer ist richtig?	a 977979	b 909797	c 979790
5. Wohin will die Frau gehen?	a nach Hause	b in die Disco	c zum Italiener
6. Wann läuft der Film?	a 18.15 Uhr	b 20.00 Uhr	c 20.20 Uhr
7. Wann ist das Auto fertig?	a am Morgen	b am Nachmittag	c am Abend
8. Wen trifft die Frau?	a ihren Mann	b den Arzt	c ihr Baby
9. Wann ist die Praxis geschlossen?	a am Montag	b am Mittwoch	c am Freitag
10. Wo will Janosch Kaffee trinken?	a im Café	b bei Janosch	c bei Wladimir

➢ In Hören – Teil 1 ruft eine Person eine andere an. Sie hören 1 Beispiel und 5 kurze
  Nachrichten am Telefon.
➢ Dazu müssen Sie 5 Aufgaben lösen.
➢ Zu jeder Aufgabe finden Sie einen Notizzettel. Darauf stehen Informationen.
  Eine Information fehlt.
➢ Schreiben Sie die fehlende Information in den Notizzettel.
➢ Sie hören jede Nachricht am Telefon 2-mal.

So geht es

1. *Lesen Sie die Informationen auf dem Notizzettel.*
   Suchen Sie die Information, in der etwas fehlt.

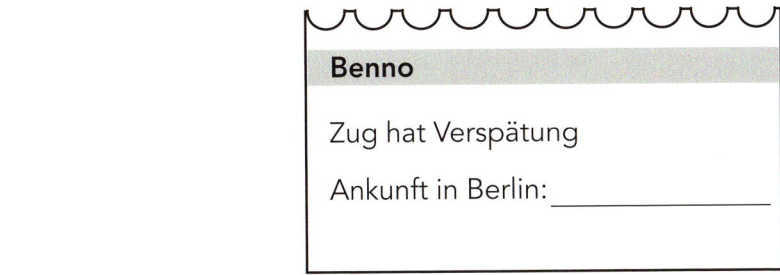

Benno

Zug hat Verspätung

Ankunft in Berlin: _____

- *Sie lesen den Notizzettel. Da steht: Benno, Zug hat Verspätung, Ankunft in Berlin.*
- *Was für ein Anruf kommt gleich? Wie ist die Situation? Benno fährt mit dem Zug nach Berlin.*
  Der Zug hat Verspätung. Benno sagt, wann er ankommt.
- *Sie machen sich eine Frage zu der fehlenden Information. Hier: Wann kommt Benno in Berlin*
  an?

2. *Sie hören die Nachricht zum ersten Mal. Sie schreiben die Information als Stichwort auf den Notiz-*
   zettel. (Hören Sie jetzt die Nachricht auf der CD oder Kassette.)
   - *Sie hören den Anruf. Benno sagt: „Ich werde also erst so um 15.30 Uhr in Berlin sein."*
     Sie schreiben auf den Notizzettel: 15.30 Uhr.

3. *Prüfen Sie beim zweiten Hören: Haben Sie die Information richtig gehört?*

4. *Lösen Sie nun die anderen Aufgaben von Hören – Teil 1.*
   Am Schluss schreiben Sie Ihre Antworten vom Test auf den Antwortbogen.

1 **Hören Sie und setzen Sie die fehlenden Informationen ein.**

1. Abendessen beim Chef, Ernst-Müller-Str. 17, Uhrzeit: <u>20.00 Uhr</u>
2. Treffen mit Frau Kaiser, Telefonnummer: _____
3. Flug nach London, Abflug: _____, Ankunft: 16.50 Uhr
4. Praxis Dr. Bauer, geöffnet: Montag bis Freitag, _____ Uhr
5. Stadt-Bank, Kredit für Auto, fehlt: _____

119

➤ In Hören – Teil 2 hören Sie 1 Beispiel und 5 Ansagen im Radio.
➤ Dazu müssen Sie 5 Fragen beantworten.
➤ Sie finden zu jeder Frage 3 Antworten: a, b und c.
➤ Welche Antwort ist richtig? Kreuzen Sie an: a, b oder c?
➤ Sie hören jede Radioansage 1-mal.

So geht es

1. *Sie lesen die Aufgabe.*
   • *Was kommt abends um neun Uhr? Achtung: Für neun Uhr abends sagt man auch 21.00 Uhr.*

2. *Sie lesen die Antworten:* a, b *und* c.

Was kommt abends um neun Uhr?	a ein Konzert
	b Nachrichten
	c Lieder

   • *Was kommt um neun Uhr? Ein Konzert, Nachrichten, Lieder.*

3. *Jetzt hören Sie die Radioansage. Kreuzen Sie an:* a, b *oder* c?
   (Hören Sie jetzt das Gespräch auf der CD oder Kassette.)
   • *Sehen Sie beim Hören auf die 3 Antworten:* a, b *und* c.
   • *Sie hören: „Das war unser Liederabend." Der Liederabend ist also zu Ende. Dann hören Sie: „Nach den Nachrichten um 21.00 Uhr hören Sie unser Nachtkonzert." Das Nachtkonzert ist also nach den Nachrichten, die Nachrichten sind um 21.00 Uhr. Also ist die Antwort* b *richtig. Sie machen das Kreuz bei* b. *(Tipp: Machen Sie auch ein Kreuz, wenn Sie den Hörtext nicht richtig verstehen.)*

4. *Lösen Sie nun die anderen Aufgaben von Hören – Teil 2.*
   Am Schluss schreiben Sie Ihre Antworten vom Test auf den Antwortbogen.

1 **Im Radio und in Fahrplänen heißen die Uhrzeiten anders. Ordnen Sie zu.**

So sagt man:

1 fünf vor vier (morgens)
2 sechs Uhr (abends)
3 Viertel vor acht (abends)
4 fünf Uhr (nachmittags)
5 fünf vor halb drei (nachmittags)
6 Mitternacht
7 zehn nach zwölf (mittags)
8 sechs nach acht (vormittags)
9 halb eins (nachts)
10 Viertel nach sieben (abends)

So liest man:

A 19.45 Uhr (neunzehn Uhr fünfundvierzig)
B 8.06 Uhr (acht Uhr und sechs Minuten)
C 0.00 Uhr (null Uhr)
D 17.00 Uhr (siebzehn Uhr)
E 0.30 Uhr (null Uhr dreißig)
F 19.15 Uhr (neunzehn Uhr fünfzehn)
G 3.55 Uhr (drei Uhr fünfundfünfzig)
H 14.25 Uhr (vierzehn Uhr fünfundzwanzig)
I 12.10 Uhr (zwölf Uhr zehn)
J 18.00 Uhr (achtzehn Uhr)

1	G
2	
3	
4	
5	
6	
7	
8	
9	
10	

2 In den Radioinformationen fehlen Wörter. Ergänzen Sie.

> der Wetterbericht • die Sendung • eine Verkehrsdurchsage
> • die Nachrichten • ein Geburtstagsgruß

1. Und hier nun __eine Verkehrsdurchsage__! Auf der A5 zwischen Karlsruhe und Rastatt: 14 kmStau wegen eines Unfalls. Auf der A8 in ...
2. Und nun _____ um halb acht. Streik in der Metallindustrie – Kanzler trifft Präsidenten – Bayern München gewinnt – Wetter: regnerisch und kalt.
3. Liebe Hörerinnen und Hörer. In unserer Reihe Mensch und Technik hören Sie jetzt _____ „Ist das Auto am Ende?" Und im Anschluss, um 17.00 Uhr, bringen wir das Nachmittagskonzert mit Werken von Schubert und Bach.
4. Und hier noch _____. Die ganze Familie und natürlich wir gratulieren Frau Susanne Schneider zum 85. Geburtstag. Alles Liebe und Gute für das neue Lebensjahr.
5. Und zuletzt _____ für heute und morgen. Es wird ein wunderbarer Tag mit viel Sonnenschein in ganz Deutschland. Die Temperaturen steigen auf 26 bis 29 Grad. Wir wünschen Ihnen einen herrlichen Tag.

3 Wann und wo hören Sie das? Ordnen Sie zu.

> die B 14 ist gesperrt • alles Gute wünschen • bis 34 Grad • bringen in Türkisch
> • dann die Nachrichten • wir gratulieren • eine Reise für zwei Personen • und nun das Konzert
> • gewinnen Sie • am Abend gibt es Gewitter • hat Geburtstag
> • Karten für das Konzert • fahren Sie bitte langsam • LKW-Fahrer aufgepasst
> • es bleibt nass und kühl • Achtung Autofahrer: Personen auf der Fahrbahn
> • rufen Sie uns an unter der Nummer • es wird stürmisch • um 21.00 Uhr hören Sie
> • unsere Frage heute • weiterhin schön • wird 21 Jahre alt • bei der Ausfahrt München West
> • herzlichen Glückwunsch zum Geburtstag • es folgt eine Sendung

Wetterbericht: __bis 34 Grad,__ _____

_____

Verkehrsdurchsagen: _____

_____

Programmansagen: _____

_____

Geburtstagswünsche: _____

_____

Gewinnspiele: _____

_____

➤ In Hören – Teil 3 hören Sie ein längeres Gespräch.
➤ Dazu bekommen Sie eine Aufgabe mit 5 Fragen. Sie müssen zum Beispiel hören, wo man etwas findet.
➤ Sie finden zu den 5 Fragen 9 Antworten: a – i .
➤ Welche Antwort a – i passt zu welcher Frage 11– 15? Notieren Sie.
➤ Sie hören das Gespräch 2-mal.

So geht es

1. *Sie lesen die Aufgabe und die Fragen, das heißt die Wörter in „Sache".*

2. *Dann lesen Sie die 9 möglichen Antworten a – i .*
   • *Hier sind es verschiedene Orte, wo die Sachen sein können.*

Wo finden die Kunden diese Sachen?						
	0	*11*	*12*	*13*	*14*	*15*
Sache	Geld-automat	Aufzug	Friseur	Damen-jacken	Kaffee-maschinen	Restaurant
Lösung	b					

a im Keller   f neben der Bettwäsche
x am Eingang   g im 1. Stock
c bei Jan   h im 2. Stock
d neben dem Schmuck   i im 4. Stock
e neben dem Friseur

3. *Jetzt hören Sie das Gespräch zum ersten Mal.*
   (Hören Sie jetzt das Gespräch auf der CD oder Kassette.)
   • *Sie hören das Gespräch und schauen dabei auf die Sachen 0 und 11–15 und die Orte a – i .*
   • *Sie hören zuerst das Beispiel. Wo steht der Geldautomat? Am Eingang. Das ist der Buchstabe b . Die erste Information ist immer schon da.*
   • *Sie hören weiter gut zu und ordnen zu: a – i , wenn Sie die nächsten Schlüsselwörter hören (Aufzug, Friseur, Damenjacken, Kaffeemaschinen, Restaurant).*
   • *Manchmal werden die Schlüsselwörter nicht wörtlich genannt: z. B.„Damenjacke" wird nicht gesagt. Frau Gluck möchte eine Winterjacke. Eine Jacke zieht man an, sie ist also ein Kleidungs-stück. Herr Bessermann sagt: „Die Damenbekleidung finden Sie im 2. Stock." Also sind die Damenjacken im 2. Stock.*

4. *Prüfen Sie beim zweiten Hören: Haben Sie die Antworten a – i den Fragen 11–15 richtig zugeordnet? (Tipp: Schreiben Sie am Ende des Tests immer einen Buchstaben unter jede Aufgabe 11–15 in „Lösung", auch wenn Sie den Hörtext nicht richtig verstehen.)*
   Am Schluss schreiben Sie Ihre Antworten vom Test auf den Antwortbogen.

1 Was passt nicht? Markieren Sie.

1. Arztpraxis: Wartezimmer – Anmeldung – ~~Fernsehraum~~ – Toilette – Untersuchungszimmer
2. Fabrik: Lager – Einzelzimmer – Werkstatt – Telefonzentrale – Fabrikhalle
3. Büro: Kopierraum – Teeküche – Chefzimmer – Schreibbüro – Bar
4. Hotel: Kantine – Doppelzimmer – Bad – Rezeption – Restaurant
5. Kaufhaus: Kasse – Umkleidekabine – Herrenabteilung – Empfang – Café
6. Supermarkt: Bäckerei – Fleischwaren – Fitnessraum – Getränke – Milchprodukte
7. Restaurant: Kiosk – Küche – Speisesaal – Garderobe – Bar
8. Parkhaus: Parkplatz – Informationsschalter – Kassenautomat – Treppenhaus – Wärterhäuschen

2 Wo arbeiten diese Leute? Kreuzen Sie an.

1. Arbeiter:	a in der Küche	x in der Fabrik	c im Laden
2. Verkäuferin:	a im Supermarkt	b beim Friseur	c bei der Post
3. Sekretärin:	a im Restaurant	b im Parkhaus	c im Schreibbüro
4. Kellner:	a an der Tankstelle	b in der Wäscherei	c im Café
5. Handwerker:	a an der Kasse	b in der Werkstatt	c am Empfang
6. Ärztin:	a in der Praxis	b im Geschäft	c in der Firma
7. Chefin:	a im Lager	b an der Rezeption	c im Büro
8. Aushilfe:	a in der Beratung	b im Supermarkt	c in der Schule

3 City-Hotel. Was ist wo? Ordnen sie zu.

2. Stock • ~~der Treppe~~ • der Rezeption • Tiefgeschoss • dem Restaurant • Park • 1. Stock • Dachgeschoss

1. Der Aufzug ist rechts neben **der Treppe** _____ .
2. Das Restaurant ist gegenüber _____ .
3. Die Bar ist neben _____ .
4. Das Zimmer 111 ist im _____ .
5. Das Zimmer 207 ist im _____ .
6. Die Parkplätze sind im _____ .
7. Das Dachcafé ist im _____ .
8. Das Schwimmbad ist im _____ .

➢ In Lesen – Teil 1 lesen Sie 2 kurze Briefe oder E-Mails.
➢ Dazu müssen Sie 5 Aussagen verstehen.
➢ Sind die Aussagen richtig oder falsch ?
➢ Kreuzen Sie an: richtig oder falsch ?

So geht es

1. Sie lesen die erste E-Mail oder den ersten Brief. Dazu müssen Sie 2 oder 3 Aufgaben lösen.

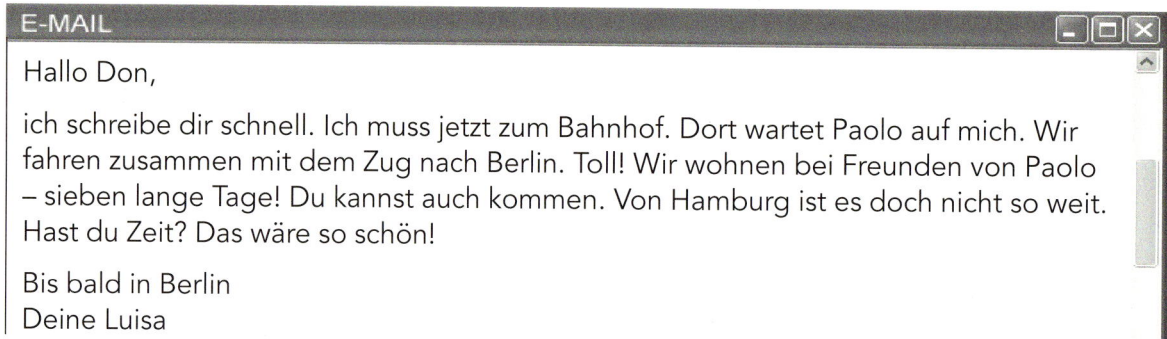

2 Sie lesen die Aufgabe. Verstehen Sie alles?

Luisa fährt nach Hamburg.	richtig	falsch

• *Dann suchen Sie im Text. Wo steht etwas über Luisa und eine Stadt?*

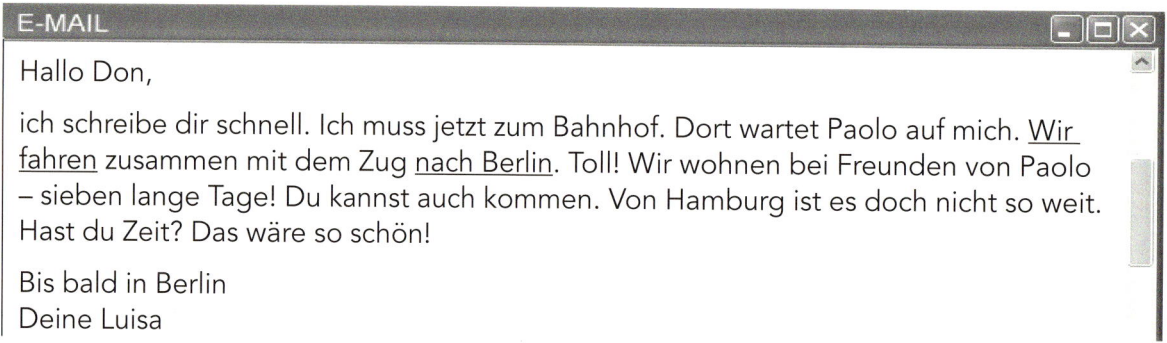

• *Luisa schreibt: „Wir fahren ... nach Berlin." Sie haben die Lösung gefunden: Luisa fährt nach Berlin und nicht nach Hamburg. In Hamburg wohnt Don. Die Aussage ist also falsch. Sie machen das Kreuz bei* falsch *. (Tipp: Machen Sie auch ein Kreuz, wenn Sie die Aufgabe nicht richtig verstehen.)*

• *So müssen Sie immer lesen: Zuerst lesen Sie die Aussage. Dann suchen Sie im Text nach Informationen zur Aussage. Das nennt man: Selektives Lesen.*

3. *Lesen sie nun die nächste Aufgabe zur E-Mail.*

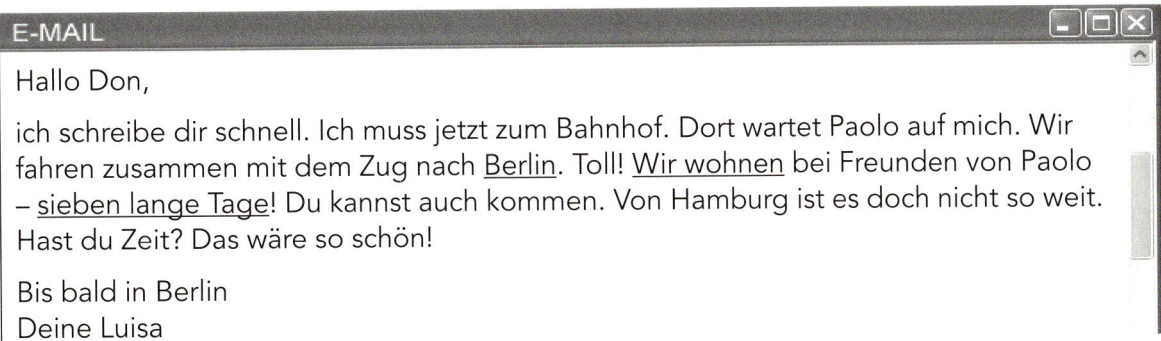

Luisa bleibt eine Woche in Berlin.   richtig   falsch

- *Sie suchen im Text nach den wichtigen Wörtern zur Aufgabe. Das sind Ihre Schlüsselworter: bleiben – eine Woche – Berlin.*
- *Sie finden die Wörter „bleiben" und „eine Woche" nicht? Denken Sie nach: Gibt es andere Wörter dafür im Text?*

> **E-MAIL**
>
> Hallo Don,
>
> ich schreibe dir schnell. Ich muss jetzt zum Bahnhof. Dort wartet Paolo auf mich. Wir fahren zusammen mit dem Zug nach Berlin. Toll! Wir wohnen bei Freunden von Paolo – sieben lange Tage! Du kannst auch kommen. Von Hamburg ist es doch nicht so weit. Hast du Zeit? Das wäre so schön!
>
> Bis bald in Berlin
> Deine Luisa

- *Sie finden: „Wir wohnen ...". „Wohnen" ist das Gleiche wie „bleiben". Sie finden auch: „sieben lange Tage". Sieben Tage sind eine Woche. Die Wörter bedeuten das Gleiche: „bleiben" und „wohnen", „eine Woche" und „sieben Tage".*
- *Jetzt wissen Sie: Die Aussage ist richtig. Sie machen das Kreuz bei* richtig  *.*

4. *Lesen sie nun die letzte Aufgabe zur E-Mail.*

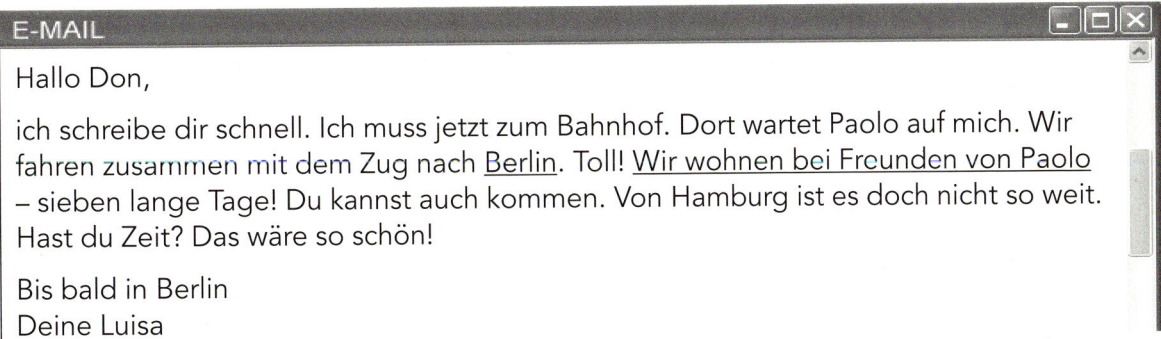

Paolo hat Freunde in der Stadt.   richtig   falsch

- *Wieder suchen Sie im Text nach den wichtigen Wörtern für diese Aussage. Die Schlüsselworter sind: Paolo – Freunde haben – Berlin.*

> **E-MAIL**
>
> Hallo Don,
>
> ich schreibe dir schnell. Ich muss jetzt zum Bahnhof. Dort wartet Paolo auf mich. Wir fahren zusammen mit dem Zug nach Berlin. Toll! Wir wohnen bei Freunden von Paolo – sieben lange Tage! Du kannst auch kommen. Von Hamburg ist es doch nicht so weit. Hast du Zeit? Das wäre so schön!
>
> Bis bald in Berlin
> Deine Luisa

- *Sie finden „Wir wohnen bei Freunden von Paolo". Das heißt: Paolo hat Freunde in Berlin. Die Aussage ist also richtig. Sie machen das Kreuz bei* richtig *.*
- *Wichtig: Sie müssen nicht alle Wörter im Brief verstehen!*

5. *Lösen Sie nun die anderen Aufgaben von Lesen – Teil 1. Am Schluss schreiben Sie die Antworten vom Test auf den Antwortbogen.*

Lesen Sie. Sind die Aussagen: richtig oder falsch?

Touristeninformation Hamburg

Sehr geehrte Frau Robertson,

Sie suchen Informationen für Ihren Urlaub in Hamburg.
Hamburg ist die zweitgrößte Stadt Deutschlands. Hier leben 1,7 Millionen Menschen, aber nicht alle sind Hamburger.
In Hamburg finden Sie viele Sehenswürdigkeiten. Am bekanntesten ist der Hafen mit Schiffen aus aller Welt. Früher war hier das Tor zur neuen Welt für viele Menschen aus ganz Europa. Es gibt aber noch viel mehr zu sehen: zum Beispiel den Fischmarkt, das Rathaus und berühmte Theater. Besuchen Sie also unsere schöne Stadt und wohnen Sie in wunderbaren Hotels. Wir erwarten Sie.

Mit freundlichen Grüßen
Gerda Richter

1. Frau Robertson schreibt an die Touristeninformation.	richtig	~~falsch~~
2. Frau Robertson möchte Urlaub in Hamburg machen.	richtig	falsch
3. In Hamburg wohnen mehr als eine Million Menschen.	richtig	falsch
4. Alle Menschen in Hamburg sind in Hamburg geboren.	richtig	falsch
5. Den Hamburger Hafen kennen viele Menschen.	richtig	falsch
6. Die Schiffe im Hafen kommen von überall her.	richtig	falsch
7. Interessant ist nur der Fischmark, das Rathaus und die Theater.	richtig	falsch
8. Es gibt ein berühmtes Theater.	richtig	falsch
9. Hamburg hat schöne Hotels.	richtig	falsch
10. Man freut sich in Hamburg auf Touristen.	richtig	falsch

2 Ein Brief. Ergänzen Sie.

kommen • melde • essen • hören • ~~gibt~~ • ist • wollen

E-MAIL

Lieber Mike,
am Mittwoch **(1)** gibt_____ es um 20.00 Uhr im Thalia einen Film über meine
Heimat Italien. Der Film **(2)** _____ sehr bekannt. Hast du Lust? Elena und
Joachim **(3)** _____ auch. Nach dem Kino **(4)** _____ wir in die Trattoria
Bel Sole gehen, etwas **(5)** _____ und italienische Musik **(6)** _____.
(7) _____ dich schnell.

Christina

3 Unterstreichen Sie die Informationen im Brief.

1. Herr Zorba bekommt einen Brief von der Universität.
2. Es gibt einen Informationsabend für Studenten.
3. Der Informationsabend ist in der alten Mensa.
4. Die Mensa ist in einem großen roten Haus.
5. Man freut sich auf das Treffen.

<u>Sehr geehrter Herr Zorba</u>,

Sie sind jetzt Student an der Johannes-Gutenberg-Universität Mainz. Herzlichen Glückwunsch. Am Montag, den 16.10., haben wir einen Informationsabend für alle neuen Studenten. Dazu möchten wir Sie herzlich einladen.

Wir treffen uns in der alten Mensa. Die finden Sie ganz leicht. Gleich am Eingang zur Uni sehen Sie einen großen Platz. Gehen Sie nach links über diesen Platz, dann stehen Sie vor einem großen roten Haus mit einer großen Treppe. Da gehen Sie hinauf und schon sind Sie in der alten Mensa. Wir freuen uns auf das Kennenlernen.

Ihre Studentenvertretung <u>UNIVERSITÄT MAINZ</u>

 4 Ergänzen Sie die Aussagen mit den Informationen im Brief.

E-MAIL	⬜ ⬜ ✕

Lieber Tommy,
danke für die E-Mail. Du holst mich am Bahnhof ab, das ist schön! Ich komme um 17.21 Uhr in Frankfurt mit dem ICE aus Bremen an. Wo treffen wir uns? Am Zug direkt? Gib mir am besten deine Handynummer. Dann kann ich dich anrufen. Du weißt, die Züge kommen oft mit Verspätung an.
Bis bald also, ich freue mich schon sehr auf das Wiedersehen.

Elaine

1. Elaine schreibt an __Tommy_____.
2. Tommy kommt zum _____.
3. Der Zug kommt aus _____.
4. Elaine möchte _____ von Tommy.
5. Die Züge haben oft _____.

 5 Was bedeutet das Gleiche? Ordnen Sie zu.

① Ich freue mich auf dich.
② Die Stadt ist sehr bekannt.
③ Holst du mich ab?
④ Das finden Sie ganz leicht.
⑤ Wir sind dort am Wochenende.

A Viele Leute kennen sie.
B Kommst du zum Bahnhof?
C Wir bleiben Samstag und Sonntag.
D Es ist schön, wenn du kommst.
E Da kommen Sie ganz einfach hin.

1	D
2	
3	
4	
5	

➢ In Lesen – Teil 2 lesen Sie 10 Anzeigen aus dem Internet oder aus der Zeitung.
➢ Dazu bekommen Sie 5 Aufgaben, 1 Aufgabe gehört zu 2 Anzeigen.
➢ Welche Anzeige passt zu der Aufgabe: a oder b ?
➢ Kreuzen Sie an: a oder b ?

So geht es

1. *Sie lesen die Aufgabe und die 2 Anzeigen.*

Sie suchen bekannte Kirchen und Museen in Berlin. Welche Internet-Adresse ist richtig?

www.berlinundmehr.de	www.berlinerzeit.de
Geschichte und Daten zu Berlin:	**Alles über Berlin**
◆ Berlin im 19. Jahrhundert ◆ Berlin und die Berliner Mauer ◆ Berlin nach 1989	• Hotels und Pensionen • Sehenswürdigkeiten • Kino und Theater • Essen und Trinken

a www.berlinundmehr.de
b www.berlinerzeit.de

---

2. *Sie suchen nach den Schlüsselwörtern in der Aufgabe?*
    • Das sind hier: Sie – suchen – bekannte Kirchen und Museen – Berlin.

3. *Sie suchen in der ersten Anzeige nach den Schlüsselwörtern.*
    *• Dort finden Sie „Berlin". Sie finden aber auch „Geschichte und Daten". Sie suchen keine
    Informationen zur Geschichte.*

4. *Sie lesen die zweite Anzeige. Sie finden „Berlin" und „Sehenswürdigkeiten". Bekannte Kirchen
    und Museen sind Sehenswürdigkeiten. Also ist diese Anzeige richtig. Sie machen das Kreuz
    bei* b *. (Tipp: Machen Sie auch ein Kreuz, wenn Sie die Aufgabe nicht richtig verstehen.)*

5. *Lösen Sie nun die anderen Aufgaben von Lesen – Teil 2.
    Am Schluss schreiben Sie die Antworten vom Test auf den Antwortbogen.*

1 Was sind die Schlüsselwörter? Schreiben Sie.

1. Sie wollen nach München fahren und suchen ein Hotel. Sie - nach München - Hotel

2. Sie suchen eine Arbeit als Koch in einem berühmten Hotel._____

3. Ein Freund aus Ihrer Heimat will in Deutschland heiraten. Was braucht er?_____

4. Sie möchten einen Hund. Deshalb suchen Sie Informationen über Hunde._____

5. Sie möchten mit dem Zug von Frankfurt nach Hamburg fahren._____

2 Suchen Sie die richtigen Anzeigen für die Situationen aus Aufgabe 1.

1. [X]
www.schlafgut.de

- Hotels, Pensionen
- weltweit
- mit Preisen und Adressen

[b]
www.zellhotel.de

Zellhotel - Das Hotel in Bayern
• am Fuß der Berge
• Sonderpreise am Wochenende
• nur 1 Autostunde von München

2. [a]
www.intservice.de

Wir suchen ständig
Zimmermädchen,
Mitarbeiter am Empfang
und für die Küche
für große und bekannte Hotels.

[b]
www.jobfüralle.de

Kochen in Alaska?

- gute Bezahlung
- geregelte Arbeitszeiten
- Unterkunft

3. [a]
www.hilfe-dt.de

Leben in Deutschland
Wir helfen bei:
→ Visum
→ Arbeitssuche
→ Wohnungssuche

[b]
www.deut-formular.de

Hier bekommen Sie:
Informationen und Hilfe zum Leben in
Deutschland.

Wohnen   Arbeiten   Eheschließungen

4. [a]
www.hund-imhaus.de

Der Hundedienst

Welcher Hund passt zu Ihnen?

Alle wichtigen Informationen
Adressen

[b]
www.hund_sport.de

Hundesport im Hundeverein
Laufen • Springen • Jagen

Hier kann Ihr Hund so richtig trainieren.

Trainingsmöglichkeiten   Orte

5. [a]
www.wirfahrenmit.de

Der Mitfahrservice

♦ billig reisen im PKW
♦ täglich neue Angebote,
   z. B. Frankfurt – Hamburg für 15 Euro

[b]
www.bahnundinfo.de

Sie fahren – Wir planen

Fahrplan + Tarife
Ticket + Reservierung

➢ In Lesen – Teil 3 lesen Sie 5 Hinweisschilder.
➢ Dazu müssen Sie 5 Aussagen verstehen.
➢ Sind die Aussagen richtig oder falsch ?
➢ Kreuzen Sie an: richtig oder falsch ?

So geht es

1. Sie lesen die Aufgabe.
- *Sie lesen eine Information, wo das Schild ist, zum Beispiel „an der Anmeldung von ...".*
- *Sie lesen das Hinweisschild und die Aussage.*

Am Eingang zum Kaufhaus

Kaufhaus SUPER
Geschäftszeiten
Montag–Freitag: 9.00–19.00 Uhr
Samstag: 9.00–18.00 Uhr

Man kann am Samstag um halb sieben im Kaufhaus einkaufen.

richtig   falsch

---

2. Sie fragen: Wo steht das Schild?
- *Hier steht das Schild am Eingang zu einem Kaufhaus.*

3. Sie suchen die Schlüsselwörter in der Aussage.
- *Das sind hier: Samstag – halb sieben – einkaufen.*

4. Sie suchen auf dem Hinweisschild nach den Schlüsselwörtern aus der Aussage.
- *Dort finden Sie: Kaufhaus – Samstag – 9.00–18.00 Uhr.*
- *Sie vergleichen: Das Kaufhaus ist bis 18.00 Uhr offen. Man kann also nicht bis halb sieben (18.30 Uhr) einkaufen. Die Aussage ist also falsch. Sie machen das Kreuz bei* falsch .
  (Tipp: Machen Sie auch ein Kreuz, wenn Sie die Aufgabe nicht richtig verstehen.)

5. Lösen Sie nun die anderen Aufgaben von Lesen – Teil 3.
  Am Schluss schreiben Sie die Antworten vom Test auf den Antwortbogen.

1 Was passt nicht? Markieren Sie.

1. Am Flughafen: in Urlaub fliegen – Freunde abholen – einen Koffer kaufen

2. Im Kleidergeschäft: eine Hose probieren – Schuhe anschauen – eine Damenjacke kaufen

3. In der Post: Briefe abgeben – fernsehen – Briefmarken kaufen

4. Beim Arzt: warten – eine Krankmeldung bekommen – Medikamente kaufen

5. Am Bahnhof: Sehenswürdigkeiten besichtigen – Tickets kaufen – den Fahrplan lesen

2 Was sind die Schlüsselwörter? Schreiben Sie.

1. Es ist Freitagnachmittag. Sie können in der Bank Geld abheben.

   <u>Freitagnachmittag – Bank – Geld abheben</u>

2. Von Samstag 23.30 Uhr bis Sonntag 5.00 Uhr fährt keine S-Bahn.

   _____

3. Im Restaurant ist das Rauchen verboten.

   _____

4. Das Büro ist wegen eines Betriebsausflugs geschlossen.

   _____

5. Sie möchten für sich und Ihre zwei Kinder eine Fahrkarte nach Köln kaufen.

   _____

6. Hier spielen manchmal Kinder auf der Straße.

   _____

3 Was steht auf den Schildern? Kreuzen Sie an: a oder b?

1.
| **Wir sind im Urlaub!** |
| Ab dem 12. September sind wir wieder da. |

☒ Die Leute haben Ferien.
b Die Leute sind am 12. September nicht da.

2.
| Heute großer Musikabend |
| mit internationalen Gästen |

a Sie können internationale Musik spielen.
b Leute aus dem Ausland spielen am Abend Musik.

3.
| ! Von 20.00–07.00 Uhr |
| Frauenparkplatz ! |

a Hier dürfen nachts nur Frauen das Auto hinstellen.
b Frauen dürfen nur hier parken.

4.
| Im Unterricht |
| ist das Benutzen von Handys verboten. |

a Man kann das Handy nicht ins Klassenzimmer mitnehmen.
b In den Schulstunden darf man nicht telefonieren.

5.
| Heute im 4. Stock – Tiefpreise! |
| Um 50 % reduziert |
| Wintermäntel – Skijacken – Pullover |

a Heute gibt es im 4. Stock alles um 50% billiger.
b Im 4. Stock gibt es preiswerte Winterkleidung.

4 Wo stehen die Schilder aus Aufgabe 3?

1. Im Parkhaus: Schild: <u>3</u>
2. In der Sprachschule: Schild: _____
3. An der Tür vom Arzt: Schild: _____
4. Vor dem Kaufhaus: Schild: _____
5. An der Konzerthalle: Schild: _____

131

> ➢ In Lesen – Teil 1 sehen Sie eine Informationstafel, zum Beispiel im Kaufhaus, oder eine Informationsseite, zum Beispiel aus einer Zeitung.
> ➢ Dazu bekommen Sie 5 Aufgaben.
> ➢ Wo finden Sie was? Bei a , b oder c ?
> ➢ Kreuzen Sie an: a , b oder c ?

So geht es

1. Sie lesen die Situation: Wo sind Sie? Was wollen Sie machen?
- *Hier sind Sie im Kaufhaus Maxi und möchten verschiedene Dinge machen. Auf der Informationstafel sehen Sie, wo Sie was finden.*

Sie sind im Kaufhaus Maxi. Sie möchten verschiedene Dinge machen. Wohin gehen Sie?

Sie möchten einen Freund anrufen. Wohin gehen Sie?

a Tiefgeschoss   b Erdgeschoss   c 4. Stock

---

2. Sie lesen die erste Aufgabe. Was möchten Sie machen?
- *Sie suchen die Schlüsselwörter in der Aufgabe.*
- *Das sind hier: Freund anrufen – wohin.*

3. Sie lesen die 3 Antworten: a , b und c .
- *Wo können Sie den Freund anrufen: im Tiefgeschoss, im Erdgeschoss oder im 4. Stock?*

Kaufhaus Maxi

4. Stock: Dachrestaurant / Toiletten / Telefon / Erste Hilfe / Geschenkservice / Fundbüro

3. Stock: Lampen / Elektrogeräte / Foto / Optik / Radio, TV, HiFi, Video, DVD / Computer

2. Stock: Damenbekleidung / Bademoden / Handtücher & Frottierwaren / Bettwäsche / Nähen & Stoffe

1. Stock: Herrenbekleidung / Kinderbekleidung / Schuhe / Sportbekleidung / Sportartikel / Spielwaren

Erdgeschoss: Lebensmittel / Kosmetik / Putz- und Waschmittel / Glas & Geschirr / Friseur

Tiefgeschoss: Badezimmerzubehör / Schreibartikel / Bilderrahmen / Schmuck / Sonderangebote / Reisebüro

---

4. Sie suchen auf der Informationstafel nach den Schlüsselwörtern.
- *Sie suchen bei den Informationen zu Tiefgeschoss, Erdgeschoss und 4. Stock nach den Schlüsselwörtern von der Aufgabe. Im 4. Stock finden Sie: Telefon.*
- *Von einem Telefon kann man anrufen. Also können Sie im 4. Stock Ihren Freund anrufen. Sie machen das Kreuz bei c . (Tipp: Machen Sie auch ein Kreuz, wenn Sie die Aufgabe nicht richtig verstehen.)*

5. Lösen Sie nun die anderen Aufgaben von Lesen – Teil 1.
   Am Schluss schreiben Sie die Antworten vom Test auf den Antwortbogen.

1 Wohin gehen Sie im Tiefgeschoss vom Kaufhaus Maxi?

1. Sie möchten einen Brief schreiben und brauchen Papier.   zu: <u>Schreibartikel</u>
2. Ihre Ehefrau hat Geburtstag. Sie möchte eine Goldkette.   zu: _____
3. Sie suchen etwas ganz Billiges.   zu: _____
4. Sie möchten im Herbst nach Portugal reisen.   zu: _____
5. Sie möchten einen Seifenhalter aus Metall.   zu: _____
6. Sie möchten ein Bild von Ihrer Familie auf Ihren Schreibtisch stellen.   zu: _____

2 In welchen Stock bringen die Verkäufer diese Sachen?

1. Bananen   <u>Erdgeschoss</u>   6. Herd   _____
2. Blusen   _____   7. Männerjeans   _____
3. Fotoapparate   _____   8. Parfüm   _____
4. Badeanzüge   _____   9. Vergessene Regenschirme   _____
5. Sportschuhe   _____   10. Hotel-Prospekte   _____

3 Was kommt in den 3. Stock? Schreiben Sie die Informationstafel für diesen Stock neu. Benutzen Sie die alten Namen.

Das sagt der Chef: Die Bade- und Geschirrhandtücher sollen in den dritten Stock. Daneben sollen die Schuhe stehen. Auch die Haare kann man sich im dritten Stock schneiden lassen. Frauen machen ihre Kleidung gern selbst, bauen Sie also auch alles zum Nähen dort auf. Natürlich sollen sie ihre Kleider, Röcke und Hosen auch dort finden. Also alles, was Frauen anziehen, bitte dorthin. Und wer kauft den Kindern ihre Spiele? Natürlich ihre Mütter. Also die bitte auch in den dritten Stock.

3. Stock: <u>Handtücher & Frottierwaren /</u> _____
_____

4 Wo kann man im Kaufhaus Maxi das machen?

1. eine CD von Britney Spears kaufen <u>3. Stock: HiFi</u> _____
2. die Hände waschen _____
3. einen Bleistift kaufen _____
4. eine Hose für seine kleine Tochter suchen _____
5. Geschenkpapier bekommen _____
6. einen neuen Fernseher kaufen _____
7. einen Fußball kaufen _____
8. blauen Stoff für eine Jacke bekommen _____
9. Wäsche für das Schlafzimmer finden _____
10. Kaffeetassen und Kaffeeteller kaufen _____

- ➢ In Lesen – Teil 2 lesen Sie einen Zeitungsartikel. Thema: Prominente und ihr Leben.
- ➢ Dazu müssen Sie 5 Aussagen verstehen.
- ➢ Sind die Aussagen richtig oder falsch ?
- ➢ Kreuzen Sie an: richtig oder falsch ?

So geht es

1. Sie lesen den Zeitungsartikel und die Aussage.

Moham Ali ist nicht gesund.   richtig   falsch

Er ist und bleibt der Größte – Moham Ali in Deutschland

Er ist schwer krank und kommt doch von so weit aus den USA nach Deutschland. Moham Ali, die große Sport-Legende, kam als Star-Gast zur Wohltätigkeitsveranstaltung „Ich helfe" nach Hamburg. Er kam, sah und siegte. Warum ist er gekommen? Er will Kindern, die schlecht behandelt werden, helfen.

Und wie hat er das getan? Viele Leute waren nur da, weil sie ihn sehen wollten. Sie haben viel Geld für ihre Eintrittskarten bezahlt. Deshalb war Moham Ali froh. Denn all dieses Geld ist für die Kinder bestimmt. So kann man ihnen helfen.
So hat er viel gelacht an diesem Abend und hat den Gästen sein

neustes Buch über sein Leben vorgestellt. Alle waren begeistert und wissen für immer: Er ist der Größte, eine lebende Legende.

2. Sie suchen die Schlüsselwörter in der Aussage.
   • Das sind hier: Moham Ali – nicht gesund.

3. Sie suchen im Text nach den Schlüsselwörtern aus der Aussage.

Er ist und bleibt der Größte – Moham Ali in Deutschland

<u>Er ist schwer krank</u> und kommt doch von so weit aus den USA nach Deutschland. Moham Ali, die große Sport-Legende, kam als Star-Gast zur Wohltätigkeitsveranstaltung „Ich helfe" nach Hamburg. Er kam, sah und siegte. Warum ist er gekommen? Er will Kindern, die schlecht behandelt werden, helfen.
Und wie hat er das getan? Viele Leute waren nur da, weil sie ihn sehen wollten. Sie haben viel Geld für ihre Eintrittskarten bezahlt. Deshalb war Moham Ali froh. Denn all dieses Geld ist für die Kinder bestimmt. So kann man ihnen helfen.
So hat er viel gelacht an diesem Abend und hat den Gästen sein neustes Buch über sein Leben vorgestellt. Alle waren begeistert und wissen für immer: Er ist der Größte, eine lebende Legende.

   • Dort finden Sie: „Er ist schwer krank". Das heißt: Er ist nicht gesund. Deshalb ist die Antwort richtig. Sie machen das Kreuz bei richtig . (Tipp: Machen Sie auch ein Kreuz, wenn Sie die Aufgabe nicht richtig verstehen.)

4. Lösen Sie nun die anderen Aufgaben von Lesen – Teil 2.
   Am Schluss schreiben Sie die Antworten vom Test auf den Antwortbogen.

1 Sind die Aussagen [richtig] oder [falsch]? Die Schlüsselwörter sind schon unterstrichen.

1. Moham Ali lebt in Deutschland.	richtig	~~falsch~~
2. Er wollte Kinder sehen	richtig	falsch
3. Die Eintrittskarten für das Fest waren teuer.	richtig	falsch
4. Moham Ali hat den Gästen sein Buch geschenkt.	richtig	falsch
5. Die Leute finden Moham Ali toll.	richtig	falsch

Fragen an den Text	Er ist und bleibt der Größte – Moham Ali in Deutschland
Wo wohnt er?	Er ist schwer krank und kommt doch von so weit <u>aus den USA</u> nach Deutschland. Moham Ali, die große Sport-Legende, kam als Star-Gast zur Wohltätigkeitsveranstaltung „Ich helfe" nach Hamburg. Er kam, sah und siegte. Warum ist er gekommen?
Was will er mit den Kindern machen?	<u>Er will Kindern, die schlecht behandelt werden, helfen.</u> Und wie hat er das getan? Viele Leute waren nur da, weil sie ihn sehen wollten. Sie haben <u>viel Geld für ihre Eintrittskarten bezahlt</u>. Deshalb war Moham Ali froh. Denn all dieses Geld ist
Waren die Eintrittskarten teuer?	für die Kinder bestimmt. So kann man ihnen helfen.
Hat Moham Ali den Gästen sein Buch geschenkt?	So hat er viel gelacht an diesem Abend und <u>hat den Gästen sein neustes Buch über sein Leben vorgestellt</u>. <u>Alle waren begeistert</u> und wissen für immer: Er ist der Größte, eine lebende
Finden die Leute Moham Ali toll?	Legende.

2 Suchen Sie die Aussagen im Zeitungsartikel.

1. Moham Ali ist nach Deutschland gereist. <u>Er ... kommt ... nach Deutschland.</u>
2. Man hat Moham Ali zu einer Wohltätigkeitsveranstaltung eingeladen. _____
3. Er hat sich gefreut. _____
4. Er hat über sein Buch erzählt. _____
5. Er ist toll. _____

3 Beantworten Sie die Fragen. Sie müssen keine Sätze machen.

1. Wer war Star-Gast bei „Ich helfe"? <u>Moham Ali</u>
2. Warum sind viele Leute zu der Veranstaltung gekommen? _____
3. Warum war Moham Ali froh? _____
4. Wer soll das Geld von der Veranstaltung bekommen? _____
5. Über was hat Moham Ali ein Buch geschrieben? _____

➢ In Lesen – Teil 3 lesen Sie 5 Situationen.
➢ Dazu bekommen Sie 8 Anzeigen.
➢ Welche Anzeige passt zu welcher Situation?
➢ Notieren Sie den Buchstaben der Anzeige a – h zu der passenden Situation 11–15.
➢ Zu einer Situation finden Sie keine Anzeige. Schreiben Sie dort: x.

So geht es

1. Sie lesen die Aufgabe.

> Sie möchten in ein Mozart-Konzert in Dresden gehen. Sie suchen im Internet nach Karten.

- *Verstehen Sie alles? Was möchten Sie machen?*
- *Sie suchen die Schlüsselwörter.*
- *Das sind hier: Konzert – Mozart – Dresden – Karten.*

2. Sie suchen in den Anzeigen nach den Schlüsselwörtern.
- *Zum Schlüsselwort „Konzert" finden Sie Anzeige b und Anzeige c.*
- *Sie lesen Anzeige b. Wo sind die Schlüsselwörter? In Anzeige b kann man Tickets für Konzerte bestellen. Aber wo ist Mozart? Wer ist Mozart? Der ist doch nicht modern. Mozart ist nicht Pop- oder Rockmusik.*
- *Sie lesen Anzeige c. Da gibt es auch Konzerte. Der Unterschied ist: Man kann Karten für klassische Konzerte bestellen. Was ist klassisch? Beethoven hat keine moderne Musik gemacht. Also hat er klassische Musik gemacht, wie Mozart. Also ist c richtig.*

3. Sie ordnen die Anzeige c der Situation zu.
- *Sie sehen: Sie müssen nicht alle Wörter in den Anzeigen kennen.*

Situation	0	11	12	13	14	15
Anzeige	c					

4. Lösen Sie nun die anderen Aufgaben von Lesen – Teil 3.
   Am Schluss schreiben Sie die Antworten vom Test auf den Antwortbogen.

1 Finden Sie die richtige Anzeige. Machen Sie ein x, wenn Sie keine passende Anzeige finden.

1. Sie essen gern Gemüse und möchten viele Kochrezepte kennen. Anzeige: _f_
2. Ihr Fernseher ist kaputt. Sie suchen einen billigen neuen. Anzeige: _____
3. Ein Freund will wissen, welche Tiere es im deutschen Wald gibt. Anzeige: _____
4. Bekannte wollen mit einem Mietauto durch Deutschland reisen. Anzeige: _____
5. Sie mögen deutsches Bier und wollen mehr darüber wissen. Anzeige: _____

a www.importe-exporte.de

Nahrungsmittel aus aller Welt
- Reis, Nudeln, Gemüse, Obst
- Bier, Wein
Sie finden bei uns einfach alles.
Wir liefern in die ganze Welt.

b www.musikwelt.de

- Tickets und Vorbestellungen für Konzerte
- Pop, Rock, modern
- Überall in der Welt

c www.Musikabende.de

Weltweit die besten Konzerte
Klassisch: von Beethoven bis Schumann

Karten   **Vorbestellungen**

d www.deutscherwald.de

- Zahlen
- Pflanzen- und Tierwelt
- Wanderwege

e www.fahrten_dt.de

Entdecken Sie Deutschland mit dem eigenen Wagen!

Karten
Tipps zu Routen, Sehenswürdigkeiten

☒ www.vegrezepte.de

Gut vegetarisch essen
1001 Kochrezepte für leckere Gemüsegerichte

g www.A-Z.de

Alles was Sie suchen.

Wir vergleichen Preise, nennen
Kaufadressen: ob Auto oder Kühlschrank,
einfach alles von A bis Z.

h www.bier-welten.de

- Geschichte des Biers in Deutschland und weltweit
- Alle heutigen Sorten

2 Sind die Aussagen richtig oder falsch? Kreuzen Sie an.

	richtig	falsch
1. Bei www.importe-exporte.de kann man Bier aus der ganzen Welt kaufen.	~~richtig~~	falsch
2. Bei www.musikwelt.de gibt es Karten für ein Konzert von Madonna.	richtig	falsch
3. Bei www.deutscherwald.de findet man Informationen zu Katzen.	richtig	falsch
4. Bei www.fahrten_dt.de kann ich eine Reise mit meinem Auto planen.	richtig	falsch
5. Bei www.A-Z.de kann ich alle Radioprogramme finden.	richtig	falsch
6. Bei www.bier-welten.de liest man, wann die Leute das erste Bier gemacht haben.	richtig	falsch

Start Deutsch 1 – Schreiben 1
Ein Formular ausfüllen

➤ In Schreiben – Teil 1 von *Start Deutsch 1* müssen Sie ein Formular ausfüllen, zum Beispiel eine Anmeldung, eine Bestellung oder eine Buchung.
➤ Das Formular ist immer für jemand anderes: Sie müssen es also für einen Freund oder einen Kollegen ausfüllen.
➤ Zu dieser Person bekommen Sie einen kurzen Informationstext.
➤ Im Text müssen Sie nach 5 Informationen suchen, zum Beispiel Name, Vorname, Adresse, Alter.

So geht es

1. Sie lesen die Aufgabe.

Ihr Freund Pascal Ardent, 23, möchte sich in einem Fitnessclub anmelden. Er ist ein bisschen dick: Er ist 83 Kilo schwer und er ist 1,73 m groß. Er wohnt in Hamburg. Pascal kann noch nicht gut Deutsch und er bittet Sie um Hilfe.

2. Sie lesen das Formular.
   • Welche Informationen fehlen?
   • Hier sind es: Name – Vorname – Alter – Größe – Gewicht.

Fitness-Club „Schön und Gesund"

Anmeldekarte

(1) Name: _____   Größe: _____ (4)

(2) Vorname: _____   Gewicht: _____ (5)

(3) Alter: _____

Adresse: Keplerstraße 17, 22763 Hamburg

---

3. Sie suchen im Text nach den fehlenden Informationen.
   • Dort steht: „Ihr Freund Pascal Ardent". In Texten sagt man zuerst den Vornamen, dann den Nachnamen. Im Formular heißt es aber bei (1) Name. Das ist der Nachname. Also schreiben Sie bei (1): Ardent. Und bei 2 schreiben Sie den Vornamen: Pascal.
   • Im Text steht: „Pascal Ardent, 23, möchte …". Pascal ist 23 Jahre alt. Sie schreiben bei Alter (3): 23.
   • Dann finden Sie im Formular „Größe" und „Gewicht". Pascal ist 83 Kilo schwer. Sie schreiben also bei Gewicht (5): 83. Pascal ist 1,73 m groß. Sie setzen also bei Größe (4) ein: 1,73.

4. Am Schluss schreiben Sie die Antworten vom Test auf den Antwortbogen.

1 Lesen Sie den Text und ergänzen Sie die fehlenden Informationen im Formular.

Ich bin Deepak Sethi. Ich bin 37 Jahre alt und komme aus Indien. Ich bin in Bangalore geboren. Das ist eine große Stadt im Süden von Indien.

Jetzt wohne ich in Deutschland, in Frankfurt. Aber meine Familie lebt in Indien. Ich habe eine Tochter und zwei Söhne. Meine Frau und meine Kinder fehlen mir sehr. Aber ich habe eine Aufenthaltserlaubnis bis Juni 2005. So lange bleibe ich in Deutschland. Das ist sicher.

Ich habe eine gute Stelle. Ich arbeite bei PPB. Das ist eine Computerfirma. Morgen am 11.12. habe ich Geburtstag. Da mache ich eine kleine Party im Büro. Die Kollegen sind sehr nett.

Ich habe eine kleine Einzimmerwohnung von der Firma in der Ahornstraße 14 in Frankfurt. Meine Handy-Nummer ist 0164/32 14 58 99.

Als Hobby spiele ich Klavier und gehe oft schwimmen. Im Fernsehen schaue ich gern Basketball. Leider kann ich das nicht spielen, mit 1,71 m bin ich dafür zu klein.

Name: _Sethie_	Wohnort: _____
Vorname: _____	Postleitzahl: _65933_
Alter: _____	Straße: _____
Nationalität: _indisch_	Hausnummer _____
Beruf: _Programmierer_	Telefon: _069 / 78129_
☐ männlich / ☐ weiblich	Handy-Nummer: _____
Aufenthaltserlaubnis bis: _____	E-Mail: _DSethi@PPB.de_
	Fax-Nummer: _069 / 78128_
geboren am: _11.12.1967_	Bank: _Stadt-Bank_
Geburtsort: _____	Bankleitzahl: _504 231 44_
Geburtsland: _____	Kontonummer: _12 56 28 67 03_
Familienstand: _verheiratet_	Größe: _____
Zahl der Kinder: _____	Gewicht: _65 kg_
	Augenfarbe: _braun_
Hobbys: _____	

2 Füllen Sie das Formular von Aufgabe 1 mit Ihren Angaben aus.

Name: _____	Wohnort: _____
Vorname: _____	Postleitzahl: _____
Alter: _____	Straße: _____
Nationalität: _____	Hausnummer _____

➢ In Schreiben – Teil 1 von *Start Deutsch 2* müssen Sie ein Formular ausfüllen.

➢ Das Formular müssen Sie für eine andere Person ausfüllen.

➢ Sie bekommen verschiedene kleine Texte, zum Beispiel Informationen über diese Person, ihre Visitenkarte, ihr Visum.

➢ In diesen Texten müssen Sie nach 5 Informationen suchen und so das Formular ausfüllen, zum Beispiel ein Hotel reservieren, eine Reise buchen, ein Zimmer suchen, etwas kaufen.

➢ Manchmal bekommen Sie eine Rechnung und ein Überweisungsformular. Im Überweisungs-formular fehlen 5 Informationen. Die fehlenden Informationen finden Sie in der Rechnung.

So geht es

1. Sie lesen die Aufgabe und die Informationstexte zu der Person.

Ihre Freundin möchte im Internet ein Handy kaufen und bittet Sie um Hilfe. Sie möchte gerne eine Bestätigung von Ihrer Bestellung bekommen. Man weiß ja nie, was passiert.

Kosmetikstudio Beauty

Barbara Gilberto
Kosmetikerin
Auststr. 38
96047 Bamberg
Tel. 0951/56108

Banco de Valencia
Mastercard
Barbara Gilberto
Nr.: 3345 8765 7654 1212
gültig bis: 07/2006

2. Sie lesen das Formular.

Internet-Bestellung

von: Nikea 352 Oi
Preis: 60.00 €   (12 Monate ohne Grundgebür)

(1) Anrede: _____
     Vorname: Barbara
     Nachname: Gilberto
     Straße: Auststr.   Telefonnummer: 0951/56108
     Hausnummer: 38   Fax: 0951/56109
     Postleitzahl: 96047   Mobilfunknummer: -
(2) Ort: _____   E-Mail: PGilberto@oal.de
(3) Land: _____

(4) Bank: _____
     Kreditkartennummer: 3345 8765 7654 1212

(5) Bestell-Bestätigung via E-Mail: ☐ ja   ☐ nein

- *Welche Informationen fehlen?*
- *Hier sind es: (1) Anrede: Ist Barbara eine Frau oder ein Mann?*
  - *(2) Ort: In welcher Stadt wohnt Ihre Freundin?*
  - *(3) Land: In welchem Land lebt Barbara Gilberto im Moment?*
  - *(4) Bank: Wie heißt die Bank Ihrer Freundin?*
  - *(5) Bestell-Bestätigung, ja oder nein: Möchte Ihre Freundin eine Bestell-Bestätigung?*

3. *Sie suchen in den Texten nach den Informationen und finden:*
   - *Barbara ist eine Frau, denn Barbara ist ein Frauenname und auf der Visitenkarte steht: Kosmetikerin. Die Endung -in sagt Ihnen, dass es eine Frau ist. Die Anrede ist also: Frau.*
   - *Sie wohnt in Bamberg.*
   - *Bamberg ist in Deutschland*
   - *Auf der Kreditkarte steht: Banco de Valencia, das ist die Bank.*
   - *In der Aufgabe steht, dass Barbara eine Bestätigung bekommen möchte. Sie machen also das Kreuz bei: ja .*

4. Sie schreiben die Informationen in das Formular.

5. Am Schluss schreiben Sie die Antworten vom Test auf den Antwortbogen.

1 Eine Überweisung ausfüllen. Ordnen Sie zu.

(1) Empfänger	A Wie viel Geld muss man zahlen?	1 — D
(2) Betrag	B Das ist der Name der Bank.	2 —
(3) Verwendungszweck	C Er / Sie zahlt.	3 —
(4) Kontoinhaber	D Er / Sie bekommt das Geld.	4 —
(5) Kundennummer	E Das ist die Nummer Ihres Kontos.	5 —
(6) Rechnungsnummer	F Das ist die Nummer der Bank.	6 —
(7) Bankleitzahl	G Das ist die Nummer auf der Rechnung.	7 —
(8) Kontonummer	H Für was bezahlt man das Geld?	8 —
(9) Kreditinstitut	I Das ist die Nummer, die ein Kunde bei einer Firma hat.	9 —

2 Schreiben Sie in Zahlen.

1. tausend Euro   1000 € _____
2. fünf Euro und dreizehn Cent   _____
3. sieben Euro fünfundneunzig   _____
4. zweihundertvierundfünfzig Euro   _____
5. siebzehn Euro und achtunddreißig   _____
6. sieben Cent   _____
7. einundachtzig Euro fünfundsechzig   _____
8. dreitausendsiebenhunderteinundzwanzig Euro   _____

3 Ihre Nachbarin hatte eine Reparatur an der Waschmaschine. Helfen Sie ihr beim Ausfüllen des Überweisungsformulars.

Hinweis:
Sie müssen nicht alles verstehen, was auf der Rechnung steht. Sie müssen nur 5 Punkte in der Überweisung ergänzen.

WA-GA-SAN GmbH   Bahnhofstraße 58   76137 Karlruhe

Frau
Laura Iglesias
Bismarckstraße 27

76133 Karlsruhe

RECHNUNG   Datum: 23.06.2004
                                                                 Rechnungsnr.: 56 71 76

Laut Auftrag wurde die Waschmaschine instandgesetzt.

Position	Menge	Bezeichnung	Einzelpreis	Gesamt in EUR
1.	1	Trommel	74,00	74,00
2.	2	Schlauch	6,50	13,00
3.	1	Kleinteile	4,30	4,30
4.	1	Kfz-Kosten, Zone 2	9,40	9,40
5.	1	Monteurstunde	40,00	40,00
		Nettosumme		140,70
		zuzüglich 16% Mehrwertsteuer		22,51
		Endsumme		163,21

Handwerkerrechnungen sind nicht skontierfähig. Wir danken für Ihren Auftrag und Ihr Vertrauen.

Bankverbindung: Stern-Bank, BLZ 703 456 78, Konto-Nr.: 23 65 78 90 11

(1)
(2)
(3)
(4)

(5)

Start Deutsch 1 – Schreiben 2
Einen Brief schreiben

➢ In Schreiben – Teil 2 von *Start Deutsch 1* müssen Sie einen Brief, eine Notiz oder eine E-Mail schreiben, zum Beispiel an eine Freundin, einen Kollegen oder eine Nachbarin.
➢ Dazu bekommen Sie 3 Inhaltspunkte.
➢ Mit Hilfe der Inhaltspunkte schreiben Sie den Brief, das heißt: Sie müssen zu den Inhaltspunkten ganze Sätze machen. Der Text muss ca. 30 Wörter haben.
➢ Vergessen Sie nicht die Anrede und den Gruß.

So geht es

1. Sie lesen die Aufgabe.

> Schreiben Sie eine Entschuldigung an die Lehrerin von Ihrem Sohn.
>
> Sagen Sie   - Ihr Sohn kann nicht in die Schule gehen.
>   - Warum er nicht in die Schule gehen kann.
>   - Sie kommen morgen wegen seiner Hausaufgaben.

2. Was ist die Situation? Wem schreiben Sie? Warum schreiben Sie?
*   • Hier: Sie schreiben eine Entschuldigung an die Lehrerin von Ihrem Sohn.*

3. Sie lesen die 3 Inhaltspunkte und formulieren zu allen 3 Inhaltspunkten Sätze, zum Beispiel:
*   • Mein Sohn kann nicht in die Schule gehen.*
*   • Denn er ist krank.*
*   • Ich komme morgen in die Schule und hole seine Hausaufgaben.*

4. Dann schreiben Sie den Brief.
*   • Zuerst schreiben Sie die Anrede.*
*   • Dann schreiben Sie in eine neue Zeile die Sätze zu allen Inhaltspunkten.*
*   • Vergessen Sie nicht die Grüße und die Unterschrift am Ende.*

1 **Hier ist eine Musterlösung für den Brief an die Lehrerin. Ergänzen Sie.**

> Sohn • Hausaufgaben • s̶e̶h̶r̶ • Bett • Schule • Frau • freundlichen • Arzt

> (1) _Sehr_____ geehrte (2) _____ Bucher,
>
> mein (3) _____ Mauro kann nicht in die Schule gehen. Er ist krank und muss im
> (4) _____ bleiben. Das sagt der (5) _____. Ich komme morgen
> in die (6) _____ und hole seine (7) _____.
>
> Mit (8) _____ Grüßen
>
> Silvia Rosso

2 Welche Wörter schreibt man im Deutschen immer groß? Kreuzen Sie an.

[X] Brief, E-Mail (Nomen)

[ ] Schicken, Schreiben (Verben)

[ ] Carlo, Köln, Deutschland (Namen von Personen, Städten, Ländern)

[ ] Sie, Ihr, Ihnen

[ ] Ich

[ ] Du

[ ] nach einem Komma (,)

[ ] am Satzanfang: nach einem Punkt (.), einem Fragezeichen (?) oder einem Ausrufezeichen (!)

[ ] Der, Das, Eine (Artikel)

[ ] Klein, Groß (Adjektive)

3 Zu wem sagt man normalerweise in Deutschland *Sie*, zu wem *du*? Notieren Sie. Manchmal geht auch beides.

Freunde • Fremde • Kollegen • Chef • Verwandte
• Mitarbeiter in Behörden • Arzt • Kinder • Verkäufer • Nachbarn

du: Freunde, _____

Sie: _____

4 Anrede und Gruß. Was benutzt man bei *Sie*, was bei *du*?

Liebe Claudia,
Lieber Herr Aziz,
Sehr geehrter Herr Thomson,
Sehr geehrte Damen und Herren,
Hallo Tom,
Hallo Frau Yasui,

Viele Grüße
Mit freundlichen Grüßen
Bis bald
Alles Gute
Liebe Grüße
Herzliche Grüße

Sie	du
	Liebe Claudia,

5 In den Briefen müssen Sie oft um etwas bitten. Schreiben Sie Bitten.

1. Sie morgen anrufen: a) Rufen Sie mich bitte morgen an!
                          b) Können Sie mich bitte morgen anrufen?

2. Sie am Bahnhof abholen: a) _____
                             b) _____

3. Ihnen die Telefonnummer geben: a) _____
                                     b) _____

4. Ihnen Informationen schicken: a) _____
                                    b) _____

6 Schreib mir bitte! Benutzen Sie die du-Form vom Imperativ.

1. Schreiben Sie mir bitte eine Postkarte aus dem Urlaub!

   <u>Schreib mir bitte eine Postkarte aus dem Urlaub!</u>

2. Teilen Sie mir bitte den Termin mit!

   _____

3. Schicken Sie mir bitte die Tickets!

   _____

4. Notieren Sie bitte den Termin.

   _____

5. Kommen Sie bitte pünktlich.

   _____

7 In Briefen und E-Mails bedankt man sich oft. Bedanken Sie sich.

1. Einladung: a) <u>Vielen / Herzlichen Dank für deine Einladung.</u>

   b) <u>Ich danke dir für die Einladung.</u>

2. Geschenk: a) _____

   b) _____

3. Brief: a) _____

   b) _____

4. Hilfe: a) _____

   b) _____

8 Bedanken Sie sich in der Sie-Form.

1. Ich danke dir für das schöne Buch.

   <u>Ich danke Ihnen für das schöne Buch.</u>

2. Ich danke dir für die Einladung.

   _____

3. Vielen Dank für deine E-Mail.

   _____

4. Herzlichen Dank für deine Hilfe.

   _____

5. Ich danke dir für deine lieben Worte.

   _____

6. Danke, dass du zu mir kommst.

   _____

➢ In Schreiben – Teil 2 von *Start Deutsch 2* müssen Sie einen Brief, eine Mitteilung oder eine E-Mail schreiben, zum Beispiel eine Bitte an eine Freundin oder eine Einladung.

➢ Dazu bekommen Sie 4 Inhaltspunkte, davon müssen Sie 3 Inhaltspunkte auswählen.

➢ Manchmal bekommen Sie die Inhaltspunkte und auch einen Brief zur Information.

➢ Mit Hilfe der Inhaltspunkte schreiben Sie den Brief, das heißt: Sie müssen zu den Inhaltspunkten ganze Sätze machen. Der Text muss ca. 40 Wörter haben.

➢ Vergessen Sie nicht die Anrede und den Gruß.

So geht es

1. Sie lesen die Aufgabe.

Sie werden im Sommer für drei Monate als Sprachstudent nach Freiburg fahren und bei einer Gastfamilie wohnen. Schreiben Sie an Ihre Gastmutter Frau Neuhaus.

- Freizeitprogramme in Freiburg
- Kleidung
- Wetter in Deutschland
- Vom Flughafen abholen

2. Was ist die Situation? Wem schreiben Sie? Warum schreiben Sie?
- *Hier: Sie wollen an einer Schule in Freiburg Deutsch lernen und bei einer Familie wohnen. Frau Neuhaus ist Ihre Gastmutter. Sie schreiben Frau Neuhaus und bitten um Informationen.*

3. Sie lesen die 4 Inhaltspunkte, wählen 3 Inhaltspunkte aus und formulieren dazu Sätze, zum Beispiel:
- *Was kann man in Freiburg in der Freizeit machen?*
- *Welche Kleidung brauche ich?*
- *Wie ist das Wetter in Freiburg?*
- *Kann man mich vom Flughafen abholen?*

4. Dann schreiben Sie den Brief.
- *Zuerst schreiben Sie die Anrede.*
- *Dann schreiben Sie in eine neue Zeile die Sätze zu den 3 Inhaltspunkten.*
- *Vergessen Sie nicht die Grüße und die Unterschrift am Ende.*

So könnte Ihr Brief aussehen:

Sehr geehrte Frau Neuhaus,
Ich habe noch ein paar Fragen. Was kann ich in meiner Freizeit in Freiburg machen? Gibt es Kinos? Und wie ist das Wetter jetzt in Freiburg? Ist es warm?
Ich habe noch eine letzte Frage. Können Sie mich vom Flughafen abholen?

Mit vielen Grüßen

.....

1 Lesen Sie den Brief an Frau Neuhaus. Was ist falsch? Finden Sie noch 4 Fehler.

Liebe Neuhaus,

ich habe noch ein paar Fragen an dich. Welche Kleidung brauche Ich? Ist es warm im Sommer in Freiburg? Müssen Sie mich vom Flughafen abholen?
Ich freue mich auf die Zeit in Freiburg!

Guten Tag!
Liljana Kuznecov

1. <u>Liebe Neuhaus, -> Liebe Frau Neuhaus,</u>
2. _____
3. _____
4. _____
5. _____

2 In Ihrem Briefkasten finden Sie eine Notiz von Ihrer Nachbarin Chalida. Lesen Sie.

Liebe/r ....,

ich brauche deine Hilfe! Ich muss heute bis 22.00 Uhr im Büro bleiben. Kannst du bitte die Kinder um 19.00 Uhr ins Bett bringen. Und kannst du bitte auch die Fahrräder von den Kindern in den Keller stellen und dich um unseren Hund Bingo kümmern.
Bitte schreibe mir eine Notiz, ob alles in Ordnung ist. Dann muss ich dich heute Abend nicht mehr stören. Ich komme sicher sehr, sehr spät!

Tausend Dank!
Deine Chalida

a) Jetzt ist es 20.00 Uhr. Schreiben Sie an Ihre Nachbarin:
   • Was Sie mit den Kindern gemacht haben.
   • Wo die Fahrräder jetzt sind.
   • Was mit dem Hund passiert ist.

b) Ergänzen Sie die fehlenden Buchstaben in der Beispielantwort.

Lie_e_b_e_ Chalida,

al_ _ _ ist o.k.! D_ _ Kinder wa_ _ _ sehr li_ _, Ayse h_ _ mir ei_ _ _ Kuss geg_ _ _ _!
Jetzt schl_ _ _ _ alle sc_ _ _. Die Fahr_ _ _ _ _ sind un_ _ _ im Kel_ _ _, da si_ _ sie
sic_ _ _. Ich ha_ _ Bingo se_ _ Essen gegeben u_ _ bin mit i_ _ spazieren geg_ _ _ _ _.

Bis morgen,
deine Inga

147

3 Schreiben Sie eine Notiz.

a) In Ihrem Briefkasten finden Sie eine Notiz von Ihrem Vermieter. Lesen Sie.

> Sehr geehrter Herr Gallo,
>
> ich habe gehört, dass Ihre Heizung kaputt ist. Morgen Vormittag, also am 10.09., kommt ein Handwerker. Er kann die Heizung reparieren.
>
> Viele Grüße
> Otto Richter

b) Sie sind am 10.09. nicht zu Hause. Schreiben Sie Ihrem Nachbarn Mario eine Notiz: Er soll dem Handwerker bitte die Tür öffnen, wenn er kommt.

Schreiben Sie: - Was Sie morgen machen.
                     - Was Mario für Sie tun soll.
                     - Bedanken Sie sich bei Mario.

Lieber Mario, _____

_____

_____

c) Lesen Sie die Notiz an Mario. Was ist falsch? Finden Sie noch 6 Fehler.

> ~~Liebe~~ Mario,
>
> seine Heizung ist kaputt. Morgen kommen ein Handwerker. Er kann Sie reparieren. Ich kann aber nicht hier sein, weil ich muss arbeiten. Darfst du ihm bitte die Tür öffnen?
>
> Ich danke dich.
> Dein Roger

1. liebe -> lieber _____
2. _____
3. _____
4. _____
5. _____
6. _____
7. _____

4 Schreiben Sie eine kurze E-Mail an Ihre Freundin Alexandra aus Kolumbien.

Schreiben Sie
- Sie können ihr morgen nicht die Stadt zeigen.
- Sagen Sie, warum.
- Fragen Sie, wann sie Zeit für eine Stadtbesichtigung hat.

Liebe Alexandra, _____

_____

_____

_____

5 Lesen Sie die E-Mail an Alexandra. Was ist falsch? Finden Sie noch 4 Fehler.

E-MAIL

Liebe Alexandra,
Sie können ihr morgen nicht die Stadt zeigen. Ich krank.
Wann haben Sie noch Zeit?
Deine

1. Sie können -> ich kann _____
2. _____
3. _____
4. _____
5. _____

6 Welche Sätze passen zu Fannys Brief, welche zu Juans Brief? Ordnen Sie.

Ich bin Ingenieur und komme aus Argentinien.
Ich bin Lehrerin und komme aus Belgien.
Ich habe in Buenos Aires studiert.
Ich habe Sprachen studiert.
Jetzt bin ich in Chemnitz, ich möchte hier noch Maschinenbau studieren.
Ich möchte ein Praktikum an einer deutschen Schule machen.
Nach meinem Studium möchte ich für eine deutsche Firma in Argentinien arbeiten.
Denn ich finde es wichtig, eine Sprache gut zu kennen.
Sonst können die Schüler nichts von mir lernen.
Mit guten Deutschkenntnissen kann ich dann mit meinen deutschen Arbeitskollegen sprechen.

Fanny: Ich bin Lehrerin und komme aus Belgien. _____

Juan: Ich bin Ingenieur und komme aus Argentinien. _____

- In Sprechen – Teil 1 müssen Sie sich vorstellen, das heißt: Sie erzählen etwas über sich.
- Dazu bekommen Sie ein Blatt mit einigen Fragen als Stichwörtern.
- Sie müssen auch etwas buchstabieren, zum Beispiel Ihren Namen, Ihre Straße.
- Sie müssen auch Zahlen nennen, zum Beispiel Ihre Telefonnummer.

So geht es

1. Sie bekommen ein Blatt mit Fragen. Sie wählen 5 Fragen aus und machen zu den Fragen Sätze.
   - Name? → Mein Name ist .../Ich heiße ...
   - Alter? → Ich bin ... Jahre alt.
   - Land? → Ich komme aus .../Ich bin ...
   - Wohnort? → Ich wohne in ...
   - Sprachen? → Ich spreche .../Ich kann ...
   - Beruf? → Ich bin ... von Beruf./Ich bin Schüler/in./Ich bin Student/in.
   - Hobby? → Mein Hobby ist .../Ich ... gern.

2. Sie stellen sich mit diesen Sätzen vor.
   - Eine Vorstellung kann so aussehen:
     Ich heiße Iskra Kolev.
     Ich komme aus Bulgarien.
     Ich spreche sehr gut Englisch und ein bisschen Deutsch.
     Ich bin Ärztin von Beruf.
     Mein Hobby ist Lesen.

3. Dann fragt Sie der Prüfer etwas.
   - Er fragt, z. B.: Wo wohnen Sie?
   - Sie antworten, z. B.: In Kelkheim.
   - Der Prüfer sagt: Können Sie das bitte buchstabieren.
   - Sie buchstabieren: K–E–L–K–H–E–I–M.

4. Dann kommt die 2. Frage, da müssen sie eine Zahl nennen.
   - Zum Beispiel fragt der Prüfer nach der Postleitzahl.
   - Da müssen Sie die einzelnen Zahlen sagen, also: 6–5–7–7–9.

1 Welches Wort fehlt?

1. Mein Name _ist_____ Bela Magyar.
2. Ich _____ 24 Jahre alt.
3. Ich _____ aus Ungarn.
4. Jetzt _____ ich in Köln.
5. Ich _____ Ungarisch, Englisch und Russisch.
6. Ich _____ noch keinen Beruf, ich studiere noch.
7. Meine Hobbys _____ Sport und Kochen.

2 Buchstabieren Sie.

1. Ihren Namen: _____

2. Ihren Vornamen: _____

3. Ihre Straße: _____

3 Sich vorstellen. Was passt nicht? Markieren Sie.

1. Romano – Maria – Andrej – Timothy – (Kairo)

2. Peru – Türkei – Iran – Englisch – Indien

3. Thailand – Bogota – Peking – Kalkutta – Moskau

4. Deutsch – Englisch – Frankreich – Russisch – Chinesisch

5. Lehrer – Reiseführer – Taxifahrerin – Tourist – Verkäuferin

6. Fußball spielen – Bus fahren – wandern – lesen – schwimmen

4 Ordnen sie zu.

1 Ich lese gern und höre gern Musik.		A	Alter	1	F
2 Ich bin 33 Jahre alt.		B	Land	2	
3 Ich kann ein bisschen Deutsch.		C	Beruf	3	
4 Ich bin bei der Polizei.		D	Name	4	
5 Jetzt lebe ich in Kiel.		E	Sprachen	5	
6 Ich komme aus Irland.		F	Hobby	6	
7 Ich bin Dorothy Miller.		G	Wohnort	7	

5 Welche Sätze bedeuten das Gleiche? Ordnen Sie zu.

1 Ich bin Samir Jemmali.		A	Ich lebe jetzt in Kassel.	1	C
2 Ich komme aus Tunesien.		B	Ich bin aus Tunesien.	2	
3 Ich spreche Arabisch und Französisch.		C	Ich heiße Samir Jemmali.	3	
4 Ich wohne jetzt in Kassel.		D	Ich fahre Bus.	4	
5 Ich bin Busfahrer.		E	Ich bin 21 Jahre alt.	5	
6 Ich schwimme gern und spiele Fußball.		F	Ich kann Arabisch und Französisch.	6	
7 Ich bin 21.		G	Meine Hobbys sind Fußball spielen und schwimmen.	7	

6 Schreiben Sie die Zahlen.

1. 70183 (7–0–1–8–3): sieben – null –eins –acht – drei _____

2. 0631 (0–6–3–1): _____

3. 30021 (30–0–21): _____

4. 89001 (89–0–0–1): _____

> ➤ In Sprechen – Teil 2 möchten Sie etwas von einem anderen wissen und jemand will etwas von Ihnen wissen. Das heißt: Sie bitten um Informationen und Sie geben Informationen.
> ➤ Dazu bekommen Sie 2 Karten zu 2 unterschiedlichen Themen. Die Themen sind aus Ihrem Alltag, zum Beispiel Familie, Wohnen, Essen und Trinken, Familie.
> ➤ Auf den Karten stehen Wörter. Sie machen zu den Wörtern Fragen. Für Ihre Fragen müssen Sie die W-Wörter nehmen, zum Beispiel wann, was, warum, wie, wo, wohin.

So geht es

1. *Sie nehmen eine Karte und lesen darauf das Thema und das Wort.*
   - *Das Thema ist „Hobby". Auf Ihrer Karte steht „Fußball". Sie sollen also eine Frage zu „Fußball" stellen.*

> **Thema: Hobby**
>
> ## *Fußball*

2. *Zu der Karte müssen Sie eine Frage stellen und so einen anderen um eine Information bitten.*
   - *Was passt zu „Fußball"? Was kann man da fragen: Wann …? Warum …? Wo …?*

3. *Sie sprechen mit Ihrem Nachbarn.*
   - *Sie fragen Ihren Nachbarn, z. B.: Wann spielst du Fußball?*
   - *Ihr Nachbar antwortet, z. B.: Nach der Arbeit.*

4. *Dann nimmt Ihr Nachbar eine Karte und spricht mit dem nächsten Teilnehmer.*
   - *Ihr Nachbar fragt, z. B.: Was liest du gern?*
   - *Der nächste Teilnehmer antwortet, z. B.: Ich lese gern Zeitung.*

> **Thema: Hobby**
>
> ## *Lesen*

5. *Sie sind 4 Teilnehmer in der Prüfung. Alle fragen sich im Kreis. Am Ende fragt der 4. Teilnehmer Sie und Sie antworten.*

6. *Es gibt 2 Themen in Sprechen – Teil 2. Das heißt: Jetzt kommt das Gleiche mit einem neuen Thema, zum Beispiel „Wohnen". Also fragt jeder 2-mal und antwortet 2-mal.*

> **Hinweis:**
> *Benutzen Sie immer ein anderes Fragewort als die Person vor Ihnen! Also nicht, z. B: 1. Wer …? 2. Wer …? → Immer so, z. B.: 1. Wer …? 2. Wie …?*

1 Welche Fragewörter mit W kennen Sie? Schreiben Sie.

Wer?, _____

_____

2 Thema *Wohnen*: Die Fragen zur Karte *Schrank* sind leider kaputt. Ordnen sie zu.

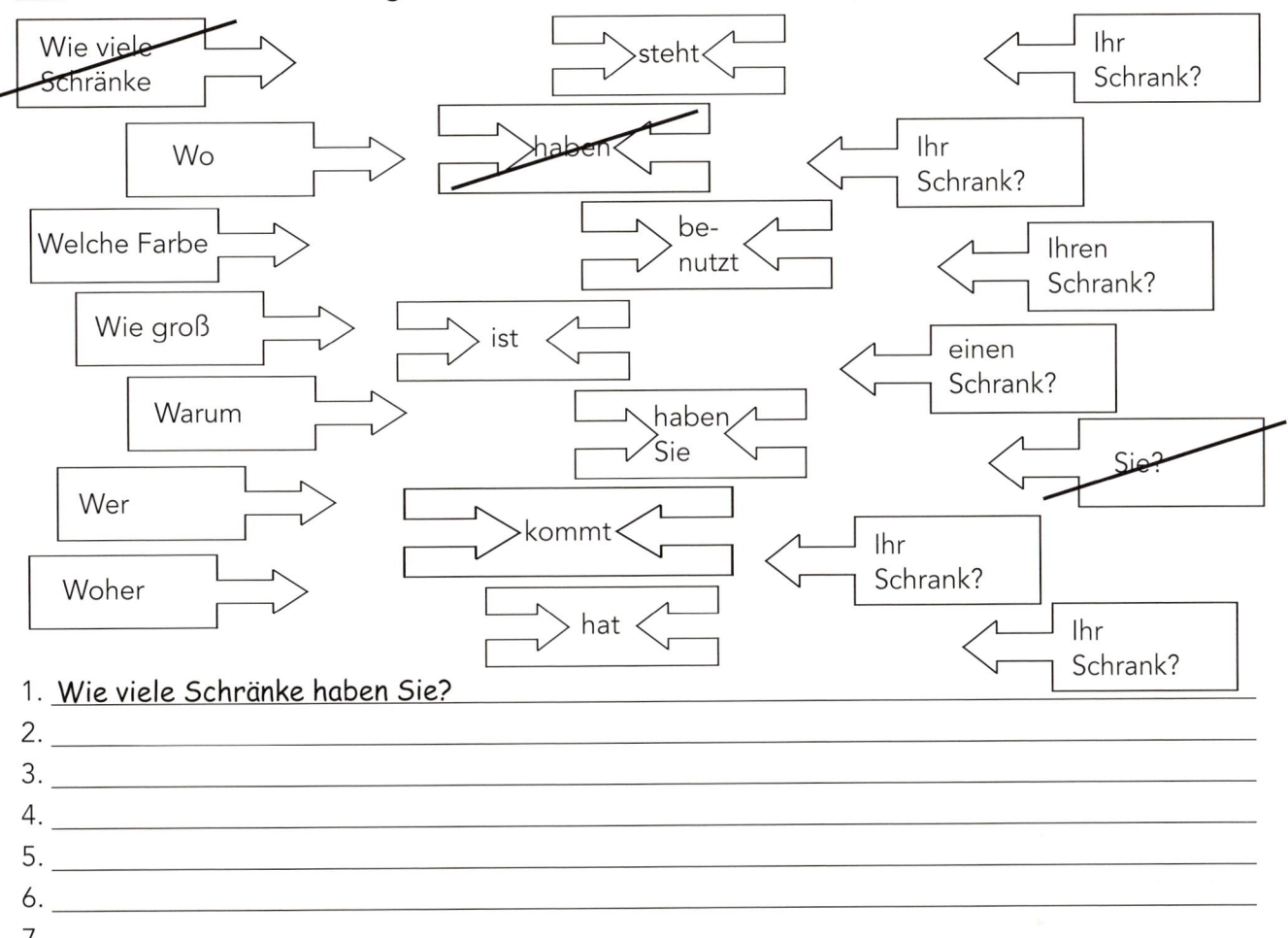

1. <u>Wie viele Schränke haben Sie?</u>
2. _____
3. _____
4. _____
5. _____
6. _____
7. _____

3 Welche Wörter passen zu welchen Themen? Ordnen Sie immer noch 5 Wörter zu.

Einkaufen	Essen und Trinken	Wohnen	Urlaub	Freizeit	Arbeit
Verkäufer	Milch	Hausfrau	Gepäck	Restaurant	Aufgabe

Aufgabe   Fahrkarte   Halbpension   Kreditkarte   Museum   Schwimmen
Bad   Firma   Hausfrau   Küche   Party   Sofa
Beruf   Fußball spielen   Hotel   Kuchen   Pass   Teller
Brot   Gepäck   Job   Miete   Praktikum   Tisch
Chef   Geschäft   Kiosk   Milch   Prospekt   Verein
Durst   Größe   Kleider   Mittagessen   Restaurant   Verkäufer

➢ In Sprechen – Teil 3 möchten Sie etwas von einem anderen haben und ein anderer will etwas von Ihnen haben. Das heißt: Sie bitten um etwas und Sie antworten auf eine Bitte.

➢ Dazu bekommen Sie 2 Karten. Die Themen sind aus Ihrem Alltag, zum Beispiel Familie, Wohnen, Essen und Trinken, Familie.

➢ Auf den Karten sind Bilder. Sie formulieren zu den Bildern Bitten.

So geht es

1. *Sie nehmen eine Karte und sehen darauf ein Bild,*
   z. B. eine Tasse Kaffee.

2. *Zu der Karte müssen Sie eine Bitte formulieren.*
   Welche Bitten kann man da formulieren, z. B.:
   • *Kann ich bitte einen Kaffee haben?*
   • *Kann ich bitte noch eine Tasse Kaffee bekommen?*
   • *Kann ich bitte Milch und Zucker haben?*

3. *Sie sprechen mit Ihrem Nachbarn.*
   • *Sie bitten Ihren Nachbarn, z. B.: Kann ich bitte noch eine Tasse Kaffee haben?*
   • *Ihr Nachbar antwortet, z. B.: Aber gern. Bitte sehr!*

4. *Dann nimmt Ihr Nachbar eine Karte, z. B. mit einer Uhr, und*
   spricht mit dem nächsten Teilnehmer.
   • *Ihr Nachbar bittet, z. B.: Wie viel Uhr ist es bitte?*
   • *Der nächste Teilnehmer antwortet, z. B.: Es ist jetzt neun Uhr.*

5. *Sie sind 4 Teilnehmer in der Prüfung. Alle fragen sich im Kreis.*
   Am Ende bittet der 4. Teilnehmer Sie um etwas und Sie antworten.

6. *Sie bekommen 2 Karten in Sprechen – Teil 3. Also jeder bittet 2-mal um etwas und antwortet*
   2-mal auf eine Bitte.

1 **Bitten. Bringen Sie die Satzteile in die richtige Reihenfolge.**

1. haben / Kann / ich / bitte / ein Glas Saft / ? <u>Kann ich bitte ein Glas Saft haben?</u>
2. Wie / komme / bitte / zum Bahnhof / ich / ? _____
3. du / Gibst / bitte / das Salz / mir / ? _____
4. das Radio / Mach / bitte / leiser / ! _____
5. Kartoffeln / Darf / mir / noch / ich / nehmen / ? _____
6. mitnehmen / Kannst / im Auto / mich / du / ? _____
7. dein Wörterbuch / ich / benutzen / Kann / ? _____
8. Bring / bitte / Bananen / mit / ! _____

154

2 Sie wollen etwas haben. Machen Sie Sätze mit *du* oder *Sie*.

1. Ein Freund soll Ihnen ein Brötchen geben. <u>Gib mir bitte ein Brötchen!</u>
2. Der Friseur soll Ihre Haare kurz schneiden. <u>Schneiden Sie bitte meine Haare kurz!</u>
3. Ihr Kind soll eine andere Hose anziehen. _____
4. Der Lehrer soll lauter sprechen. _____
5. Der Taxifahrer soll zum Bahnhof fahren. _____
6. Ihre Schwester soll das Fenster aufmachen. _____

3 Bitten. Sagen Sie es höflicher. Ordnen Sie zu.

① Gib mir bitte die Zeitung!
② Sprechen Sie bitte nicht so schnell!
③ Geben Sie mir bitte Feuer!
④ Nimm noch etwas Fleisch!
⑤ Seid leise!

A	Haben Sie vielleicht Feuer für mich?
B	Kannst du mir bitte die Zeitung geben?
C	Könnt Ihr bitte leise sein?
D	Können Sie bitte langsam sprechen?
E	Möchtest du noch etwas Fleisch?

1	B
2	
3	
4	
5	

4 Bitten. Welche Sätze passen nicht? Markieren Sie.

1. Mein Auto ist kaputt. Kannst du mir helfen?
2. Kannst du bitte mein Auto reparieren?
3. ~~Kaufst du dir ein neues Auto?~~

4. Kann ich diese CD hören?
5. Magst du diese CD?
6. Kann ich die CD bis Montag mit nach Hause nehmen?

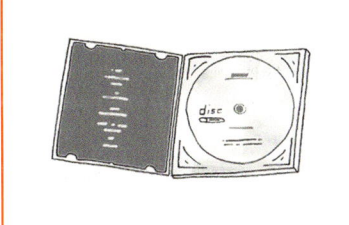

7. Hast du ein Telefon?
8. Darf ich mal dein Telefon benutzen?
9. Kann ich mal telefonieren?

10. Ich habe Durst. Hast du Wasser?
11. Soll ich Wasser kaufen?
12. Kann ich ein Glas Wasser haben?

Start Deutsch 2 – Sprechen 1
Sich vorstellen

➢ In Sprechen – Teil 1 müssen Sie sich vorstellen, das heißt: Sie erzählen etwas über sich.
➢ Dazu bekommen Sie wie bei *Start Deutsch 1* ein Blatt mit einigen Fragen als Stichwörtern.
➢ Sie müssen auch 2 Fragen beantworten.

So geht es

1. *Sie bekommen ein Blatt mit Fragen. Sie machen zu allen Fragen Sätze.*
   - *Name? → Mein Name ist .../Ich heiße ...*
   - *Alter? → Ich bin ... Jahre alt.*
   - *Land? → Ich komme aus .../Ich bin ...*
   - *Wohnort? → Ich wohne in ...*
   - *Sprachen? → Ich spreche .../Ich kann ...*
   - *Beruf? → Ich bin ... von Beruf./Ich bin Schüler/in./Ich bin Student/in.*
   - *Hobby? → Mein Hobby ist .../Ich ... gern.*

2. *Sie stellen sich mit diesen Sätzen vor.*
   - *Eine Vorstellung kann so aussehen:*
     Guten Tag, mein Name ist Jong Don Choi. Ich komme aus Korea.
     Ich bin 19 Jahre alt. Ich bin Student.
     Im Moment wohne ich in München.
     Ich kann Koreanisch, Englisch, ein bisschen Chinesisch und ein bisschen Deutsch.
     In meiner Freizeit höre ich gern Musik und spiele oft Tennis.

3. *Dann fragt Sie der Prüfer etwas.*
   - *Er fragt, z.B.: Was studieren Sie?*
   - *Sie antworten, z.B: Ich studiere Informatik.*
   - *Der Prüfer stellt die zweite Frage, z.B.: Wie lange sind Sie in Deutschland?*
   - *Sie antworten, z.B: Einen Monat, ich mache einen Sommersprachkurs.*

1 Wo machen Sie was? Wie heißen die Antworten?

① Wo wohnen Sie?		Ⓐ In Lima.		1	D
② Wo sind Sie geboren?		Ⓑ An der Universität in Köln.		2	
③ Wo studieren Sie?		Ⓒ Bei IBM.		3	
④ Wo arbeiten Sie?		Ⓓ In Bonn.		4	

2 Da arbeiten die Leute. Ergänzen Sie.

1. Thomas arbeitet __an__ der Volkshochschule.

2. Frau Schneider arbeitet _____ einer Computerfirma.

3. Gabi arbeitet _____ Fernsehen.

4. Der Freund von Gabi arbeitet _____ Krankenhaus.

5. Herr Vogel arbeitet _____ Opel.

6. Professor Tilly arbeitet _____ der Universität.

> bei • an
> • im • bei
> • an • beim

➢ In Sprechen – Teil 2 führen Sie ein Alltagsgespräch über ein Thema. Das heißt: Sie bitten Ihren Prüfungspartner um Informationen, Ihr Partner antwortet Ihnen und stellt Ihnen eine Frage.

➢ Die Themen sind aus Ihrem Alltag, zum Beispiel Tagesablauf, Einkaufen, Wochenende, Hobby.

➢ Jeder bittet um 3 Informationen und gibt 3 Informationen.

➢ Dazu wählen Sie 3 Karten: 2 Karten mit Fragen, 1 Karte nur mit Fragezeichen. Diese Karte ist ein Joker.

So geht es

1. Sie nehmen eine Karte und lesen darauf das Thema und die Frage.
  • Das Thema ist „Einkaufen". Sie bekommen das Fragewort „Wo?"
  Sie machen also eine Frage zum Thema „Einkaufen" mit „Wo?".

Thema: Einkaufen
Wo ...?

2. Sie sprechen mit Ihrem Prüfungspartner.
  • Sie fragen Ihren Partner, z.B.: Wo kaufen Sie ein?
  • Ihr Partner antwortet, z.B.: Immer im Supermarkt.

Thema: Einkaufen
Wer ...?

3. Dann nimmt Ihr Partner eine Karte und fragt Sie.
  • Ihr Partner fragt, z.B.: Wer kauft bei Ihnen ein?
  • Sie antworten, z.B.: Meistens ich.

Thema: Einkaufen
Haben Sie ...?

4. Dann fragen Sie wieder Ihren Partner.
  • Sie fragen, z.B.: Haben Sie oft Zeit zum Einkaufen?
  • Ihr Partner antwortet, z.B.: Nein, nur am Wochenende.

5. Sie stellen Ihrem Partner also 3 Fragen und er stellt Ihnen 3 Fragen.

1 **Du** oder **Sie** in der Prüfung? Was passt nicht? Kreuzen Sie an.

1. Der Prüfer fragt Sie:
  ☒ Wo wohnst du?
  b In welcher Firma arbeiten Sie?

2. Sie fragen Ihren Partner in der Prüfung. Sie kennen ihn nicht:
  a Was machen Sie am Wochenende?
  b Wie groß ist deine Wohnung?

3. Ihr Partner in der Prüfung ist Ihr Freund:
  a Warum ist Ihr Auto in der Werkstatt?
  b Wie oft gehst du ins Kino?

➤ In Sprechen – Teil 3 sollen Sie und Ihr Prüfungspartner zusammen etwas planen.
➤ Sie müssen zum Beispiel einen Termin finden, der Ihnen und Ihrem Partner passt. Oder Sie müssen zusammen überlegen, was Sie bei einem Ausflug machen wollen.
➤ Dazu bekommen Sie und Ihr Partner Blätter mit verschiedenen Informationen, zum Beispiel unterschiedliche Terminkalender oder unterschiedliche Vorschläge, was man machen könnte.

So geht es

1. Sie und Ihr Partner bekommen jeder ein Blatt mit unterschiedlichen Informationen.
   • Hier: Sie haben beide Geburtstag. Sie wollen zusammen Geburtstag feiern. Jeder von Ihnen hat andere Ideen. Machen Sie Vorschläge und finden Sie eine Lösung.

Kandidat A	Kandidat B
• im Garten grillen • alle Freunde zum Frühstück einladen • einen Ausflug mit dem Schiff machen Warum? / Wie teuer? / Wann?	• eine große Party feiern • mit zwei sehr guten Freunden essen gehen • einen Ausflug an einen See machen Warum? / Wie teuer? / Wann?

2. Sie lesen die Vorschläge auf Ihrer Karte. Sie finden auch oft Hinweise, die Ihnen helfen, über die Vorschläge zu reden. Hier:
   • Warum wollen Sie etwas machen? Was finden Sie gut?
   • Ist etwas günstig oder teuer?
   • Wann kann man etwas machen? Haben Sie dazu Zeit?

3. Sie lesen das Blatt und überlegen: Was möchte ich an meinem Geburtstag machen?
   • Dann fragen Sie Ihren Partner, z. B.: Wir wollen doch am Samstag zusammen unseren Geburtstag feiern. Es ist so schönes Wetter. Ich möchte deshalb gern im Garten grillen. Hast du Lust?

4. Ihr Partner liest sein Blatt. Was möchte er an seinem Geburtstag machen? Ihr Partner macht einen anderen Vorschlag.
   • Er antwortet, z. B.: Der Garten ist doch so klein, da können wir nur wenige Freunde einladen. Ich möchte lieber eine große Party machen mit allen Freunden.

5. Überlegen Sie weiter und finden Sie eine Lösung, z. B.:
   • Sie: Wir feiern doch so oft Partys. Lass uns mal was anderes machen. Wir können doch alle Freunde zum Frühstück einladen.
   • Ihr Partner: Zum Frühstück!? Da muss ich ja früh aufstehen. Nein, das geht nicht. Wir können doch einen Ausflug machen. Was denkst du?
   • Sie: Das finde ich eine gute Idee. Wollen wir am Samstagnachmittag einen Ausflug mit dem Schiff machen, auf die andere Seite zum See.
   • Ihr Partner: Mit dem Schiff? Nein, das ist zu teuer. Aber wir können doch alle an den See fahren. Wir können dort schwimmen und Essen und Trinken nehmen wir auch mit.
   • Sie: Das ist eine gute Idee, das machen wir. Jetzt müssen wir nur noch alle informieren.

1 Boris und Thea wollen zusammen Tennis spielen. Was sagen Sie? Ordnen Sie das Gespräch.

8	Zahnarzt, ohjee!!		8	
9	Uni		9	
10			10	
11			11	Einkaufen fürs Wochenende
12			12	Mittagessen bei Lina
13	Lernen bei Dragan		13	
14			14	
15			15	
16			16	Auf Baby von Susanne aufpassen
17	mit Jan Fahrrad reparieren		17	
18			18	Englischkurs, bis halb acht
19	Kochen mit Mariella und Tom		19	
20			20	Kino
21			21	

(1) Hallo Thea, ich bin´s, Boris.

(2) Was hältst du davon, wenn wir morgen zusammen Tennis spielen?

(3) Ich auch, aber ich hätte von elf bis eins Zeit. Könntest du da?

(4) Mhmm, das ist schlecht.

(5) Das geht bei mir nicht. Um acht muss ich zum Zahnarzt und von neun bis halb elf muss ich an die Uni.

(6) Ja, also, ich lerne von eins bis zwei mit Dragan für die Prüfung, danach habe ich erst wieder um fünf etwas.

(7) Aber klar doch. Toll, dann treffen wir uns um zwei?

(8) Am besten treffen wir uns direkt auf dem Tennisplatz.

(9) Ich auch, bis dann. Tschüss!

A Fein, also dann bis zwei. Ich freue mich.

B Aber sag mal, wir könnten uns doch gleich um acht oder halb neun treffen.

C Hallo Boris! Schön, dass du anrufst. Was gibt es denn?

D Wann könntest du am Nachmittag?

E Tolle Idee, wir haben schon lange nicht mehr zusammen gespielt. Aber morgen habe ich viel zu tun.

F Ach, das ist schlecht. Da will ich für das Wochenende einkaufen. Und um zwölf esse ich bei Lina.

G Tschüss!

H Ach, das ist gut. Ich muss um vier zu Susanne. Da hätten wir Zeit von zwei bis vier. Ist das genug?

I Ja, und wo?

1	C
2	
3	
4	
5	
6	
7	
8	
9	

2 Sagen Sie es höflicher. Ordnen sie zu.

(1) Was willst du?

(2) Wer hilft mir?

(3) Wann können Sie kommen?

(4) Hast du um 11.00 Uhr Zeit?

(5) Ich will ins Kino gehen.

A Wer könnte mir helfen?

B Hättest du um 11.00 Uhr Zeit?

C Ich würde gern ins Kino gehen.

D Was möchtest du?

E Wann könnten Sie kommen?

1	D
2	
3	
4	
5	

Start Deutsch 1

Start Deutsch 1 – Hören 1: Gespräche hören

Beispiel

Frau: Oh, Sie sind aber groß. Das sind doch mindestens 1,95 Meter.

Mann: Nein, so lang bin ich doch nicht. Aber mein Vater ist 1,98. Ich bin leider nur 1,91.

1. Welche Zahl hören Sie? Kreuzen Sie an: a oder b?

1. 72 2. 65 3. 83 4. 598 5. 432 6. 697 7. 876 8. 1967 9. 100.000 10. 1.200.000

2. Welche Zahl hören sie nicht? Markieren Sie.

17 ● 90 ● 102 kg ● 150 ● 345 ● 12 ● 31
● 89 m ● 564 ● 67 ● 3,5 m ● 25 ● 450 g
● 57 km ● 2980 ● 43 mm ● 4,5 l ● 1005 ● 75%
● 18 ● 81 cm

3. Welche Jahreszahl hören Sie? Schreiben Sie.

1. Amerika wurde 1492 entdeckt.
2. Berlin ist seit 1990 wieder die Hauptstadt von Deutschland.
3. 1522 hat Luther die Bibel übersetzt.
4. 1789 war die französische Revolution.
5. Das erste Auto gab es 1885.
6. 2000 hat ein neues Jahrtausend begonnen.
7. Im Winter 1974 war es sehr kalt.
8. Der Euro kam 2002.
9. Die Berliner Mauer ist 1989 gefallen.
10. Der erste Mensch ist 1968 auf dem Mond gelandet.

4. Was hören Sie? Kreuzen Sie an: a, b oder c?

Gespräch 1

Katja: Mensch, Rudi, was hast du denn da in der Tasche. Das sind ja mindestens zehn Kilo Orangen.

Rudi: Na, du weißt doch, Helena ist krank. Sie braucht Vitamine. Mit einem halben Pfund brauche ich erst gar nicht nach Hause zu kommen. Also bringe ich ihr einen Zwei-Kilo-Beutel mit.

Gespräch 2

Arno: Yüksel, ich muss dich unbedingt heute Abend sehen. Es gibt Probleme.

Yüksel: Warte mal, ich muss bis sechs arbeiten, dann kann ich um halb sieben wieder hier sein.

Arno: Geht es nicht schon um Viertel nach sechs. Es ist sehr dringend.

Yüksel: Tut mir Leid, das geht wirklich nicht.

Arno: Also gut, dann eben halb sieben.

Gespräch 3

Empfangsdame: Guten Abend, was kann ich für Sie tun?

Gast: Ich brauche ein Zimmer, für eine Nacht.

Empfangsdame: Warten Sie, ich schaue mal. Also die 118 ist weg, die 215 ist frei, und die 216 auch. Das ist allerdings ein Doppelzimmer.

Gast: Nein, ich will ein Einzelzimmer.

Empfangsdame: Gut, dann das Zimmer 215. Wie ist Ihr Name bitte?

Gespräch 4

Frau Schneider: Ja, guten Tag, Frau Meier, Sie sehen ja toll aus. In den Wald wollen Sie doch wohl bestimmt nicht?

Frau Meier: Ach wissen Sie, ich fahre doch jeden Dienstag in die Stadt. Hier im Dorf kann ich ja nicht alles bekommen. Da ist die Stadt schon besser. Da kann ich alles kaufen.

Frau Schneider: Na dann, viel Spaß.

Gespräch 5

Herr Schultz: Hallo Herr Müller, so lange nicht gesehen. Das ist bestimmt schon 10 Jahre her.

Herr Müller: Ja, bestimmt.

Herr Schultz: Gut sehen Sie aus.

Herr Müller: Ach, zu dick bin ich, viel zu dick.

Größe 48 hatte ich früher und jetzt bin ich bei 54. Schrecklich!

Herr Schultz: Na, so schlimm ist das doch nicht. Wir werden alle älter.

Gespräch 6

Maria: Peter, bist du schon da?

Peter: Ja, und ich war schon einkaufen. Hab auch alles bekommen. Die Sahne war sehr billig, aber der Salat war teuer.

Maria: Und wo ist das Salz?

Peter: Oh je, das hab ich vergessen.

Gespräch 7

Kunde: Was kostet denn der Mantel hier.

Verkäuferin: Der hier, Größe 52?

Kunde: Ja, der gefällt mir gut.

Verkäuferin: Da haben Sie Glück. Der kostet jetzt nur noch 129 Euro. Letzte Woche war er noch bei 149 Euro.

Kunde: Kann ich ihn mal anziehen?

Gespräch 8

Bella: Andrea, jetzt fährt kein Bus mehr, komm, wir bringen dich mit dem Auto nach Hause.

Andrea: Nee, lass mal, Ihr habt doch Bier getrunken. Ich nehm lieber ein Taxi.

Bella: Wie du willst, dann bis Montag.

Gespräch 9

Susi: Du hast es gut, du hast heute frei.

Chris: Ach, ich habe aber viel zu tun. Zuerst der Kindergarten wegen unserem Tim …

Susi: Da brauchst du nicht mehr hin. Da war ich gestern schon, auch in der Schule.

Chris: Ich habe doch eine tolle Frau. Da muss ich ja nur noch zum Zahnarzt.

Susi: Du Armer.

Gespräch 10

Verkäuferin: Kann ich Ihnen helfen?

Kundin: Gerne, ich brauche einen neuen Kühlschrank. Ich war schon im ersten Stock, da sind nur Spülen, aber keine Kühlschränke.

Verkäuferin: Also, hier im zweiten Stock gibt es die auch nicht. Warten Sie, die sind im dritten, bei den Elektro-Geräten.

Kundin: Vielen Dank.

Start Deutsch 1 – Hören 2: Durchsagen und Ansagen hören

Beispiel

Liebe Fahrgäste, unser Zug muss leider warten. Bitte steigen Sie nicht aus! Ich wiederhole: Bitte steigen Sie nicht aus! Wir fahren bald weiter.

4. Was sollen die Leute machen? Hören Sie: Sind die Aussagen richtig oder falsch?

Durchsage 1

Bitte fahren Sie nach rechts und halten Sie auf dem Seitenstreifen an. Fahren Sie rechts ran und bleiben Sie dort stehen!

Durchsage 2

Verehrte Kunden, es ist 20.00 Uhr, das Kaufhaus Kunz schließt. Wir wünschen Ihnen einen guten Heimweg.

Durchsage 3

Liebe Fluggäste, hier spricht Ihr Kapitän. Wir landen in zehn Minuten in San Francisco. Bitte bleiben Sie nach der Ankunft noch auf Ihren Plätzen. Ich wünsche Ihnen einen angenehmen Aufenthalt.

Durchsage 4

Liebe Gäste, haben Sie nicht auch Lust auf einen Kaffee? Wir machen jetzt eine kleine Pause und treffen uns in einer halben Stunde wieder hier am Bus. Aber bitte nicht erst in einer Stunde! Bis dann!

Durchsage 5

Liebe Festgäste, gratulieren wir unserem Franz zu seinem 60. Geburtstag. Auf dass er noch lange mit uns ist. Trinken wir auf sein Wohl. Prosit, lieber Franz.

Start Deutsch 1 – Hören 3: Nachrichten am Telefon hören

Beispiel
Hallo Peter, Maria hier. Du willst doch heute das Auto in die Werkstatt bringen. Die Schlüssel sind übrigens in meiner Hose von gestern, die liegt neben dem Bett. Bis heute Abend. Küsschen.

1. Was hören Sie? Kreuzen Sie an: a, b oder c?
Nachricht 1
Hier ist Thomas. Leon, es ist jetzt 9.00 Uhr, ich bin jetzt im Zug. Kannst du mich nachher am Bahnhof abholen. Ich komme um 11.13 Uhr an. Das wäre schön. Danke.

Nachricht 2
Mensch Christina, ich warte schon eine halbe Stunde auf dich. Wo bleibst du denn? Ich warte jetzt noch zehn Minuten, dann gehe ich. Ich muss noch so viel machen.

Nachricht 3
Hier ist Carlo. Hallo ihr Lieben, ich bin gerade am Bahnhof und warte auf den Zug. Sagt mal, habt ihr Lust, morgen mit in den Zoo zu gehen? Das macht den Kindern sicher Spaß. Ruft mich heute Abend zu Hause an. Bis dann.

Nachricht 4
Arbeitsamt Kassel, guten Tag. Unsere Leitungen sind augenblicklich leider alle besetzt. Wählen Sie bitte die 979790, vielen Dank.

Nachricht 5
Typisch Susanne! Mal wieder nicht zu Hause. Ruf mich doch bitte gleich zurück. Es geht um morgen. Ich habe keine Lust, in die Disco zu gehen, lass uns essen gehen, beim Italiener bei mir um die Ecke! Was hältst du davon?

Nachricht 6
Im Odeon sehen Sie heute den neuen Film von Christina Lind „Bitte nicht mit mir". Anfangszeiten: 18.00 Uhr und 20.00 Uhr. Vorbestellungen bitte unter der Nummer 20 20 20.

Nachricht 7
Guten Morgen, Herr Schnell. Wir haben es doch noch heute geschafft. Ihr Wagen ist repariert und kann heute Nachmittag ab 16.00 Uhr abgeholt werden. Auf Wiederhören.

Nachricht 8
Hallo, mein lieber Mann. Ich war schon beim Arzt. Alles bestens, dem Baby geht es gut und der zukünftigen Mutter auch. Lass uns nachher im China-Restaurant treffen. Ich habe entsetzlichen Hunger. Bis gleich.

Nachricht 9
Praxis Dr. Wohl. Sie rufen außerhalb unserer Sprechzeiten an. Wir sind von Montag bis Donnerstag von 9.00 bis 12.00 Uhr für Sie da. Und von 14.00 bis 16.00 Uhr. Bitte denken Sie daran: Am Freitag ist keine Sprechstunde. Vielen Dank.

Nachricht 10
Hallo Wladimir, hier ist Janosch. Sag mal, wir haben uns so lange nicht gehört, schlimm ist das. Was hältst du von einem Kaffee? Das Café Honigmond hat ganz leckeren Kuchen. Was ist, hast du Lust? Dann ruf an.

Start Deutsch 2

Start Deutsch 2 – Hören 1: Nachrichten am Telefon hören

Beispiel
Guten Morgen, Kevin, hier ist Benno. Ich bin jetzt in Hannover. Der Anschlusszug hat etwa 50 Minuten Verspätung. Ich werde also erst so um 15.30 Uhr in Berlin sein. Ich rufe später noch mal an.

1. Hören Sie und setzen Sie die fehlende Information ein.
Nachricht 1
Frau Krawatzki, Sie denken doch bitte an unsere Einladung. Meine Frau freut sich schon sehr. Wir erwarten Sie also gegen 20.00 Uhr in der Ernst-Müller-Straße 17. Ach, bevor ich es vergesse, bringen Sie doch bitte keine Blumen mit, Sie sind uns genug. Bis heute Abend also.

Nachricht 2
Guten Tag, hier Frau Kaiser, können sie mich bitte wegen unserem Treffen zurückrufen. Meine Rufnummer ist 408255. Vielen Dank.

Nachricht 3
Guten Tag Frau Schlüter, hier ist das Reisebüro Transfer. Für den Flug am Dienstag nach London sind doch noch Plätze frei. Abflug in Frankfurt: 16.10 Uhr, Ankunft in London: 16.50 Uhr. Das Ticket könnten Sie morgen abholen. Auf Wiederhören.

Nachricht 4
Praxis Dr. Bauer. Die Praxis ist jetzt geschlossen. Sie erreichen uns von Montag bis Freitag von 9.00 bis 18.00 Uhr. Auf Wiederhören.

Nachricht 5
Dorner, Stadt-Bank. Guten Tag, Herr Caro, bitten kommen Sie noch einmal bei uns vorbei. Es geht um Ihren Kredit für Ihr Auto. Auf dem Antrag fehlt Ihre Unterschrift. Vielen Dank, auf Wiederhören.

Start Deutsch 2 – Hören 2: Radio hören

Beispiel
Das war unser Liederabend. Nach den Nachrichten um 21.00 Uhr hören Sie unser Nachtkonzert mit Werken von Händel und Vivaldi.

Start Deutsch 2 – Hören 3: Ein Gespräch hören

Wo findet man diese Sachen? Ordnen Sie zu und notieren Sie den Buchstaben.
Beispiel
Herr Bessermann: Guten Tag, Frau Gluck. Bessermann. Ich darf Sie recht herzlich als Gewinnerin unseres Preisausschreibens in unserem Kaufhaus begrüßen. War es denn schwer?

Frau Gluck: Ach, i wo, das war ganz einfach, ich bin doch schon lange Kundin bei Ihnen und kenne Ihre Preise bestens.

Herr Bessermann: Toll, solche Kunden lieben wir. So, jetzt aber zu Ihrem Gewinn. Das Kaufhaus Meier lädt Sie ein zu einem Einkaufsbummel und Sie zahlen nichts. Sie dürfen 2000 Euro ausgeben, ist das nicht toll.

Frau Gluck: Natürlich, das ist super.

Herr Bessermann: Was möchten Sie denn alles kaufen?

Frau Gluck: Also zuerst möchte ich zum Friseur, das ist ganz wichtig. Dann wollte ich einkaufen. Ich brauche eine neue Winterjacke, Bettwäsche und gut essen möchte ich natürlich auch.

Herr Bessermann: Liebe Frau Gluck, den Geldautomaten hier am Eingang brauchen Sie ja heute nicht.

Herr Bessermann: So, was halten Sie davon: Jetzt nehmen wir zuerst einmal den Aufzug. Kommen Sie, der ist direkt neben dem Schmuck. Der wird Ihnen sicher gefallen. Aber denken Sie daran, bei Gold sind 2000 Euro schnell ausgegeben. Und danach fahren wir in den ersten Stock zum Friseur. Jan, unser Chef dort, wird sich persönlich um Sie kümmern. Glauben Sie mir, Ihr Mann wird heute Abend mit offenem Mund vor Ihnen stehen und wissen, warum er sie so sehr liebt.

Frau Gluck: Na, immer langsam, Herr Bessermann.

Herr Bessermann: Ja ja, die Liebe, was wollten Sie dann noch kaufen?

Frau Gluck: Eine Winterjacke.

Herr Bessermann: Die Damenbekleidung finden Sie im zweiten Stock. Aber warum sage ich das, das wissen Sie als gute Kundin ja längst, dass unsere Damenmode nicht im Keller ist. Kommen Sie.

Frau Gluck: Sagen Sie, haben Sie gerade Sonderangebote für Bettwäsche?

Herr Bessermann: Ach, Frau Gluck, wozu brauchen Sie denn Sonderangebote? Kaufen Sie das Beste, gönnen Sie sich etwas, zum Beispiel eine Reise. Ich bringe Sie gerne nachher zum Reisebüro, das ist gleich neben dem Friseur.

Frau Gluck: Aber halt, Herr Bessermann, ich reise nicht so gerne, wissen Sie, zu Hause gefällt es mir am besten.

Herr Bessermann: Deshalb die Bettwäsche! Gut, gut, ich hole Sie in einer Stunde bei Jan ab, dann gehen wir zusammen zur Wäscheabteilung. Ach, da fällt mir ein. Gleich neben der Bettwäsche haben wir gerade einen wunderbaren Stand mit dem Neuesten für die Küche, den tollsten italienischen Kaffeemaschinen, zu Sonderpreisen. Die finden Sie nirgends so billig.

Frau Gluck: Aber Herr Bessermann, wir haben uns gerade eine super Kaffeemaschine gekauft, tut mir Leid, bei Ihrer Konkurrenz, Kaufhaus Lacki, die hatten wirklich ein tolles Angebot.

Herr Bessermann: Ach, Frau Gluck, jetzt bin ich aber traurig, Sie kaufen beim Kaufhaus Lacki? Bei uns bekommen Sie doch immer die besseren Sachen und immer billiger.

Frau Gluck: Na, Herr Bessermann, sind Sie sicher?

Herr Bessermann: Aber ja doch, Frau Gluck. Ich bin hier der Chef, ich kaufe unsere Waren ein, ich mache die Preise. Aber lassen wir das, Sie lassen sich jetzt von Jan die Haare machen, dann hole ich Sie ab und wir gehen zusammen essen, in unserem Restaurant im 4. Stock. Dann können wir über alles in Ruhe sprechen. Einverstanden? So, da sind wir ja. Jan, darf ich Ihnen Frau Gluck vorstellen!

Jan: Sehr erfreut, Madame.

Herr Bessermann: Jan, tun Sie Ihr Bestes, Frau Gluck ist unsere beste Kundin!

Wortschatz

1 Sie und ich

1 2E • 3A • 4B • 5D

2 a) Straße: Ludwigstraße • Hausnummer: 17 • Postleitzahl: 90765 • Stadt: Fürth • Telefonnummer: 0911/790834 • Handynummer: 0169/41880328 • E-Mail-Adresse: angarl@xdw.de

3 2. verheiratet 3. getrennt 4. geschieden

4 a) 2. Was ist Ihr Geburtsdatum? 3. In welchem Jahr sind Sie geboren? 4. Wo sind Sie geboren? 5. In welchem Land sind Sie geboren?

6 Nachname • Familienname

2 Menschen und Leute

1 1. Oma • Großvater, 2. Mutter • Vater, 3. Schwester • Bruder, 4. Tochter • Sohn

2 2. Jugendliche 3. Nachbarin 4. Bekannte 5. Gast 6. Ehepartner 7. Enkel 8. Kollege 9. Verwandte • Angehörige

3 Baby • Kind • Jugendlicher • Erwachsener

4 2. böse 3. schwach 4. reich 5. leise 6. hässlich 7. dick 8. klein 9. blond 10. dumm 11. ruhig 12. traurig

5 2. sympathisch 3. traurig 4. froh 5. neugierig 6. müde 7. schrecklich 8. komisch 9. anders • verschieden 10. verrückt

3 Essen und Trinken

1 a) **waagrecht:** Kartoffel, Banane, Saft, Fleisch, Wasser, Schinken, Butter, Wurst • **senkrecht:** Salat, Tee, Bier, Apfel, Fisch, Milch, Sahne

b) **Obst und Gemüse:** die Kartoffel, die Banane, der Salat, der Apfel • **Milchprodukte:** die Butter, die Milch, die Sahne • **Fleischwaren und Fisch:** das Fleisch, der Schinken, die Wurst, der Fisch • **Getränke:** der Saft, das Wasser, der Tee, das Bier

2 2. Eis 3. Schokolade 4. Zucker

3 2. Glas 3. Topf 4. Messer 5. Gabel 6. Tasse 7. Teller 8. Kanne

4 *Mögliche Lösungen:* Nudelsuppe, Nudelsalat • Apfelkuchen, Apfeleis, Apfelsaft • Wurstbrötchen, Wurstsalat • Fischsuppe, Fischbrötchen, Fischsalat • Birnenkuchen, Birneneis, Birnensaft • Reissalat • Fleischsalat • Kartoffelsuppe, Kartoffelsalat • Käsebrötchen, Käsesalat, Käsekuchen • Eierbrötchen, Eiersalat, Eierkuchen • Bananenkuchen, Bananeneis, Bananensaft

5 2D • 3A • 4E • 5C

6 2. Milch 3. Zucker 4. Brötchen 5. Butter 6. Ei 7. Käse 8. Orangensaft 9. Kuchen

4 Einkaufen

1 2. Ein halbes Kilo Äpfel kostet ein Euro achtundsechzig. 3. Ein Kilo Kartoffeln kosten zwei Euro zehn. 4. Ein Pfund Nudeln kosten ein Euro neunundvierzig. 5. Ein Liter Milch kostet dreiundsiebzig Cent. 6. Eine Flasche Wein kostet drei Euro neunundneuzig.

2 2. Kartoffeln 3. Brötchen 4. Zitrone 5. Milch

3 **Kiosk:** Zigaretten, Streichhölzer • **Bäckerei:** 1 kleines Brot, 4 Stück Kuchen • **Markt:** 500 g Tomaten, 1 kg Äpfel • **Schreibwarengeschäft:** Briefpapier, 6 Bleistifte, 1 Kugelschreiber • **Kosmetikabteilung:** Zahncreme, 1 Seife, Parfüm

4 **Verkäufer:** 5, 7 • **Kunde:** 2, 3, 4, 6

5 **Dialog 1:** 3, 6, 1, 7, 5, 2, 4 • **Dialog 2:** 2, 7, 3, 6, 4, 5, 1

6 2. Kasse 3. Katalog 4. Monatskarte 5. Mehrwertsteuer

7 2. Garantie 3. Raten 4. Flohmarkt 5. Anzeige

5 Geschäfte und mehr

1 2. Kindergarten • Lebensmittel- 3. Touristeninformation 4. Bank 5. Sprachschule 6. Post 7. Reisebüro

2 2. Film 3. Ticket 4. Pass 5. Waschmaschine 6. Bier 7. Tee • **Lösungswort:** Medikament

3 a) 2C • 3E • 4B • 5A • 6D

b) 2. Vom Arzt kann man sich untersuchen lassen. 3. Beim Friseur kann man sich die Haare lassen. 4. In der Sprachschule kann man sich beraten und testen lassen. 5. Im Café kann man sich einen Kaffee bringen lassen. 6. In der Werkstatt kann man sich das Auto reparieren lassen.

6 Sprachschule, Reisebüro und Bank

1 2. Beratung 3. Test 4. Kenntnisse 5. Gebühr 6. Stunden 7. Ermäßigung

2 2. gehen 3. gesehen 4. empfehlen 5. besichtigen 6. dauert 7. fahren 8. übernachtet 9. kostet 10. nehme

3 a) 2. Konto • Kontonummer 3. bar • Euroscheckkarte 4. Rechnung • überweisen
   b) 2C • 3A
   d) 2. sparen 3. einen Kredit 4. einzahlen

4 2. zehn 3. hundert 4. tausend 5. zehntausend 6. hunderttausend 7. eine Million

7 Wohnen

1 a) 2. Kühlschrank 3. Waschmaschine 4. Schrank 5. Sessel 6. Sofa 7. Bett 8. Bild 9. Tisch 10. Stuhl
   b) **Im Uhrzeigersinn:** die Küche, das Schlafzimmer, das Wohnzimmer, das Bad
   c) *Mögliche Lösungen:* 2. Die Dusche ist zu hoch. Sie passt nicht in das Bad. 3. Das Bild ist zu modern. Es passt nicht in das Wohnzimmer. 4. Der Schrank ist zu breit. Er passt nicht in das Schlafzimmer. 5. Das Sofa ist zu dunkel. Es passt nicht ins Wohnzimmer. 6. Die Lampe ist zu alt. Sie passt nicht in das Wohnzimmer. 7. Der Teppich ist zu lang. Er passt nicht in das Wohnzimmer.

2 1. die Spülmaschine, das Radio, der Fernseher 2. das Fenster, die Tür, der Kühlschrank, der Schrank

3 2. Stock 3. Garten 4. Garagen 5. Keller 6. Zimmer 7. Bad 8. Erdgeschoss

4 2. unten 3. nebenan 4. drinnen 5. draußen

5 2C • 3B • 4A • 5F • 6D

8 Wohnungssuche

1 Whg. = Wohnung • Zi. = Zimmer • ZKB = Zimmer, Küche, Bad • Kü. = Küche • m² = Quadratmeter • NK = Nebenkosten • inkl. = inklusive • Kt. = Kaution • MM = Monatsmiete • EG = Erdgeschoss • OG = Obergeschoss • DG = Dachgeschoss • Balk. = Balkon • zentr. = zentral

2 2. Tiere 3. die Stromrechnung 4. der Aufzug 5. der Mitbewohner 6. die Treppe 7. der Schlüssel 8. der Telefonanschluss 9. das Gas 10. der Mietvertrag 11. die Kaution 12. der Makler

3 2, 4, 3, 1, 5, 6

4 2. Wie groß ist die Wohnung? 3. Wie viele Zimmer hat die Wohnung? 4. Wo liegt die Wohnung? 5. In welchem Stock ist die Wohnung? 5. In welchem Stock ist die Wohnung? 6. Hat die Wohnung einen Balkon? 7. Wie hoch ist die Miete? 8. Wie hoch sind die Nebenkosten? 9. Muss ich eine Kaution bezahlen? 10. Gibt es Parkplätze? 11. Muss man noch was renovieren? 12. Wann kann ich die Wohnung besichtigen?

9 Körper und Krankheit

1 **links vom Körper:** das Auge, das Gesicht, der Mund, der Hals, der Rücken, der Arm, der Bauch, das Bein
   rechts vom Körper: die Haare, der Zahn, das Herz, der Magen, die Hand, der Fuß

2 **der Kranke:** sich schwach fühlen, Medikamente nehmen, Schmerzen haben, wieder fit sein
   • **der Arzt:** ein Rezept schreiben, untersuchen, eine Operation machen, eine Krankmeldung geben

3 2A • 3B • 4C

4 2. verletzen 3. giftig 4. Schnupfen 5. schwanger 6. bluten 7. gesund 8. Sprechstunde
   • **Lösungswort:** dringend

5 2. erkältet 3. Kopf 4. Fieber 5. Grippe 6. Arzt 7. Apotheke 8. Krankmeldung 9. Sprechstunde 10. Versicherten-Karte 11. Krankenkasse 12. Bauch

6 *Mögliche Lösungen:* 2. Ja, ich habe Fieber, 39 Grad. 3. Wie oft soll ich das Medikament nehmen?

10 Kleidung

2 2. die Tasche 3. die Bluse 4. das Kleid 5. der Anzug 6. der Rock 7. das Hemd 8. die Jacke 9. der Pullover 10. der Mantel

3 2. rot 3. weiß 4. grün 5. braun 6. gelb 7. blau

4 2. umziehen 3. ändern 4. schmutzig 5. Stoff 6. Loch 7. kaufen 8. Reinigung

5 2. groß 3. warm 4. kurz 5. teuer 6. dünn 7. hell 8. modern 9. leicht 10. lang 11. klein

11 Die Zeit

1 a) 2. vierzehn Uhr dreiundfünfzig 3. vierundzwanzig Uhr 4. null Uhr sieben
   b) 2. 7.35 Uhr 3. 7.15 Uhr 4. 7.50 Uhr 5. 7.00 Uhr 6. 7.10 Uhr 7. 7.45 Uhr 8. 7.25 Uhr
   c) 2. zwanzig vor zwei 3. Viertel vor drei

4. Viertel nach neuen 5. sechs Uhr 6. zehn nach acht

2 2. Mittwoch 3. Freitag 4. Donnerstag 5. Sonntag 6. Sonntag

3 **a)** Morgen • Vormittag • Mittag • Nachmittag • Abend • Nacht

b) 2. richtig 3. falsch 4. richtig 5. richtig 6. richtig

4 **a)** Februar, März, April, Mai, Juni, Juli, August, September, Oktober, November, Dezember

b) 1. Mai, Juli, August, Oktober, Dezember • 2. April, Juni, September, November • 3. Februar (28 Tage)

5 **a) private Feste:** Geburtstag, Hochzeit • **Feiertage:** Ostern, Tag der deutschen Einheit, Weihnachten, Silvester

12 Landschaft, Jahreszeiten und Wetter

1 **Im Uhrzeigersinn:** die Wolke, der Berg, der Wald, der Fluss, der See, das Dorf

2 **a)** 2. Sommer 3. Herbst 4. Winter

b) 2. Sommer 3. Herbst 4. Frühling 5. Winter 6. Herbst 7. Sommer 8. Frühling

3 B: Bild 5 • C: Bild 6 • D: Bild 1 • E :Bild 4 • F: Bild 2

4 2. in der Nacht 3. bei Nebel 4. im Garten bei Regen 5. im Wald 6. am See bei Schnee 7. bei Sonne am Stand

5 2. falsch 3. falsch 4. richtig 5. richtig

13 Freizeit und Hobbys

1 **a)** 2. Radio 3. Schwimmbad 4. Zeitung 5. Fußball 6. Fernseher 7. Karten 8. Kino 9. Buch 10. Tennis

b) lesen: Zeitung • **gehen:** ins Schwimmbad, ins Theater • **hören:** Lieder, Musik, Radio • **sehen:** eine Sendung im Fernsehen, ein Video, einen Film im Kino • **spielen:** Karten, Tennis, Fußball • **fahren:** Rad • **machen:** eine Wanderung, einen Ausflug • **tanzen:** in der Disco

2 2. trifft 3. einladen 4. besucht 5. verabredet sich

3 *Mögliche Lösungen:* 2. Magst du ins Schwimmbad gehen? 3. Wir können sie zum Essen einladen. 4. Möchtest du mit uns Karten spielen. 5. Gehen wir doch ins Kino.

4 2. sicher 3. wahrscheinlich

5 2D • 3A • 4C

14 Auto und Verkehr

1 **Im Uhrzeigersinn:** das Fahrrad, die Ampel, die Kreuzung, der Fahrradweg, das Taxi, das Auto, die Straße, der LKW, die Haltestelle

2 2D • 3F • 4C • 5A • 6B

3 **Im Uhrzeigersinn:** der Kofferraum, der Motor, das Kennzeichen,

4 **Tankstelle:** Benzin • **Werkstatt:** Reparatur, TÜV • **Amt:** Kennzeichen, Zulassung • **Fahrschule:** Fahrstunden, Führerschein

5 **Mechaniker:** 5, 1, 7, 3, 9 • **Kunde:** 2, 8, 6, 4, 10

6 2H • 3E • 4A • 5F • 6C • 7G • 8D

7 2. gefährlich 3. schnell 4. vorsichtig 5. sicher 6. langsam

15 Reisen

1 **a)** 2. Bild: 5 • 3. Bild: 6 • 4. Bild: 4 • 5. Bild: 3 • 6. Bild: 1 • 7. Bild: 2

b) 2A • 3C • 4F • 5B • 6E • 7G

2 2. abfahren 3. ankommen 4. abfliegen

3 3 steigt ... ein 3. steigt ... um

4 2. Verspätung 3. Anschluss 4. Informationsschalter 5. Abfahrt

5 2. Gleis 3. Haltestelle 4. Kamera 5. Brieftasche 6. Beratung

6 2D • 3A • 4C

16 Wegbeschreibungen und Sehenswürdigkeiten

1 2. der Platz 3. der Park 4. die Brücke 5. das Museum 6. das Zentrum 7. der Turm

2 B: Bild 1 • C: Bild 8 • D: Bild 6 • E: Bild 5 • F: Bild 7 • G: Bild 4 • H: Bild 3

3 2. eine Führung 3. einen Eintritt 4. eine Ausstellung 5. ein Theater

4 **möchten:** zwei Eintrittskarten, eine Reise machen, ins Konzert gehen • **mögen:** Berlin, Schlösser, Italien, moderne Musik, alte Bilder

5 2. Nachrichten 3. Dorf 4. Hausfrau 5. Blick

6 2E • 3B • 4A • 5C • 6D • 7F

17 Hotel und Restaurant

1 2. einzahlen 3. Zoll 4. parken 5. Qualität 6. teilnehmen 7. sich beschweren 8. Unterkunft 9. Kiosk

2 2. Wir möchten ein Doppelzimmer. 3. Mit Dusche, bitte. 4. Nein, wir rauchen nicht. 5. Oh, das ist schön. Wie viel kostet das? 6. Nur mit Frühstück, bitte. 7. Das nehmen wir. Ab wie viel Uhr ist das Zimmer am Freitag frei?

8. Können wir unser Auto beim Hotel parken?
3 **Kellner:** 3, 7, 10, 11 • **Gast:** 4, 5, 6, 8, 9
4 2. esse 3. empfehle 4. nehme 5. hätte 6. trinken 7. probieren 8. bringen
5 *Mögliche Lösungen:* 2. bitter/kalt 3. fett/hart 4. süß/weich 5. heiß/scharf 6. weich/kalt 7. warm 8. süß/hart 9. schwirig

18 Schule und Ausbildung
1 2. Lehrer 3. Kursteilnehmer 4. Pause 5. Unterricht 6. Zahl 7. Kassettenrekorder 8. Buch 9. Antwort 10. Aufgabe
2 2. Lehre 3. Klasse 4. Fehler 5. Zeugnis 6. Prüfung 7. Hausaufgaben
3 2. Gymnasium 3. Realschule • Hauptschule 4. Berufsschule 5. Universität
4 2. faul 3. leicht 4. fleißig 5. kompliziert 6. wichtig
5 B9 • C2 • D8 • E1 • F7 • G3 • H5 • I6

19 Arbeit
1 2. Kellner, Kellnerin • Herr Ober (hier keine weibliche Form) 3. Handwerker, Handwerkerin 4. Mechaniker, Mechanikerin 5. Lehrer, Lehrerin 6. Friseur, Friseurin 7. Sekretär, Sekretärin 8. Taxifahrer, Taxifahrerin
2 2. Berufe 3. Firma 4. verdienen 5. Stelle 6. Job 7. selbstständig 8. Feierabend 9. Praktikum
3 *Mögliche Lösungen:* 2. Wo arbeiten Sie? 3. Wie ist Ihr Chef? 4. Wie viel verdienen Sie im Monat? 5. Mögen Sie Ihre Arbeit?
4 2. Lohnsteuerkarte 3. Angestellter 4. Betriebsrat 5. Gewerkschaften 6. Wirtschaft 7. netto 8. Bewerbung
5 2. Aushilfe 3. Arbeiter 4. Überstunden 5. Vollzeit 6. Erfahrung

20 Briefe und E-Mails
1 a) **links:** der Empfänger, die Unterschrift • **rechts:** das Datum, die Briefmarke, der Empfänger
2 **persönlicher Brief:** Lieber Fernando, Herzliche Grüße, Liebe Grüße, Sandrine • **offizieller Brief:** Sehr geehrte Damen und Herren, Sehr geehrte Frau Ermis, Sehr geehrter Herr Vasquez, Mit freundlichen Grüßen, Sandrine Dupont
3 a) 2. schenken 3. Anrufbeantworter 4. notieren 5. Päckchen 6. übertragen

b) 2A • 3D • 4C • 5H • 6F • 7E • 8G • 9K • 10L • 11I • 12J

21 Telefon und Termine
1 2. Notizen 3. Telefonrechung 4. Auskunft 5. Telefonbuch • **Lösungswort:** Anruf
2 2. besetzt 3. zurückrufen 4. klingelt 5. notiert 6. bestätigen 7. verbunden
3 2E • 3A • 4C • 5D
4 a) **Fragen:** 2, 5, 6, 8 • **Antworten:** 3, 4, 7
   b) **Herr Fontanelli:** 9, 3, 11, 1, 13, 7, 5 • **Frau Casas:** 4, 10, 6, 14, 12, 2, 8
   c) *Mögliche Lösung:*

Herr Fontanelli:	Frau Casas:
Fontanelli, Guten Tag.	
	Guten Tag, Herr Fontanelli. Hier spricht Frau Casas. Leider muss ich unseren Termin verschieben. Können wir uns am Donnerstag treffen.
Leider kann ich da nicht. Haben Sie am Freitag um 9.30 Uhr Zeit?	
	Um 9.30 Uhr geht es leider nicht, aber um 11.00 Uhr.
Gut, dann kommen Sie am Freitag um 11.00 Uhr zu mir ins Büro.	
	Gut, dann bis Freitag. Auf Wiederhören.
Auf Wiederhören.	

22 Ämter und Behörden 1
1 2E • 3A • 4B • 5C
2 2. Förderung 3. Ausländer 4. Papiere 5. Aufenthalt
3 2. die Mitteilung • der Bescheid 3. das Amt • die Behörde 4. die Erlaubnis • die Berechtigung
4 a) 2A • 3D • 4B • 5F • 6C
   b) 2. schriftlich 3. berechtigt 4. erforderlich 5. gültig 6. verboten
5 2. das Recht 3. die Rente 4. der Stempel 5. die Einwohner
6 2. einen Pass 3. ein Formular 4. einen Antrag 5. seinen Führerschein 6. eine Arbeitserlaubnis

23 Ämter und Behörden 2

1 2. Ordnungsamt 6: Einbürgerung 3. Ordnungsamt 2: Ausländeramt 4. Sozialamt 5. Arbeitsamt 6. Fundbüro 7. Ordnungsamt 6: Standesamt 8. Ordnungsamt 3: Allgemeine Aufenthaltsangelegenheiten 9. Ornungsamt 5: Kfz-Zulassungsstelle 10. Ordnungsamt 1: Einwohnermeldeamt 11. Ordnungsamt 4: Führerscheinstelle 12. Bundesversicherungsanstalt für Angestellte 13. Amt für Wohnungswesen

2 7, 6, 3, 1, 4, 5, 2

24 So sagt man

1 2. Kommen Sie herein! 3. Prost! 4. Gesundheit! 5. Herzlichen Glückwunsch 6. Hilfe! 7. Guten Appetit! 8. Gute Reise

2 3 • 4 • 6 • 7 • 10

3 2F • 3C • 4A • 5E • 6B

4 2A • 2B • 3B • 3C • 4B • 4C • 5A • 5C • 6A • 6C • 7A • 7B • 8B • 8C

5 2C • 3I • 4H • 5D • 6E • 7A • 8F • 9B

25 Zeitwörter

1 **a)** früher • jetzt • sofort • bald • später
   b) 2. sofort 3. bald 4. Früher 5. später

2 2. schon 3. noch 4. erst

3 2. Dann 3. Vorher 4. Zuletzt

4 2. wieder 3. im Moment 4. früh 5. plötzlich 6. spät 7. Neulich 8. noch 9. schon 10. erst 11. fast

5 **a)** nie • selten • manchmal • oft • meistens • immer
   b) 2. nie 3. immer 4. oft 5. meistens 6. manchmal

Grammatik

1 Grammatische Ausdrücke

1 2. Kennen 3. kostet 4. kommst

2 **a)** 2. James • Wohnung 3. Nachbarn • Beatrice 4. Buch • Regal 5. Bruder • Gläser • Schrank
   b) 2. James 3. Beatrice 4. Buch 5. Bruder

3 2. Zum Frühstück (Ergänzung) isst (Verb) Herr Meier (Subjekt) zwei Brötchen (Ergänzung). 3. Frau Bayram (Subjekt) wohnt (Verb) in der Adlerstrasse (Ergänzung). 4. Dem Mann (Ergänzung) gefällt (Verb) das Bild (Ergänzung).

4 **Präposition:** 3, 5 • **Konjunktion:** 2, 4

5 schön • dunkel • teuer • intelligent • gut • dünn • schnell • interessant • alt

2 Nomen: *der, die* oder *das*

1 **der:** Herbst, Flug, Junge, Name, Drucker, Lehrer, Mai, Dienstag, Tanz, Mechaniker • **die:** Bewerbung, Heizung, Kündigung, Banane, Tante, Aufgabe, Dusche, Busfahrerin, Fahrt, 35, Entschuldigung, Freiheit, Bäckerei, Freundschaft, Tochter • **das:** Kino, Gymnasium, Mädchen, Theater, Grün, Handy, E, Leben, Päckchen, Hobby, Reisen, Büchlein, Fahren • **der/die:** Jugendliche

2 2. Der 3. Die 4. Der 5. Das 6. Das 7. Die 8. Die 9. Der 10. Das

3 2. der Anruf 3. die Antwort 4. die Reise 5. die Frage 6. der Anfang 7. die Wohnung 8. die Heirat

3 Plural

1 **Singular:** Wäsche, Wetter, Telefon, Mutter • **Plural:** Tische, Fragen, Bücher, Möbel, Eltern, Namen, Menschen, Bilder, Kindergärten, Eier, Hausaufgaben • **Singular und Plural:** Computer, Sessel, Mädchen

2 -e/"-e: Beine, Berufe, Füße, Schränke, Schuhe, Supermärkte • -n/-en: Betten, Gabeln, Heizungen, Kassetten, Lampen, Motoren, Quittungen, Schulen, Zitronen • -er/"-er: Ämter, Bäder, Kinder, Männer, Münder, Schilder • -/"-: Äpfel, Ausländer, Brötchen, Drucker, Fenster, Gewitter, Vögel • -s: E-Mails, Kameras, Radios, Videos

3 der Strand, das Museum, das Visum, die Ärztin, das Paket, der Bruder, das Konto, die Firma, die Bank, der Platz, der Verwandte, der Gruß, das Land, das Problem, das Foto

4 2. das Obst 3. das Gemüse 4. das Getränk 5. das Wetter 6. die Wäsche

4 Hauptsatz

1 **a) Verb:** bin, habe, ist, sind, baden, wandern, fahren, tanzen, ist, fahren • **Subjekt:** Ich, Ich, Das Wetter, Meine Freundin und ich, wir, wir, wir, wir, unser Urlaub, wir
b) 2, 1, 3

2 *Mögliche Lösungen:* 2. Am Vormittag frühstückst sie in einem Café. 3. Am Mittag fährt sie mit dem Bus in die Stadt. 4. Am Nachmittag macht sie einen Einkaufsbummel. 5. Sie trifft dann Jens vor dem Rathaus. 6. Auf der Rathausterrasse trinken sie einen Tee. 7. Am Abend gehen sie ins Theater. 8. Nach dem Theater geht Yvonne müde nach Hause.

3 **a)** 2. er 3. groß und hell 4. stehen 5. In der Ecke 6. durch die Schwalbenstraße 7. nachts 8. eine neue Wohnung
b) 2. Subjekt 3. Ergänzung: Art und Weise 4. Verb 5. Ergänzung: Ort 6. Ergänzung: Ort 7. Ergänzung: Zeit 8. Ergänzung: Akkusativ

5 Nebensatz

1 2. weil sie zur Sonne zeigt. 3. weil da die Sonne oft scheint. 4. weil es einen Motor hat. 5. weil sie Flügel haben.

2 **a)** 2. wenn sie 18 Jahre als ist. 3. wenn es heiß ist. 4. wenn er Urlaub hat. 5. wenn ich mit der Arbeit fertig bin.
b) 2. Wann kann Sabrina den Führerschein machen? 3. Wann geht Olaf ins Schwimmbad? 4. Wann macht Jürgen eine Reise nach Portugal? 5. Wann kommst du?

3 2. Elke denkt, dass sie heute Abend nicht kommen kann. 3. Ich weiß nicht, ob ich Sie richtig verstanden habe. 4. Alex freut sich, dass er Urlaub hat. 5. Frau Mahler fragt, ob sie heute früher nach Hause gehen darf. 6. Rima sagt, dass sie die deutsche Grammatik nicht versteht. • Man benutzt *dass* nach: meinen, denken, sich freuen, sagen. • Man benutzt *ob* nach: nicht wissen, fragen.

6 Artikel: *ein, eine, ein* oder *die, die, das*

1 2. Neben dem Hochhaus ist ein großer Parkplatz. 3. In Neustadt gibt es auch viele alte Häuser. 4. In der Mitte der Stadt steht eine alte Kirche. 5. Auf dem Kirchturm ist ein Dach aus Gold. 6. Durch Neustadt fließt ein großer Fluss. 7. Auf dem Fluss fährt ein Schiff. 8. Auf dem Schiff reist eine Familie zum Meer.

2 In dem Haus wohnt eine Frau. Die Frau heißt Schubert. Frau Schubert hat eine Katze. Die Katze schläft den ganzen Tag. Sie schläft auf einem Sessel. Der Sessel ist blau und rot. Frau Schubert hat auch eine Tochter. Die Tochter heißt Lisa.

3 2. ein 3. – 4. Die 5. – 6. eine 7. – 8. – 9. – 10. der 11. das 12. die

7 Artikeldeklination

1 Das ist der Vater / die Mutter / das Kind. • Ich sehe den Vater / die Mutter / das Kind. • Ich spreche mit dem Vater / der Mutter / dem Kind. • Da sind die Väter / die Mütter / die Kinder. • Wir sehen die Väter / die Mütter / die Kinder. • Wir sprechen mit den Vätern / den Müttern / den Kindern.

2 Da ist ein Vater / eine Mutter / ein Kind. • Ich sehe einen Vater / eine Mutter / ein Kind. • Ich spreche mit einem Vater / einer Mutter / einem Kind. • Da sind Väter / Mütter / Kinder. • Ich sehe Väter / Mütter / Kinder. • Ich spreche mit Vätern / Müttern / Kindern.

3 2. das Buch 3. ein Kartenspiel 4. die Straßenbahn 5. einen Salat 6. den Jungen 7. Blumen 8. den Kaffee

4 2. dem Hund 3. einem Abend 4. dem Wetter 5. der Firma 6. Freunden 7. einer Kollegin 8. den Hausaufgaben

8 Possessiv- und Demonstrativartikel

1 2. Mein 3. Deine 4. Sein 5. Ihr 6. Unsere 7. Euer 8. Ihr

2 2E • 3A • 4D • 5G • 6B • 7I • 8J • 9H • 10F

3 2. Dieses 3. Dieser 4. Diesen 5. Diese 6. Dieses 7. Diese 8. diesem 9. diesem 10. dieser

9 Personal- und Reflexivpronomen

1 2G • 3C • 4D • 5A • 6B • 7H • 8F

2 2. mir 3. dir 4. dich 5. Ihnen 6. Sie 7. uns 8. uns 9. euch 10. euch

3 2. sich 3. sich 4. euch 5. uns 6. sich 7. sich

4 2 dich 3. mir 4. dir 5. mich

10 *Haben* und *Sein*

1 **a)** 2. bin 3. sind 4. bist 5. ist 6. seid 7. ist 8. sind
   b) 2. Bist 3. Ist 4. Ist 5. Seid 6. Ist 7. Bin 8. Sind

2 2. haben 3. hat 4. habe 5. Habt 6. haben
   7. hast 8. hat

3 Sie ist Studentin. Sie kommt aus Jamaica. Sie
   hat schwarze Haare. Sie ist groß. Sie hat eine jüngere Schwester und eine braune Katze.
   Sie hat immer Zeit für mich. Sie ist meine beste Freundin.

11 Modalverben

1 **können:** ich kann, du kannst, er / sie / es kann,
   wir können, ihr könnt, sie / Sie können • **wollen:** ich will, du willst, er / sie / es will, wir
   wollen, ihr wollt, sie / Sie wollen • **müssen:** ich
   muss, du musst, er / sie / es muss, wir müssen,
   ihr müsst, sie / Sie müssen • **sollen:** ich soll, du
   sollst, er / sie / es soll, wir sollen, ihr sollt,
   sie / Sie sollen • **dürfen:** ich darf, du darfst,
   er / sie / es darf, wir dürfen, ihr dürft, sie / Sie
   dürfen • **mögen:** ich mag, du magst,
   er / sie / es mag, wir mögen, ihr mögt, sie / Sie
   mögen • **möchten:** ich möchte, du möchtest,
   er / sie / es möchte, wir möchten, ihr möchtet,
   sie / Sie möchten

2 2. Felix kann den Fernseher reparieren. Er kann
   nicht kochen. 3. Felix kann gut Deutsch sprechen. Er kann Anna nicht bei Englisch helfen.

3 2. muss 3. darf 4. musst 5. soll 6. muss 7. soll
   8. darfst

4 2. Helena möchte mit Beate in die Disco ge-
   hen. 3. Julian mag am liebsten Spaghetti mit
   Tomatensoße essen. 4. Ester will nach dem
   Studium nach Südafrika reisen.

12 Präsens

1 2. fahren 3. essen 4. geben 5. helfen 6. lassen
   7. anfangen 8. fallen 9. tragen 10. sprechen

2 2. schläfst 3. brauchst 4. reist 5. liest 6. nimmst
   7. läufst 8. schließt

3 **machen:** ich mache, du machst, er / sie / es
   macht, wir machen, ihr macht, sie / Sie machen
   • **finden:** ich finde, du findest, er / sie / es
   findet, wir finden, ihr findet, sie / Sie finden
   • **fallen:** ich falle, du fällst, er / sie / es fällt, wir
   fallen, ihr fallt, sie / Sie fallen • **treffen:** ich

treffe, du triffst, er / sie / es trifft, wir treffen, ihr
trefft, sie / Sie treffen • **essen:** ich esse, du isst,
er / sie / es isst, wir essen, ihr esst, sie / Sie
essen • **nehmen:** ich nehme, du nimmst,
er / sie / es nimmt, wir nehmen, ihr nehmt,
sie / Sie nehmen

4 ich: -e • du: -(e)st • er / sie / es: -(e)t • wir: -en
   • ihr: -(e)t • sie / Sie: -en

13 Perfekt mit *haben*

1 baden • gefreut • brauchen • geglaubt • ha-
   ben • gekauft • gemacht • legen •
   Bei den regelmäßigen Verben endet das
   Partizip Perfekt auf -(e)t.

2 beginnen • essen • schlafen • trinken • stehen
   • verbieten • geben • nehmen • schreiben
   • sitzen • sprechen • treffen •
   Bei den unregelmäßigen Verben endet das
   Partizip Perfekt auf -en.

3 gekannt • gedankt • bestellt • gefunden • er-
   laubt • gedacht • repariert • gearbeitet • ver-
   kauft • gewonnen • bezahlt • gehört • benutzt
   • gratuliert • bekommen • geholfen

4 2. Letzte Woche hat Petra ihrem Vater gehol-
   fen. 3. Vor zwei Tagen hat Diana Robin in der
   Stadt getroffen. 4. Auch gestern habe ich im
   Büro gesessen.

14 Perfekt mit *sein*

1 geblieben • fahren • fliegen • gekommen
   • gewesen • sterben • gefallen • gehen

2 2. Dort sind wir fünf Tage geblieben. 3. Die
   Reise ist sehr interessant gewesen. 4. Wir sind
   jeden Tag durch die Stadt gelaufen. 5. Wir sind
   ins Deutsche Museum gegangen. 6. Nach fünf
   Tagen sind wir mit dem Flugzeug nach Hause
   geflogen.

3 *Mögliche Lösungen:* angekommen
   • angemacht • angezogen • aufgemacht
   • ausgegeben • ausgemacht • ausgestiegen
   • eingefahren • eingestiegen • mitgefahren
   • mitgegeben • mitgekommen • umgestiegen
   • umgezogen

4 2. haben 3. sind • haben 4. sind 5. sind • hat
   6. sind 7. haben • haben

15 Präteritum: *haben, sein* und Modalverben

1 2. mussten 3. wollte 4. waren 5. sollte 6. durf-
   test 7. hattest 8. konnten

2 Sie war 17 Jahre alt. Sie hatte drei Brüder und

eine Schwester. Sie konnte sehr gut tanzen. Sie durfte aber nicht ohne ihre Brüder tanzen gehen. Sie musste jeden Abend um 23.00 Uhr zu Hause sein. Sie durfte nicht später kommen. Sie wollte aber nicht so früh nach Hause gehen und ...

3 3a. haben 3b. angesehen 4a. sind 4b. gelaufen 5. hatten 6a. sind 6b. gegangen 7a. haben 7b. gekauft 8a. sind 8b. gefahren 9a. haben 9b. gesehen 10a. haben 10b. gegessen 11a. haben 11b. getrunken 12. war

16 Trennbare Verben

1 a) zieht ... an • steigt ... aus • nimmt ... mit • fängt ... an • füllt ... aus • ruft ... an • sieht ... an • hört ... auf • kauft ... ein • holt ... ab • gehen aus

b) 2. anziehen 3. aussteigen 4. mitnehmen 5. anfangen 6. ausfüllen 7. anrufen 8. ansehen 9. aufhören 10. einkaufen 11. abholen 12. ausgehen

c) Sie hat sich geduscht und hat sich angezogen. Dann hat sie gefrühstückt. Um 7.15 Uhr ist sie aus dem Haus gegangen und hat die Straßenbahn genommen. Am Hauptbahnhof ist sie ausgestiegen und hat eine Zeitung gekauft. Für ihre Kollegin hat sie noch eine Zeitschrift mitgenommen. Um 8.00 Uhr hat sie mit der Arbeit angefangen. Sie hat viele Formulare ausgefüllt und hat bei Kunden angerufen. Danach hat sie sich die E-Mails angesehen. Um 16.00 Uhr hat sie mit der Arbeit aufgehört. Sie hat ein paar Sachen eingekauft. Am Abend hat sie Monica mit dem Auto abgeholt und sie sind ausgegangen.

2 Am Rathausplatz steigt sie in den Bus ein. Am Hauptbahnhof steigt sie in die S-Bahn um. Um 18.00 Uhr kommt sie zu Hause an. Zuerst zieht sie sich um. Dann ruft sie ein Freundin an. Sie lädt die Freundin zu ihrem Geburtstag ein. Um 20.15 Uhr macht sie den Fernseher an und sieht den Film „Schönes Leben" an.

3 2. ..., dass das Flugzeug später ankommt. 3. ..., ob das Konzert im Freien stattfindet. 4. ..., weil Sandra Kuchen mitbringt. 5. ..., wenn ich früh aufstehe. 6. ..., dass der Film um 23.00 Uhr aufhört.

17 Ergänzungen 1

1 2. einen 3. ein • ein 4. einen 5. einen 6. eine 7. eine 8. einen

2 2. mir 3. Ihnen 4. mir 5. ihr 6. ihr 7. Ihnen 8. ihnen

3 2. sie 3. ihr 4. eine 5. keine 6. mich 7. mich 8. dich

18 Ergänzungen 2

1 2. ein 3. ihrem 4. das 5. einen 6. den 7. mir 8. eine

2 *Mögliche Lösungen:* Wir schenken ihr ein Buch. • Wir schenken ihm einen Blumenstrauß. • Ich empfehle dir das Buch. • Ich empfehle Ihnen das Hotel Central. • Bitte zeigen Sie mir den Weg zum Bahnhof. • Ich schreibe dir eine Karte aus dem Urlaub. • Bitte erklären Sie mir den Dativ. • Ich bringe ihr einen Blumenstrauß. • Ich bringe ihm ein Buch.

3 2. Können Sie mir ein gutes Café empfehlen. 3. Li ist Chinesin. 4. Herr Yilmaz schenkt seiner Frau eine Kette. 5. Schreib mir bitte bald einen Brief. 6. Herr Johnson arbeitet bei der Firma Korb & Co. 7. Herr Ober, bitte bringen Sie mir einen gemischten Salat und ein Mineralwasser. 8. Der Unterricht beginnt um 8.30 Uhr. 9. Bitte zeigen sie mir den Weg zum Central-Hotel. 10. Sonntags schlafen wir bis 11.00 Uhr.

19 Präpositionen 1

1 a) 2. Er wohnt jetzt bei seiner Tante in Hamburg. 3. Heute hat er von seinem Freund Manuel einen Brief bekommen 4. Manuel schreibt, er fährt in den Ferien zu seinen Großeltern ans Meer. 5. Carlos denkt: „Ich möchte mit Manuel ans Meer reisen." 6. Wie gut: Dem Haus der Tante gegenüber ist ein Reisebüro.

b) 2. dem 3. der 4. der 5. dem 6. dem

2 2. ohne 3. gegen 4. für

3 2. der • dem 3. dem 4. der 5. den 6. dem 7. die 8. dem 9. das 10. dem • den

20 Präpositionen 2

1 a) 2. Unter dem Tisch? 3. Neben dem Sessel? 4. Auf dem Stuhl? 5. Zwischen der Palme und dem Fenster? 6. Vor der Tür? 7. In der Tasche?

b) Dativ

2 2. neben die 3. auf die 4. zwischen das • die 5. hinter die 6. unter den 7. an die 8. in den 9. in das 10. über den 11. in die

21 Präpositionen 3

1 1. bis zum 26.12. 2. am Freitagnachmittag 3. um 16.00 Uhr 4. Vor 15 Jahren 5. ab 18.00 Uhr 6. nach dem Abendessen 7. drei Stunden lang

2 2. Ich wohne schon seit vier Jahren in Kiel. 3. Ich fliege in zwei Wochen nach Brasilien. 4. Ich bin am 30. Dezember 1980 geboren. 5. Der Zug hatte über 20 Minuten Verspätung. 6. Wir bitten Sie während des Unterrichts nicht zu rauchen.

3 2. am 3. zur 4. zum 5. im 6. vorm

4 2. Von • an • bis 3. nach 4. zum 5. beim 6. zwischen 7. um • herum 8. über 9. in 10. bis

22 Fragen

1 2. Wohin 3. wem 4. wie viel 5. Was 6. Wer 7. Welches 8. Wo

2 3. Wohnen Sie in Wien? 4. Sind Sie Ludmila? 5. Sind Sie schon lange hier? 6. Fahren Sie nach Hamburg? 7. Fahren Sie gern Auto?

3 2. Wohin geht Theo? 3. Was studiert er? 4. Um wie viel Uhr geht er Mittag essen? 5. Wen trifft er im Restaurant? 6. Warum fährt er nach Hause? 7. Wie ist die Prüfung? 8. Mit wem geht er ins Kino?

4 2. Woher kommen Sie? 3. Wo wohnen Sie? 4. Wann sind Sie geboren? 5. Wie lange bleiben Sie in Deutschland?

23 Bitten und Wünsche

1 2. Ich hätte gern ein Kilo Kartoffeln. 3. Könnten Sie mir bitte kurz helfen? 4. Ich möchte gern tanzen gehen. 5. Würdest du bitte leise sein? Doris schläft.

2 sagen Sie • kauf • bring, bringen Sie • mach zu, machen Sie zu • komm, kommt • gib • hilf, helft • nimm, nehmt

3 2. Fahren Sie 3. komm 4. Gib 5. mach • auf 6. helft 7. nehmen Sie

24 Verneinung

1 2. Nein, das Fußballspiel war gestern nicht langweilig. 3. Nein, Familie Frey kommt nicht heute. 4. Nein, Anke ruft nicht bei Armin an.

5. Nein, das Baby kann nicht laufen. 6. Nein, der Zug kommt nicht um 18.30 Uhr an.

2 2. Nein, ich bin nicht verheiratet. 3. Nein, ich komme nicht aus Mexiko. 4. Nein, ich spreche nicht Französisch. 5. Nein, ich habe nicht gut geschlafen.

3 2. keine 3. kein 4. kein 5. keine 6. keinen 7. keine

4 2. keins 3. keinen 4. keine 5. keine 6. keis

5 2. nie 3. nichts 4. nirgends 5. nie

25 Konjunktionen

1 2C • 3B • 4A • 5D • 6G • 7F

2 2. dann 3. denn 4. Deshalb 5. denn 6. Dann 7. Deshalb 8. denn

3 2. Svenja hat die Fahrschule besucht. Jetzt ist sie glücklich, weil sie die Führerscheinprüfung bestanden hat. 3. Mein Bruder ist krank. Ich weiß nicht, ob er nächste Woche wieder gesund ist. 4. Wir gehen nur dann spazieren, wenn es nicht regnet. 5. Ich fliege im Herbst in die Türkei, wenn es dort nicht mehr so heiß ist. 6. Araya möchte einkaufen gehen. Sie fragt ihre Freundin, ob sie mit ihr in die Stadt gehen möchte. 7. Timi ist vier Jahre alt. Er glaubt, dass der Weihnachtsmann die Geschenke bringt. 8. Sonja ist viel Obst, weil sie nicht krank werden will.

26 Adjektive 1

1 2. neue 3. roten 4. nette 5. weichen 6. schnelle 7. altes

2 2. guten 3. kaputte 4. hübschen 5. dicke 6. heißen 7. schwere

3 2. großen Koffer 3. kleines Mädchen 4. gelbe Blumen 5. kranken Katze 6. hohen Zimmern

4 mittelgroßer • dunkelhaariger • braune • große • breiten • blaue • gelben • grünen • rote • weißen • orangefarbenen • starken • pfälzischen • kleinen • bösen

27 Adjektive 2

1 hübsch, am hübschesten • wichtig, wichtiger • schlimmer, am schlimmten • glücklich, am glücklichsten • enger, am engsten • lustig, lustiger

2 2. groß • größer als • am größten 3. hoch • höher als • am höchsten 4. alt • älter als • am ältesten

3 3. Die Kordhose kostet mehr als die Jeans. 4. Heute ist es so warm wie gestern. 5. Milena ist kleiner als Irina. 6. José bleibt kürzer als Fernando. 7. 1 kg Orangen ist teurer als 1 kg Bananen. 8. Fleisch schmeckt besser als Fisch. 9. Neudorf ist so nah wie Altdorf. 10. Silke ist dünner als Maren.

28 Unpersönliche Ausdrücke

1 2. niemand 3. jemand 4. man 5. jemand 6. niemand 7. man

2 Jeder Mann mag Auto fahren. • Jede Frau kocht gern. • Alle Männer mögen Fußball. • Alle Frauen gehen gern einkaufen. • Alle Kinder sind brav.

3 2. Möchten Sie etwas trinken? 3. Ich habe Hunger! Im Kühlschrank ist nichts. Warst du nicht einkaufen? 4. Zum Geburtstag wünschen wir Ihnen alles Gute.

4 2. welches 3. welche 4. welche 5. welchen

29 Zusammengesetzte Wörter

1 2. das Fußballspiel 3. das Winterwetter 4. das Taschenbuch 5. die Taschenlampe 6. der Kinderwagen

2 2. das Schlafzimmer 3. die Lesebrille 4. das Schreibpapier 5. das Kaufhaus 6. die Wanderschuhe

3 2. das Kleingeld 3. das Sauerkraut 4. der Großvater 5. der Schwarztee 6. die Freizeit 7. der Weißwein 8. der Vollmond 9. die Bitterschokolade

4 2. farblos 3. essbar 4. kinderlos 5. unintelligent 6. unpraktisch 7. benutzbar 8. lustlos

Start Deutsch – Prüfungsteile

Start Deutsch 1 – Hören 1:
Gespräche hören

1 2. b 3. a 4. b 5. b 6. a 7. a 8. b. 9. b 10. a

2 390

3 2. 1990 3. 1522 4. 1789 5. 1885 6. 2000 7. 1974 8. 2002 9. 1989 10. 1968

4 2. c 3. b 4. a 5. c 6. b 7. b 8. c 9. a 10. c

Start Deutsch 1 – Hören 2:
Durchsagen und Ansagen hören

1 2. b 3. a 4. a 5. b 6. a 7. b 8. a 9. a 10. b

2 2. Liebe Kunden, mit unserem Sparpreis-Ticket können sie um 50% billiger reisen. 3. Wir haben leider 40 Minuten Verspätung. 4. Wegen eines Unfalls ist die Talstraße gesperrt. 5. Wir haben 35 Grad Celsius.

3 2F • 3C • 4H • 5I/J • 6I • 7B • 8J • 9E • 10D

4 2. richtig 3. falsch 4. falsch 5. richtig

Start Deutsch 1 – Hören 3:
Nachrichten am Telefon hören

1 2. a 3. b 4. c 5. c 6. b 7. b 8. a 9. c 10. a

Start Deutsch 2 – Hören 1:
Nachrichten am Telefon hören

1 2. 40 82 55 3. 16.10 Uhr 4. 9.00 bis 18.00 Uhr 5. Unterschrift

Start Deutsch 2 – Hören 2:
Radio hören

1 2. 2J • 3A • 4D • 5H • 6C • 7I • 8B • 9E • 10F

2 2. die Nachrichten 3. die Sendung 4. ein Geburtstagsgruß 5. der Wetterbericht

3 **Wetterbericht:** am Abend gibt es Gewitter, es bleibt nass und kühl, es wird stürmisch, weiterhin schön • **Verkehrsdurchsagen:** die B 14 ist gesperrt, fahren Sie bitte langsam, LKW-Fahrer aufgepasst, Achtung Autofahrer: Personen auf der Fahrbahn, bei der Ausfahrt München West • **Programmansagen:** bringen in Türkisch, dann die Nachrichten, und nun das Konzert, um 21.00 Uhr hören Sie, es folgt eine Sendung • **Geburtstagswünsche:** alles Gute wünschen, wir gratulieren, hat Geburtstag, wird 21 Jahre alt, herzlichen Glückwunsch zum Geburtstag • **Gewinnspiele:** eine Reise für zwei Personen, gewinnen Sie,

Karten für das Konzert, rufen Sie uns an unter der Nummer, unsere Frage heute

Start Deutsch 2 – Hören 3:
Ein Gespräch hören
Beispiel
  11. d 12. g 13. h 14. f 15. i
1 2. Einzelzimmer 3. Bar 4. Kantine 5. Empfang 6. Fitnessraum 7. Kiosk 8. Informationsschalter
2 2. a 3. c 4. c 5. b 6. a 7. c 8. b
3 2. der Rezeption 3. dem Restaurant 4. 1. Stock 5. 2. Stock 6. Tiefgeschoss 7. Dachgeschoss 8. Park

Start Deutsch 1 – Lesen 1:
Briefe / E-Mails verstehen
1 2. richtig 3. richtig 4. falsch 5. richtig 6. richtig 7. falsch 8. falsch 9. richtig 10. richtig
2 2. ist 3. kommen 4. wollen 5. essen 6. hören 7. Melde
3 2. ... haben wir einen Informationsabend für alle neuen Studenten. 3. Wir treffen uns in der alten Mensa. 4. ... dann stehen Sie vor einen großen roten Haus mit einer großen Treppe. Da gehen Sie hinauf und schon sind Sie in der alten Mensa. 5. Wir freuen uns auf das Kennenlernen.
4 2. Bahnhof 3. Bremen 4. die Handynummer 5. Verspätung
5 2A • 3B • 4E • 5C

Start Deutsch 1 – Lesen 2:
Anzeigen verstehen
1 2. Sie – Arbeit – Koch – berühmtes Hotel 3. Freund – aus Heimat – in Deutschland heiraten 4. Sie – Hund – Informationen 5. Sie – Zug – von Frankfurt nach Hamburg
2 2. a 3. b 4. a 5. b

Start Deutsch 1 – Lesen 3:
Hinweisschilder verstehen
1 2. Schuhe anschauen 3. fernsehen 4. Medikamente kaufen 5. Sehenswürdigkeiten besichtigen
2 2. von Samstag 23.30 Uhr – bis Sonntag 5.00 Uhr – keine S-Bahn 3. Restaurant – Rauchen – verboten 4. Büro – Betriebsausflug – geschlossen 5. Sie – Fahrkarten – für sich und zwei Kinder – nach Köln 6. Kinder – spielen – Straße

3 2. b 3. a 4. b 5. b
4 2. Schild: 4 3. Schild: 1 4. Schild: 5 5. Schild: 2

Start Deutsch 2 – Lesen 1:
Eine Informationstafel oder -seite verstehen
1 2. Schmuck 3. Sonderangebote 4. Reisebüro 5. Badezimmerzubehör 6. Bilderrahmen
2 2. 2. Stock 3. 3. Stock 4. 2. Stock 5. 1. Stock 6. 3. Stock 7. 1. Stock 8. Erdgeschoss 9. 4. Stock 10. Tiefgeschoss
3 Handtücher & Frottierwaren / Schuhe / Friseur / Nähen & Stoffe / Damenbekleidung / Spielwaren
4 2. 4. Stock: Toiletten 3. Tiefgeschoss: Schreibartikel 4. 1. Stock: Kinderbekleidung 5. 4. Stock: Geschenkservice 6. 3. Stock: TV 7. 1. Stock: Sportartikel 8. 2. Stock: Nähen & Stoffe 9. 2. Stock: Bettwäsche 10. Erdgeschoss: Glas & Geschirr

Start Deutsch 2 – Lesen 2:
Zeitungsartikel verstehen
1 2. falsch 3. richtig 4. falsch 5. richtig
2 2. Moham Ali ... kam als Star-Gast zur Wohltätigkeitsveranstaltung „Ich helfe" nach Hamburg. 3. Deshalb war Moham Ali froh. 4. ... und hat den Gästen sein neustes Buch über sein Leben vorgestellt. 5. Er ist der Größte, eine lebende Legende.
3 2. Sie wollten Moham Ali sehen. 3. Die Leute haben viel Geld bezahlt. 4. die Kinder 5. über sein Leben

Start Deutsch 2 – Lesen 3:
Anzeigen verstehen
1 2. g 3. d 4. x 5. h
2 2. richtig 3. falsch 4. richtig 5. falsch 6. richtig

Start Deutsch 1 – Schreiben 1:
Ein Formular ausfüllen
1 Vorname: Deepak • Alter: 37 • männlich • Aufenthaltserlaubnis bis: Juni 2005 • Geburtsort: Bangalore • Geburtsland: Indien • Zahl der Kinder: 3 • Hobbys: Klavier spielen, schwimmen, Basketball anschauen • Wohnort: Frankfurt • Straße: Ahornstraße • Hausnummer: 14 • Handy-Nummer: 0164/32145899 • Größe: 1,71 m

Start Deutsch 2 – Schreiben 1:
Ein Formular ausfüllen

1 2A 3H 4C 5I 6G 7F 8E 9B

2 2. 5,13 € 3. 7,95 € 4. 254,- € 5. 17,38 €
6. 0,07 € 7. 81,65 € 8. 3721,- €

3 Kreditinstitut: Stern-Bank • Bankleitzahl:
70345678 • Betrag: 163, 21 • Verwendungs-
zweck: Rechnungsnr.: 567176 • Kontoinhaber:
Laura Iglesias

Start Deutsch 1 – Schreiben 2:
Einen Brief schreiben

1 2. Frau 3. Sohn 4. Bett 5. Arzt 6. Schule
7. Hausaufgaben 8. freundlichen

2 [X] Brief, E-Mail (No-   [ ] Du
men)

[ ] Schicken, Schrei-   [ ] nach einem Kom-
ben (Verben)   ma (,)

[X] Carlo, Köln,   [X] am Satzanfang:
Deutschland (Na-   nach einem Punkt
men von Personen,   (.), einem Fragezei-
Städten, Ländern)   chen (?) oder einem
                              Ausrufezeichen (!)

[X] Sie, Ihr, Ihnen   [ ] Der, das Eine (Ar-
                              tikel)

[ ] Ich   [ ] Klein, Groß (Adjek-
                              tive)

3 **du:** Kollegen, Verwandte, Kinder, Nachbarn
• **Sie:** Fremde, Kollegen, Chef, Mitarbeiter in
Behörden, Arzt, Verkäufer, Nachbarn

4 **Sie:** Lieber Herr Aziz, Sehr geehrter Herr
Thomson, Sehr geehrte Damen und Herren,
Hallo Frau Yasui, Viele Grüße, Mit freundlichen
Grüßen, Liebe Grüße, Herzliche Grüße • **du:**
Hallo Tom, Viele Grüße, Bis bald, Alles Gute,
Liebe Grüße, Herzliche Grüße

5 2a) Holen sie mich bitte am Bahnhof ab.
2b) Können sie mich bitte am Bahnhof
abholen? 3a) Geben Sie mir bitte Ihre Telefon-
numer. 3b) Können Sie mir bitte Ihre Telefonnummer geben? 4a) Schicken Sie mir bitte
Informationen. 4b) Können Sie mir bitte Informationen schicken?

6 2. Teil mir bitte den Termin mit! 3. Schick mir
bitte die Tickets! 4. Notiere bitte den Termin.
5. Komm bitte pünktlich.

7 2a) Vielen Dank für dein Geschenk. 2b) Ich
danke dir für dein Geschenk. 3a) Herzlichen
Dank für deinen Brief. 3b) Ich danke dir für

deinen Brief. 4a) Vielen Dank für deine Hilfe.
4b) Ich danke dir für deine Hilfe.

8 2. Ich danke Ihnen für die Einladung. 3. Ich
danke Ihnen für Ihre E-Mail. 4. Ich danke Ihnen
für Ihre Hilfe. 5. Ich danke Ihnen für Ihre lieben
Worte. 6. Ich danke Ihnen, dass Sie zu mir
kommen.

Start Deutsch 2 – Schreiben 2:
Einen Brief schreiben

1 2. an dich → an Sie 3. Ich → ich 4. Müssen Sie
→ Können Sie 5. Guten Tag! → Mit lieben
Grüßen

2 **b)** Liebe Chalida,
alle ist o.k.! Die Kinder waren sehr lieb. Ayse
hat mir einen Kuss gegeben! Jetzt schlafen
alle schon. Die Fahrräder sind unten im Keller, da sind sie sicher.Ich habe Bingo sein
Essen gegeben und bin mit ihm spazieren
gegangen.
Bis morgen,
deine Inga

3 **c)** 2. seine Heizung → meine Heizung 3. kommen → kommt 4. Sie → sie 5. muss arbeiten
→ arbeiten muss 6. Darfst → Kannst 7. Ich
danke dich. → Ich danke dir.

4 *Eine mögliche E-Mail:*
Liebe Alexandra,
leider kann ich dir morgen nicht die Stadt zei-
gen. Denn ich muss morgen den ganzen Tag
arbeiten. Ich könnte dir aber am Samstag die
Stadt zeigen. Hast du da Zeit?
Melde dich, bis bald
Conny

5 2. ihr → dir 3. Ich krank. → Ich bin krank.
4. haben Sie → hast du 5. Deine → Deine
Conny

6 **Fanny:** Ich bin Lehrerin und komme aus Belgi-
en. Ich habe Sprachen studiert. Ich möchte ein
Praktikum an einer deutschen Schule machen.
Denn ich finde es wichtig, eine Sprache gut zu
kennen. Sonst können die Schüler nichts von
mir lernen. • **Juan:** Ich bin Ingenieur und komme aus Argentinien. Ich habe in Buenos Aires
studiert. Jetzt bin ich in Chemnitz, ich möchte
hier noch Maschinenbau studieren. Nach
meinem Studium möchte ich für eine deutsche
Firma in Argentinien arbeiten. Mit guten
Deutschkenntnissen kann ich dann mit meinen
deutschen Arbeitskollegen sprechen.

Start Deutsch 1 – Sprechen 1:
Sich vorstellen
1 2. bin 3. komme 4. wohne / lebe 5. kann / spreche 6. habe 7. sind
3 2. Englisch 3. Thailand 4. Frankreich 5. Tourist 6. Bus fahren
4 2A • 3E • 4C • 5G • 6B • 7D
5 2B • 3F • 4A • 5D • 6G • 7E
6 2. null – sechs – drei – eins
   3. dreißig – null – einundzwanzig
   4. neunundachtzig – null – null – eins

Start Deutsch 1 – Sprechen 2:
Um Informationen bitten und Informationen geben
1 Was? • Wen? • Wem? • Wo? • Wohin?
   • Woher? • Wann • Warum? • Wie? • Wie oft / lange / groß / schnell / viel / viele ...
2 2. Wo steht Ihr Schrank? 3. Welche Farbe hat Ihr Schrank? 4. Wie groß ist Ihr Schrank? 5. Warum haben Sie einen Schrank? 6. Wer benutzt Ihren Schrank? 7. Woher kommt Ihr Schrank?
3 **Einkaufen:** Geschäft, Größe, Kleider, Kiosk, Kreditkarte • **Essen und Trinken:** Brot, Durst, Kuchen, Mittagessen, Teller • **Wohnen:** Bad, Küche, Miete, Sofa, Tisch • **Urlaub:** Fahrkarte, Halbpension, Hotel, Pass, Prospekt • **Freizeit:** Fußballspiel, Museum, Party, Schwimmen, Verein • **Arbeit:** Beruf, Chef, Firma, Job, Praktikum

Start Deutsch 1 – Sprechen 3:
Bitten und auf Bitten antworten
1 2. Wie komme ich bitte zum Bahnhof? 3. Gibst du mir bitte das Salz? 4. Mach bitte das Radio leiser! 5. Darf ich mir noch Kartoffeln nehmen? 6. Kannst du mich im Auto mitnehmen? 7. Kann ich dein Wörterbuch benutzen? 8. Bring bitte Bananen mit.
2 3. Zieh bitte eine andere Hose an! 4. Sprechen Sie bitte lauter! 5. Fahren Sie mich bitte zum Bahnhof. 6. Mach bitte das Fenster auf!
3 2D • 3A • 4E • 5C
4 5 • 7 • 11

Start Deutsch 2 – Sprechen 1:
Sich vorstellen
1 2A • 3B • 4C
2 2. bei 3. beim 4. im 5. bei 6. an

Start Deutsch 2 – Sprechen 2:
Ein Gespräch führen
1 2. b 3. a

Start Deutsch 2 – Sprechen 3:
Etwas aushandeln
1 2E • 3F • 4B • 5D • 6H • 7I • 8A • 9G
2 2A • 3E • 4B • 5C

Unregelmäßige Verben

Infinitiv	Präsens (er/sie/es)	Perfekt (er/sie/es)
abfahren	fährt ab	ist abgefahren
abschließen	schließt ab	hat abgeschlossen
anbieten	bietet an	hat angeboten
anfangen	fängt an	hat angefangen
ankommen	kommt an	ist angekommen
anrufen	ruft an	hat angerufen
(sich) anziehen	zieht (sich) an	hat (sich) angezogen
aufstehen	steht auf	ist aufgestanden
ausgeben	gibt aus	hat ausgegeben
aussehen	sieht aus	hat ausgesehen
aussteigen	steigt aus	ist ausgestiegen
(sich) ausziehen	zieht (sich) aus	hat (sich) ausgezogen
backen	backt	hat gebacken
beginnen	beginnt	hat begonnen
behalten	behält	hat behalten
bekommen	bekommt	hat bekommen
bestehen	besteht	hat bestanden
bitten	bittet	hat gebeten
bleiben	bleibt	ist geblieben
braten	brät	hat gebraten
einfallen	fällt ein	ist eingefallen
einladen	lädt ein	hat eingeladen
einsteigen	steigt ein	ist eingestiegen
einziehen	zieht ein	ist eingezogen
empfehlen	empfiehlt	hat empfohlen
essen	isst	hat gegessen
fahren	fährt	ist gefahren
fallen	fällt	ist gefallen
fernsehen	sieht fern	hat ferngesehen
finden	findet	hat gefunden
fliegen	fliegt	ist geflogen
geben	gibt	hat gegeben
gefallen	gefällt	hat gefallen
gehen	geht	ist gegangen
gewinnen	gewinnt	hat gewonnen
halten	hält	hat gehalten
hängen	hängt	hat gehängt/gehangen
heißen	heißt	hat geheißen
helfen	hilft	hat geholfen
kommen	kommt	ist gekommen
lassen	lässt	hat gelassen
laufen	läuft	ist gelaufen
leihen	leiht	hat geliehen
lesen	liest	hat gelesen

liegen	liegt	hat gelegen
lügen	lügt	hat gelogen
nehmen	nimmt	hat genommen
riechen	riecht	hat gerochen
scheinen	scheint	hat geschienen
schlafen	schläft	hat geschlafen
schließen	schließt	hat geschlossen
schneiden	schneidet	hat geschnitten
schreiben	schreibt	hat geschrieben
schwimmen	schwimmt	ist geschwommen
sehen	sieht	hat gesehen
sein	ist	ist gewesen
singen	singt	hat gesungen
sitzen	sitzt	hat gesessen
sprechen	spricht	hat gesprochen
stattfinden	findet statt	hat stattgefunden
stehen	steht	hat gestanden
sterben	stirbt	ist gestorben
(sich) streiten	streitet (sich)	hat (sich) gestritten
teilnehmen	nimmt teil	hat teilgenommen
tragen	trägt	hat getragen
(sich) treffen	trifft (sich)	hat (sich) getroffen
trinken	trinkt	hat getrunken
tun	tut	hat getan
überweisen	überweist	hat überwiesen
umsteigen	steigt um	ist umgestiegen
(sich) umziehen	zieht (sich) um	hat (sich) / ist umgezogen
(sich) unterhalten	unterhält (sich)	hat (sich) unterhalten
unterschreiben	unterschreibt	hat unterschrieben
verbieten	verbietet	hat verboten
vergessen	vergisst	hat vergessen
verlieren	verliert	hat verloren
verschieben	verschiebt	hat verschoben
versprechen	verspricht	hat versprochen
verstehen	versteht	hat verstanden
vorschlagen	schlägt vor	hat vorgeschlagen
(sich) waschen	wäscht (sich)	hat (sich) gewaschen
weggehen	geht weg	ist weggegangen
wegwerfen	wirft weg	hat weggeworfen
werden	wird	ist geworden
zurechtkommen	kommt zurecht	ist zurecht gekommen

Gemischte Verben

Infinitiv	Präsens (er / sie / es)	Perfekt (er / sie / es)
bringen	bringt	hat gebracht
denken	denkt	hat gedacht
kennen	kennt	hat gekannt
wissen	weiß	hat gewusst

○ = Dativ-Ergänzung
● = Akkusativ-Ergänzung
✂ = trennbares Verb

abgeben		●	✂	Ich gebe das Buch ab.
abholen		●	✂	Die Mutter holt ihr Kind ab.
abschließen		●	✂	Schließen Sie bitte die Wohnung ab.
abstellen		●	✂	Sie stellt das Fahrrad ab.
anbieten	○	●	✂	Er bietet dem Gast einen Tee an.
ändern		●		Bitte ändern Sie den Rock.
ankreuzen		●	✂	Kreuzen Sie die Lösung an.
anmachen		●	✂	Mach bitte das Licht an.
(sich) anmelden		●	✂	Herr Beck meldet seine Tochter bei der Volkshochschule an.
anrufen		●	✂	Ruf mich bitte heute Abend an.
(sich) anziehen	○	●	✂	Frau Bader zieht sich den Mantel an.
antworten	○			Bitte antworten Sie mir bald.
(sich) ärgern		●		Niklas ärgert seinen kleinen Bruder.
aufmachen	○	●	✂	Fernanda macht ihrem Bruder die Tür auf.
aufräumen		●	✂	Räum bitte dein Zimmer auf.
ausfüllen		●	✂	Füllen Sie bitte das Formular aus.
ausgeben		●	✂	Gib nicht dein ganzes Geld aus!
ausmachen		●	✂	Stefan macht das Licht aus.
auspacken		●	✂	Laura packt ihr Geschenk aus.
(sich) ausziehen	○	●	✂	Frau Bader zieht sich den Mantel aus.
backen		●		Sie backt einen Kuchen.
beantragen		●		Er beantragt einen neuen Pass.
behalten		●		Ich behalte das Sofa.
bekommen		●		Er bekommt ein Geschenk.
benutzen		●		Ich benutze dieses Waschmittel.
berichten	○			Ich berichte dir morgen von meiner Reise.
Bescheid sagen	○			Er sagt mir morgen Bescheid.
besichtigen		●		Der Tourist besichtigt das Schloss.
bestehen		●		Hurra, ich habe die Prüfung bestanden.
bestellen		●		Sie bestellt beim Kellner einen Kaffee.
besuchen		●		Wir besuchen ihn oft.
bezahlen		●		Ich bezahle den Kaffee.
brauchen		●		Er braucht ein neues Auto.
bringen	○	●		Der Kellner bringt mir einen Salat.

buchen		●		Wir buchen eine Reise.
buchstabieren		●		Bitte buchstabieren Sie Ihren Namen.
drucken		●		Druck bitte den Brief für mich.
drücken		●		Drücken Sie bitte diesen Knopf.
einfallen	○	●	✂	Heute fällt mir nichts ein.
einkaufen		●	✂	Frau Schulz kauft viele Dinge ein.
einladen		●	✂	Ich lade Sie zu meinem Geburtstag ein.
einrichten		●	✂	Doris richtet ihre Wohnung neu ein.
einzahlen		●	✂	Er zahlt das Geld auf der Bank ein.
empfehlen	○	●		Der Kellner empfiehlt dem Gast eine Spezialität.
entlassen		●		Die Firma hat viele Arbeiter entlassen.
ergänzen		●		Ergänzen Sie bitte den Text.
erklären	○	●		Der Lehrer erklärt dem Schüler den Dativ.
erlauben	○	●		Ich erlaube dir das nicht.
erreichen		●		Sie erreichen das Hotel mit dem Bus.
erzählen	○	●		Der Großvater erzählt den Kindern eine Geschichte.
essen		●		Ich esse einen Salat.
fahren		●		Er fährt Bus.
fehlen	○			Was fehlt Ihnen?
feiern		●		Sylvia feiert eine Party.
finden		●		Frau Blinn hat einen Euro gefunden.
fragen		●		Petra fragt den Lehrer.
geben	○	●		Kannst du mir dein Wörterbuch geben?
gefallen	○			Dieses Bild gefällt mir.
gehören	○			Das Buch gehört mir.
gewinnen		●		Er hat 20 Euro im Lotto gewonnen.
glauben	○	●		Ich glaube dir das nicht.
grillen		●		Heute grillen wir Fleisch.
haben		●		Sabine hat kein Fahrrad.
halten		●		Sie hält die Tasche in der Hand.
hängen		●		Klaus hängt das Bild an die Wand.
heiraten		●		Rita heiratet einen Italiener.
helfen	○			Kann ich Ihnen helfen?
herstellen		●	✂	Diese Firma stellt Schokolade her.
holen	○	●		Holst du mir bitte ein Glas aus der Küche?
hören		●		Ich kann dich nicht hören.
kaufen	○	●		Er kauft dem Kind ein Eis.
kennen		●		Ich kenne ihn nicht.
kennen lernen		●		Ich habe ihn vor drei Wochen kennen gelernt.
kochen	○	●		Die Mutter kocht dem Kind einen Tee.
korrigieren		●		Der Lehrer korrigiert den Test.
kosten		●		Das Buch kostet 9 Euro.
kriegen		●		Ich kriege noch 10 Euro von dir.

kündigen	○	●	Der Vermieter hat ihm die Wohnung gekündigt.
lassen		●	Ich lasse den Koffer im Auto.
legen		●	Legen Sie bitte das Buch auf den Tisch.
Leid tun	○		Es tut mir leid.
leihen	○	●	Er leiht mir sein Wörterbuch.
lernen		●	Sie lernt Englisch.
lesen		●	Lesen Sie den Text.
lieben		●	Ich liebe dich.
liefern	○	●	Die Firma Schenk liefert uns morgen die Computer.
lösen		●	Der Schüler löst die Aufgabe.
machen	○	●	Ich mache dir einen Kaffee.
mieten		●	Im Urlaub mieten wir ein Auto.
mitbringen	○	● ✂	Bring mir bitte ein Brötchen mit.
nehmen		●	Ich nehme einen Saft.
notieren	○	●	Ich notiere mir die Informationen.
öffnen	○	●	Können Sie mir bitte die Tür öffnen?
parken		●	Er parkt sein Auto vor dem Haus.
passen	○		Die Hose passt mir.
passieren	○		Mir ist nichts passiert.
probieren		●	Haben Sie den Wein probiert?
putzen		●	Wir müssen heute die Fenster putzen.
rauchen		●	Er raucht eine Zigarette.
renovieren		●	Fred renoviert seine Wohnung.
reparieren		●	Der Handwerker repariert die Waschmaschine.
reservieren	○	●	Bitte reservieren Sie mir einen Tisch.
riechen		●	Ich kann nichts riechen.
sammeln		●	Birgit sammelt Bilder.
schenken	○	●	Die Eltern schenken ihrer Tochter ein Fahrrad.
schicken	○	●	Ich schicke ihm eine E-Mail.
schließen		●	Bitte schließen Sie die Tür.
schmecken	○		Die Suppe schmeckt mir.
schneiden	○	●	Der Friseur hat dir die Haare gut geschnitten.
schreiben	○	●	Andreas schreibt seinen Eltern einen Brief.
sehen		●	Sie sieht ihn nicht.
(sich) setzen		●	Die Mutter setzt das Kind auf den Stuhl.
singen		●	Sie singt ein Lied.
sparen		●	Er hat viel Geld gespart.
speichern		●	Melanie speichert den Text auf dem Computer.
spielen		●	Pierre spielt gerne Fußball.
sprechen		●	Sie spricht sehr gut Deutsch.
spülen		●	Heute spülst du das Geschirr.
stecken		●	Er steckt den Schlüssel steckt in die Tür.

stellen		●		Ich stelle die Milch in den Kühlschrank.
stören		●		Darf ich Sie kurz stören?
studieren		●		Sie studiert Medizin.
suchen		●		Ich suche meinen Schlüssel.
tanzen		●		Sie tanzen Walzer.
tragen	○	●		Ich trage Ihnen den Koffer nach oben.
treffen		●		Uwe trifft seine Freunde vor dem Kino.
trinken		●		Ich trinke einen Orangensaft.
tun	○	●		Keine Angst, der Hund tut dir nichts.
übersetzen		●		Er übersetzt den Text ins Englische.
überweisen		●		Überweisen Sie bitte das Geld auf unser Konto.
unternehmen		●		Wollen wir etwas am Wochenende unternehmen?
unterschreiben		●		Unterschreiben Sie bitte noch das Formular.
untersuchen		●		Der Arzt untersucht den Patienten.
verbieten	○	●		Die Mutter verbietet dem Kind das Fußballspielen.
verdienen		●		Er verdient viel Geld.
vereinbaren		●		Ich möchte mit Ihnen einen Termin vereinbaren.
vergessen		●		Ich habe meine Brille vergessen.
verkaufen	○	●		Sie verkauft ihrer Nachbarin ihr Fahrrad.
verlängern		●		Monica lässt ihren Pass verlängern.
(sich) verletzen	○	●		Sie hat sich die Hand verletzt.
verlieren		●		Ich habe meinen Schirm verloren.
vermieten	○	●		Er vermietet Herrn Lauer die Wohnung.
verpassen		●		Ich habe den Zug verpasst.
verschieben		●		Wir verschieben den Termin auf Montag.
versprechen	○	●		Ich verspreche dir das.
verstehen		●		Ich verstehe Frau Hinze nicht.
vorschlagen	○	●	✂	Er schlägt mir ein Treffen vor.
(sich) vorstellen	○	●		Ich stelle mich ihm vor.
(sich) waschen	○	●		Wasch dir bitte die Hände.
wechseln	○	●		Können Sie mir das Geld wechseln?
wecken		●		Ich wecke dich morgen um 7.00 Uhr.
wegwerfen		●	✂	Wirf das Papier bitte nicht weg.
wehtun	○		✂	Das Bein tut mir weh.
wiederholen		●		Bitte wiederholen Sie den Satz.
wissen		●		Meine Großmutter weiß viele Dinge.
wünschen	○	●		Ich wünsche dir eine gute Nacht.
zahlen		●		Ich zahle den Tee und das Brötchen.
zeigen	○	●		Er zeigt mir seinen Garten.
zumachen		●	✂	Bitte machen Sie die Tür zu.
zuhören	○		✂	Die Schüler hören der Lehrerin zu.
zuordnen	○	●	✂	Bitte ordnen Sie die Wörter den Sätzen zu.

○ = Dativ-Ergänzung
● = Akkusativ-Ergänzung
✂ = trennbares Verb

Verb		Beispiel
anfangen + mit ○	✂	Ich fange gleich mit der Arbeit an.
anrufen + bei ○	✂	Frau Meiser ruft bei der Autofirma an.
arbeiten + bei ○		Er arbeitet bei der Firma Scheu & Co.
sich ärgern ● + über ●		Ich ärgere mich über meine schlechten Noten.
aufhören + mit ○	✂	Hör doch mit dem Rauchen auf!
aufpassen + auf ●	✂	Sie passt auf ihr Kind auf.
aussteigen + aus ○	✂	Am Bahnhof steigen wir aus dem Bus aus.
sich beeilen ● + mit ○		Sie beeilt sich mit der Arbeit.
beginnen + mit ○		Sie beginnt mit dem Deutschkurs.
sich beschweren ● + bei ○		Sie beschwert sich bei dem Direktor.
+ über ●		Sie beschwert sich über den Kurs.
bitten ● + um ●		Ich bitte Sie um eine Information.
danken ○ + für ●		Ich danke Ihnen für Ihre Hilfe.
denken + an ●		Er denkt an mich.
diskutieren + mit ○		Sie diskutiert mit ihm.
+ über ●		Sie diskutieren über den Kinofilm.
einsteigen + in ●	✂	Herr Langer steigt in den Bus ein.
einziehen + in ●	✂	Wir ziehen am 1. Juni in die Wohnung ein.
(sich) entschuldigen ● + bei ○		Ich möchte mich bei Ihnen entschuldigen.
(sich) erinnern ● + an ●		Wir erinnern uns an den Urlaub.
sich freuen ● + auf ●		Ich freue mich auf den Sommerurlaub.
sich freuen ● + über ●		Ich freue mich über das Geschenk.
glauben + an ●		Sie glauben an Gott.
gratulieren ○ + zu ○		Wir gratulieren dir zum Geburtstag.
sich interessieren ● + für ●		Ich interessiere mich für klassische Musik.
sich kümmern ● + um ●		Sie kümmert sich um das Kind
mitmachen + bei ○	✂	Sie macht beim Tennisspiel mit.
sprechen + mit ○		Er spricht mit ihr.
+ über ●		Sie sprechen über die Reise.
teilnehmen + an ○	✂	Sie nehmen an dem Deutschkurs teil.
telefonieren + mit ○		Er telefoniert mit seiner Frau.
träumen + von ○		Ich träume von einem schönen Leben.
sich treffen ● + mit ○		Clauia trifft sich mit einer Freundin im Café.
sich unterhalten ● + mit ○		Er unterhält sich mit dem Freund
zurechtkommen + mit ○		Kommen Sie mit der neuen Maschine zurecht?